단테, 신의 나라로 여행을 시작하다
신곡

신곡
단테, 신의 나라로 여행을 시작하다

초판 1쇄 발행 2005년 5월 10일 **초판 8쇄 발행** 2018년 9월 10일
지은이 단테 알리기에리 **엮어옮긴이** 박상진 **펴낸이** 이영선 **편집 이사** 강영선 김선정
주간 김문정 **편집장** 임경훈 **편집** 김종훈 이현정 **디자인** 정경아
마케팅 김일신 김진규 김연수 정혜영 박정래 손미경 김동욱

펴낸곳 서해문집 **출판등록** 1989년 3월 16일(제406-2005-000047호)
주소 경기도 파주시 광인사길 217(파주출판도시) **전화** (031)955-7470 **팩스** (031)955-7469
홈페이지 www.booksea.co.kr **이메일** shmj21@hanmail.net

© 박상진, 2005
ISBN 89-7483-249-6 03880
값 12,900원

神曲的故事
Copyright © BEIJING ZITO BOOKS CO., LTD, 2005
Korean translation copyright © booksea publishing, 2005 all rights reserved.
Korean edition is published by arrangement with BEIJING ZITO BOOKS CO., LTD.

이 책의 한국어판 저작권은 BEIJING ZITO BOOKS CO., LTD와의 독점 계약으로 서해문집에 있습니다.
저작권법에 의해 한국 내에서 보호를 받는 저작물이므로 무단 전재와 무단 복제를 금합니다.

이 도서의 국립중앙도서관 출판시도서목록(CIP)은 e-CIP 홈페이지(http://www.nl.go.kr/ecip)에서
이용하실 수 있습니다.(CIP제어번호:CIP2005000837)

서해클래식 003

단테, 신의 나라로 여행을 시작하다

신곡

단테 알리기에리 지음 | 박상진 엮어옮김

서해문집

•• 단테의 생애와 작품 ••

1495년 산드로 보티첼리가 그린 단테

단테 알리기에리Dante Alighieri는 1265년 5월 30일 아버지 알리기에로 디 벨린치오네 달리기에리Alighiero di Bellincione d'Alighieri와 어머니 벨라 달리기에리Bella d'Alighieri 사이에서 태어났다. 피렌체에서 태어나 자랐으나 후에 추방되어 1321년 9월 13일 라벤나에서 죽었다. 그의 최초의 전기 작가였던 조반니 보카치오Giovanni Boccaccio에 따르면, 어머니는 단테를 잉태하면서 월계수 아래 풀밭에서 단테를 낳는 꿈을 꾸었다고 한다. 아버지는 송사를 다루는 공증인이었고 당시 상류층과 가까이 지냈지만, 평범한 가정이었다.

그의 생애와 사상을 결정지었던 것은 사랑, 지식인과 문인 들과의 교류, 정치활동 그리고 유랑생활로 이어지는 당대 격변기와의 만남이었다. 1274년 5월 어느 날 포르티나리Portinari 가문에서 연 파티에 아버지는 아홉 살 난 단테를 데리고 간다. 거기서 단테는 폴코 포르티나리

Folco Portinari의 딸 베아트리체 포르티나리Beatrice Portinari를 만난다. 베아트리체에 대한 사랑을 담은 《새로운 삶(신생)La vita nuova》에서 단테는 "그때부터 사랑이 나의 영혼을 지배했다"라고 말한다. 그들은 아무 대화도 나누지 않았고 다만 서로를 응시했을 뿐이었다. 이 응시는 단테가 나중에 《신곡》을 쓰면서 〈천국편〉에서 하느님의 세계를 다만 관조할 수 있는 무엇으로 묘사하는 것으로 연결된다. 이 응시를 소년 단테는 9년 동안 기억했을 것이다. 그들은 1283년 다시 만난다.

　1270년경 어머니가 죽고 아버지는 이듬해 재혼한다. 새로 꾸며진 가정에서 그다지 안정과 행복을 느낄 수 없었던 단테는 잠시 볼로냐에서 거주한다. 1282년경 아버지의 죽음으로 피렌체로 다시 돌아온 단테는 피렌체가 진입하는 새로운 지적·정치적 환경에 휩쓸려 들어간다. 이러한 시대 배경을 설명하기 전에 사랑에 대해 좀 더 살펴보자. 1283년 단테는 피렌체를 가로지르는 아르노 강가에서 두 친구와 함께 걷던 베아트리체를 우연히 만난다. 《새로운 삶》에서 단테가 묘사하는 바에

단테와 베아트리체의 재회
단테는 아홉 살 때 베아트리체를 처음 만난 뒤 9년이 지난 어느 날 우연히 길에서 마주친다. 헨리 홀리데이 작.

의하면, 그 재회는 오후 세 시에 이루어졌고 그 즉시로 단테는 "마치 취한 사람처럼 자기 방의 한적한 공간으로 돌아가 푹 파묻혀 이 지극히 공손한 여자를 생각했다." 그리고 아홉 시간에 걸쳐 꿈을 꾸는데, 거기서 사랑의 신의 팔에 안긴 벌거벗은 베아트리체가 자신의 심장을 먹는 것을 목격한다. 단테는 거기서 영감을 받아 무수히 시를 쓰고 또 쓰면서 사람들에게 자신의 마음을 해석해달라고 부탁한다.

몇 년이 지나 베아트리체는 어릴 때부터 집안끼리 정혼을 한 사람과 결혼했다. 그러나 이는 단테의 마음에 영향을 주지 않았다. 단테가 보기에 결혼해서 한 사람에게 충실한 것은 다른 사람과의 행복의 가능성을 부정하는 것이 아니었다. 그들의 이별은 그보다는 1289년 단테가 여러 전투에 참가한 것에서 비롯되었다. 전쟁을 치르면서 젊은 단테는 세계의 불화와 폭력, 기만을 경험하고 영혼에 상처를 입는다. 그러나 그의 영혼에 지워지지 않는 더 깊은 상처를 남긴 것은 1290년 6월 9일 베아트리체가 병에 걸려 죽으면서였다. 좌절과 눈물, 고뇌. 거기서 단테가 갈구한 것은 문학이었다. 베아트리체는 죽었으나 단테는 살아 글을 쓴 것이 《새로운 삶》(1292년 혹은 1294년)이었다. 베아트리체의 육체는 단테의 사랑에 문제가 되지 않았지만 분명 베아트리체는 시적 구성물이 아니라 살아 숨 쉬는 여자였다. 더 중요한 것은 그녀에 대한 사랑을 통해 단테가 신의 세계를 상상했다는 점이다. 이는 《새로운 삶》에 이어 《신곡》(1304–1321)을 쓰게 한 가장 중요한 원동력이었다. 특히 두 번째 만남에서 베아트리체가 건넨 인사는 단테에게 구원의 의미로 받아들여져서 세계 문학사에서 최고의 걸작을 쓰는 영감을 얻는다. 거기서 단테는 속세적 의미의 감성뿐만 아니라 궁극적으로 중세의 기독교적 구원의 메시지를 이 지상과 내세에서 실현시키고자 하는 의도를 드러낸다.

당시 이탈리아는 중세에서 근대로 이행하는 거대한 과도기에 있었다. 부르크하르트는 《이탈리아 르네상스의 문화》에서 당대를 부의 축적과 사회 계급 구조의 전면적 재편, 종교와 이념들의 갈등이 도시와 도시, 당파와 당파, 그리고 개인들 사이에 벌어지고 때로는 피를 부르는 혼란한 시대로 묘사한다. 개인이나 가문들이 권력을 잡고 유지하기 위해 수단을 가리지 않고 서로 겨루던 분위기였다. 특히 피렌체는 이런 요동치는 격변기의 한 가운데에 놓여 있었다. 13세기에 벌써 피렌체는 로마 제국 이래 유지된 크기보다 세 배나 커지면서 이른바 "꽃의 도시"라는 이름에 걸맞게 시대의 변화와 특징을 주도하고 대표했다.

15세기 피렌체의 전경
피렌체의 젖줄 아르노 강이 유유히 흐르고 있다. 브루넬리스키 작.

그런 분위기에서 단테는 당대의 대학자 브루네토 라티니Brunetto Latini에게서 공동체 사회에서 속세 지식인이 맡아야 할 교육과 계몽의 역할을 배웠다. 또한 귀도 카발칸티Guido Cavalcanti와의 만남은 청년 시절 단테의 예술적 경험에 절대적 영향을 끼쳤다. 처음에는 아주 밀접했던 둘의 관계는 청년 시절을 지나면서 금이 간다. 무엇보다 철저하게 이성에 의존하던 카발칸티는 종교와 신앙이 모든 것을 지배하던 당대로서는 대단히 진보적인 성향을 보였다. 사실 카발칸티는 세계와 자연과 현실을 인식하는 가능성이 오로지 인간 개개인의 이성과 성찰의 힘에 달려 있다고 보는 지적 극단주의를 대표했다.

단테는 젊은 시절 이 흐름에 깊숙이 관여했으나, 점차 종교와 속세 철학의 어느 쪽에도 속하지 않고 똑같이 거리를 두게 된다. 이러한 거리 두기는 그의 전 생애에 걸친 특징이다. 이는 대립되는 다양한 성향들을 종합하려는 의지이고, 당대에 출현한 문화적 · 철학적 주장들을 수용하고 다시 이를 넘어서서 더욱 보편적인 방향으로 추진해나가는 능력이었다. 그가 이런 종합자로서의 성향을 지니게 된 것은 그의 정치적 경험으로 설명될 수 있다.

1290년경 단테는 젬마 도나티 Gemma Donati와 결혼하여 피에트로, 야코포, 그리고 베아트리체를 둔다. 가정에서 만족을 누리지 못했든지, 아니면 지적 자극보다 다른 것을 추구했든지, 그는 1295년 정치에 뛰어들기로 결심한다. 당시 정부의 체제는 기본적으로 여러 대표적인 길드의 활동이 연장된 꼴이었다. 따라서 정치를 하기 위해서는 길드에 참여해야 했다. 당시 피렌체를 대표하는 길드는 일곱 개였다. 이 중에서 단테는 의사와 약사의 길드에 가입하여 피렌체의 외교 업무를 맡았다.

《신곡》을 펼쳐 든 단테
연옥을 배경으로 선 단테가 자신의 저작 《신곡》을 펼치고 있다. 단테의 머리 위로 천국의 하늘이 있다. 도메니코 디 미켈리노, 1465년 작.

정치에 참여한 단테는 이내 여러 파벌들 사이의 사사로운 이해관계에 얽힌 분쟁들을 목격하면서 보편적인 권력의 적법한 행사가 곧 올바른 정치라고 생각하고 그것이 구체적으로 무엇인지 고민한다. 그런 방향에서 그는 특히 교황 보니파키우스 8세의 외교 사절로 활약하면서 여러 도시와 가문들을 중재하는 역할을 하고자 했다. 그러나 그가 속한 파벌의 정치적 패배로 인하여 단테는 피렌체에서 추방당하고 유랑의 길을 떠난다. 그 유랑은 단테로 하여금 정치에서 한 발 떨어져서 피렌체에서 겪었던 현실을 정신적·이론적으로 극복하고 정리할 수 있는 기회를 주었다. 《신곡》은 그 결실 중 하나였다.

단테의 생애와 지적 형성에서 유랑은 중요한 의미를 지닌다. 유랑 생활을 하던 단테의 눈에 비친 세상은 지극히 비정하고 탐욕과 악으로 가득한 곳이었다. 그는 죽을 때까지 끝내 피렌체로 귀환하지 못하지만, 오히려 세상을 겪은 경험은 그의 계몽적이고 보편적인 문학관을 형성하게 만들었다. 무엇보다 피렌체에서 벗어나면서 다른 문화 중심지들을 알았고(아마 단테는 당시 철학이 융성했던 파리와 옥스퍼드에도 간 것으로 보인다) 이탈리아에 존재하는 다른 지적 성향들과 폭넓은 관계를 가졌다. 그가 목격한 것은 정치와 문학, 예술 등의 정신적 가치를 추구하는 엄청난 능력들이 지각없는 분열과 내란에 의해서 부서지는 모습이었다. 따라서 이런 상황의 이탈리아가 필요로 하는 것은 어떤 형태로든 정치적 통일이 이루어진 평화로운 통치 상태라고 확신한다. 그리고 이런 생각을 《제정론 De Monarchia》(1317)에서 그대로 표현한다. 또한 단테는 과거의 지적 성향을 극복하는 새로운 이론적·문화적 도구들을 발견하고, 일반 대중과의 새로운 형태의 관계를 모색한다.

《속어론 De vulgari eloquentia》(1303-1304)과 《향연 Convivio》(1308)은 이런 관점 아래 쓴 것들이다. 《속어론》은 라틴 어가 지배 언어였던 당시에 이탈리아 어가 근대의 적합한 문학 언어로 쓰일 수 있는지를 논의 주제로 삼은 것이고, 《향연》은 교육자로서, 계몽가로서 맡아야 할 새로운 지적 역할을 다룬 것이다. 《신곡》은 1304년 지옥을 구상하면서 1321년 〈천국편〉을 완성하기까지 단테의 유랑 생활 동안 씌어졌다. 정치와 권력, 그리고 구원의 문제를 이론적으로 체계화하고 문학 작품으로 녹여 내면서 당대의 지식인과 민중이 소통하는 정신적 지침을 마련하려는 새로운 모습의 지식인은 이처럼 구체적 삶에서 겪은 좌절과 반성에서 태어난 것이다.

단테의 생애와 작품　　4

지옥

죽은 자의 세계로 여행을 시작하다 ⋯⋯⋯⋯⋯⋯⋯⋯⋯⋯⋯ 14
⋘ 그림으로 보는 지옥의 구조　　　　　　　　　　　40
⋘《신곡》의 전체 구조　　　　　　　　　　　　　　137

연옥

죽음에서 삶으로, 연옥에서 보낸 세 번의 낮과 밤 ⋯⋯⋯⋯ 140
⋘ 그림으로 보는 연옥의 구조　　　　　　　　　　184

차례

천국

빛으로 가득찬 하늘로 오르다 240
⋘ 그림으로 보는 천국의 구조   252

역자 후기   306
단테 연표   310

• 일러두기

1. 이 책은 주세페 반델리(Giuseppe Vandelli)가 주해를 단 이탈리아 어 판본(*La divina commedia, Milano* : Ulrico Hoepli, 1928)을 원서로 번역했으며, 일러스트는 《神曲的故事》(陝西師范大學出版社)에 있는 것을 사용하였다.
2. 지명, 인명 등의 고유 명사는 라틴 어 발음으로 표기했다. 단 관용적으로 쓰이는 경우에는 그 표기를 따랐다.
3. 이 책의 모든 주는 옮긴이의 주이다.
4. 각 편의 제목은 편집자가 단 것이다.

지옥

지옥

죽은 자의 세계로 여행을 시작하다

1곡 》

인생의 반평생을 지냈을 무렵, 나는 바른길에서 벗어나 어두운 숲 속에 들어서게 되었다. 그 숲이 얼마나 거칠고 무서웠던지 생각만 해도 두려움이 절로 솟아난다. 죽음도 그보다는 더 무섭지 않으리라.

그러나 나는 거기서 귀중한 선善을 만났으니, 내가 만난 선을 보여주려면 거기서 본 다른 모든 것들도 말해야 하리라.

숲 속에 들어서서 그렇게 헤매다가 어느 언덕 기슭에 이르렀을 때였을 것이다. 내 마음을 무서움에 젖게 하던 골짜기가 끝나는 곳에서 눈을 들어 올려다보니 환히 타오르는 새벽 별빛에 휘감긴 산꼭대기가 보였다.

깊은 좌절감에 고통스럽게 보냈던 밤, 그제야 내 마음의 호수에서 머물던 두려움이 조금 잠잠해졌다. 지친 몸을 잠시 쉰 나는 아무도 없

어두운 숲 속의 단테
1300년 35세의 단테는 길을 잃고 홀로 어두운 숲 속에 서 있었다. 어두운 숲 속은 인간의 위기를 상징한다. 프랑스의 판화가 구스타브 도레가 1861년 출판해 선풍적인 인기를 끈 《신곡》의 〈지옥〉 삽화집에 수록된 작품.

는 쓸쓸한 비탈길을 다시 오르기 시작했다. 한 발은 이 세상에 대한 미련을, 다른 한 발은 하느님의 사랑을 향한 채, 세상을 향한 발길을 위로 끌어올리며 힘겨운 여행을 시작한 것이다.

그때 점박이 가죽의 날랜 표범 한 마리가 나타났다. 그놈은 사라지기는커녕 길을 가로막았고, 나는 아무리 피해가려 해도 갈 수가 없었다. 어느덧 아침이 밝아왔다. 창조의 달콤한 시간이 얼룩진 가죽을 두

세 마리 야수를 만나다
세 마리의 야수인 표범, 사자, 암늑대는 각각 인간의 야심과 탐욕, 오만을 뜻한다. 영국의 시인이자 화가 윌리엄 블레이크가 1825년부터 그린 《신곡》의 삽화 102점 중 하나이다.

른 짐승을 물리칠 수 있으리라는 용기를 주었다. 그러나 또 다른 광경에 나는 공포를 느끼지 않을 수 없었다.

사자 한 마리가 나타난 것이다. 사자는 머리를 바짝 쳐들고, 허기져 광폭해진 입을 벌리고 나를 덮칠 듯했다. 게다가 말라빠진 몰골에 허기를 채우려는 갈망을 그득 담은 암늑대가 가세했다. 많은 사람들을 고통스럽게 했을 그놈의 모습을 본 것만으로도, 나는 더할 수 없는 공포에 빠져들었다. 결국 산꼭대기로 오르려는 희망마저 잃고 말았다. 악랄하게 다가오는 짐승 앞에서 '나는 이제 목숨을 잃는구나' 하는 생각뿐이었다. 그놈은 나를 향해 다가오면서, 태양이 미치지 못하는 곳으로 한 발 한 발 천천히 나를 밀어넣었다. 그렇게 내가 낮은 곳으로 밀려나고 있을 때였다. 오랜 침묵으로 목이 잠긴 듯한 사람이 눈앞에 나타났다. 나는 황량한 곳에서 만난 그를 보고 외쳤다.

"당신, 사람이오? 귀신이오? 사람이든 귀신이든 날 살려주시오!"

"현재는 사람이 아니나 전에는 사람이었다. 나의 양친은 롬바르디아 사람들이었고, 둘 다 만토바 출신이셨지. 나는 로마의 카이사르 치하에 태어났어. 엉터리 거짓투성이 잡신들이 횡행하던 시대, 어지신 아우구스투스 치하에서 살았지. 시인이던 나는 트로이의 자랑스러운 신전 일리온이 잿더미가 된 뒤, 바다 건너 이탈리아로 온 앙키세스의 아들 아이네아스의 정의로움을 노래했어. 그런데 너는 어찌하여 이리 고통스러워하는가? 어찌하여 모든 인간에게 내릴 은총의 시작이며 뿌리인 환희의 산에 오르지 않는가?"

"그렇군요. 당신은 장대한 강물처럼 언어를 토해내던 시인, 베르길리우스 선생님이시군요. 모든 시인의 영광이자 빛이신, 당신의 《아이네이스》를 오랫동안 닳도록 읽었습니다. 더불어 받은 은혜가 너무도 크니 당신은 나의 스승입니다. 내 이름을 세상에 알린 아름다운 문체는 당신에게서 나온 것이지요. 고결한 성현이여, 나를 도와주세요! 저기 나를 가로막고 선 저 늑대를 보세요. 저놈이 내 피를 두려움에 젖어 떨게 합니다."

"이 숲을 벗어나고 싶다면 다른 길로 가야 한다. 너를 고통스럽게 하는 저 짐승은 본성이 사악하고 황폐하여 탐욕을 채워본 적이 없으며, 욕구를 채울수록 더 큰 욕구를 품는 짐승이지. 그놈 같은 짐승들은 참으로 많아. 사냥개의 사나운 이빨로 그놈을 죽이기 전까지 그런 자들은 더 많아질 것이야. 사냥개는 도처에서 그놈을 사냥하여 다시 지옥에 처넣을 것이다. 내 너를 생각해 네 길잡이 노릇을 하겠다. 여기서부터 너를 영원한 곳으로 이끌겠다. 너는 좌절의 울부짖음을 들을 것이고, 그들의 비명소리에서 영혼의 죽음이 무엇인지 알게 될 게야. 또 언젠가

지옥의 단테와 베르길리우스
로마 건국 신화가 담긴 서사시 《아이네이스》를 쓴 베르길리우스는 죽은 자의 세계를 여행하는 단테의 길잡이 노릇을 한다. 단테는 그를 정신적 스승으로 삼았다. 들라크루아, 1822년 작.

축복받은 사람들과 함께하리라는 희망을 안고, 불 고문을 참고 견디는 영혼들을 보게 될 것이다. 네가 축복받은 영혼들과 함께하고 싶다면, 나보다 더 위대하고 훌륭한 영혼이 인도하실 거야. 그때가 되면 난 너를 그분께 맡기고 떠나겠다. 축복받은 영혼들의 나라를 다스리는 왕께서, 내가 그 나라의 법을 따르지 않았다 하여 들어서기를 원치 않으시기 때문이지. 그분이 다스리는 모든 곳은 곧 그분의 나라이며, 그분의 높은 옥좌 아래 있으니, 거기 들어간 자들은 행복할 것이다."

"시인이여! 당신이 모르셨던 하느님의 이름으로 간청하니, 이 모든 구속과 벌을 면하게 하시고 당신이 방금 말씀하셨던 그곳으로 날 인도해주세요. 그리하여 성 베드로의 문(연옥의 문)을 볼 수 있게 하시고, 거기서 슬피 울부짖는 영혼들을 만나게 해주십시오!"

그러자 시인은 앞장섰고 나는 그 뒤를 따랐다.

2곡〉〉

날이 저물어 붉게 물든 하늘은 지상의 생명에게 고달픈 일을 놓고 쉬라는데, 나 홀로 고통스러운 방랑길을 떠나려 마음의 준비를 하고 있었다. 나의 기억은 이 모든 것들을 틀림없이 기록하리라.

"스승님이여, 제가 이 험한 여정을 소화할 수 있을까요? 당신은, 죽을 수밖에 없는 몸에 갇힌 평범한 인간 아이네아스가 불멸의 세계를 여행했다고 썼지요. 아이네아스는 가장 높은 하늘에서 신성 로마 제국의 아버지로 선택되었습니다. 그리고 선택받은 그릇 바울이 그 뒤를 이었으니, 구원의 길은 믿음에서 시작한다는 확신을 전해주었습니다. 그런데 제가 감히 그 길을 갈 수 있을까요? 저는 아이네아스도, 바울도 아닙니다. 아무도 제가 그들과 어깨를 나란히 한다고 생각하지 않을 거예요."

나는 뭔가를 하겠다고 하다가 이내 의지를 버리고 생각을 매순간 바꾸는 사람이 된 듯했다.

"겁이 나서 마음이 약해졌구나. 인간은 그 겁 때문에 고통을 당하지. 제 그림자를 보고 놀라는 짐승처럼 말이야. 내가 왜 여기에 와서 너를 지옥과 연옥으로 안내하게 되었는지를 말해주겠다. 나는 허공에 매달린 영혼들 사이에 있었지.✝ 거기서 하느님의 축복된 여인, 베아트리체가 나를 불렀네. '나의 친구 단테가 어두운 숲에서 올바른 길을 잃고 헤매고 있다는 얘길 들었어요. 그를 구하려 천상에서 이렇게 달려왔는데 늦지 않았을까 두려워요. 그대가 빨리 가서서 모든 수단을 가리지 말고 귀한 말씀으로 단테를 인도하셔서 절 위로해주세요. 저는 베아트리체입니다. 나를 말하게 하고 움직이게 하는 것은 사랑입니다. 하느님을 뵐 때 그대의 공을 잘 말씀드리겠어요.' 그 말을 듣고 내가 대답했지. '오직 당신을 통해 인간은 자기 세상을 벗어날 수 있습니다. 당신의 부탁은 진정 내 마음을 사로잡았으니, 더 이상 당신 마음을 보여

✝ 지옥의 첫 번째 고리를 이루는 림보를 가리킨다. 지상에서 그리스도보다 이전에 태어나서 그리스도와 그의 가르침을 알 기회가 없었던 의로운 영혼들, 그리스도 이후에도 세례를 받지 못하고 죽은 죄 없는 영혼들이 사는 곳이다. 육체적 고통은 없으며, 하느님의 존재를 안 지금 그 분을 만날 희망을 접고 살아야 하는 정신적 고뇌만 있을 뿐이다. 구원은 교회 안에서만 이루어진다는 그리스도교의 교리를 잘 드러내는 장소이다.

베아트리체의 죽음
그녀는 두 눈을 감고 있는데 마치 최후의 순간에 하나님을 만나는 듯한 표정이다. 뒤쪽에 붉은 옷을 입은 이는 사랑의 신이고 파란 옷을 입는 이는 단테. 화가는 자신의 죽은 부인을 베아트리체로 묘사해 그렸다고 한다. 단테 가브리엘 로세티, 1863년 작.

주려 하실 필요가 없습니다. 그런데 천국에 계셔야 할 분이 어째서 이곳까지 직접 내려오셨는지 궁금합니다.' 그러자 베아트리체가 이렇게 설명해주었지. '그렇게 알고 싶어 하시니, 이곳에 내려오는 것을 두려워하지 않은 이유를 간단히 말씀드리지요. 나는 하느님의 사랑으로 태어났어요. 하늘에 계신 성모 마리아께서 루치아를 불러 말씀하시기를, 너를 믿고 따르는 자가 너를 찾으니 이제 네게 그를 맡긴다고 하셨어요. 루치아는 단테가 지극히 흠모한 성녀지요. 그분이 내게 성모 마리아의 말씀을 전해주었어요. 단테의 울음 섞인 고통의 소리를 듣지 못하느냐고, 바다조차 감당하지 못할 죄악의 강물에서 죽음이 단테를 집어삼키는 것을 보지 못하느냐고 하시더군요.'

베아트리체의 눈에는 눈물이 별처럼 반짝거렸지. 이곳으로 서둘러 오는 동안에도 그 눈물이 마음을 아프게 찌르더군. 그렇게 네게 와서 축복의 산으로 가는 지름길을 막아선 사나운 짐승에게서 널 구했음에도, 왜 이렇게 겁을 먹고 나약해졌는지 답답한 노릇이구나. 성모 마리아와 루치아, 그리고 베아트리체가 저 천국에서 너를 걱정하고, 나 또한 너에게 무한한 행복을 약속하지 않느냐?"

추운 밤에 오그라든 꽃이 아침 햇살에 활짝 피어나듯이 나는 힘을 얻었다. 그리고 뜨거운 열정이 가슴에서 흘렀다. 나는 햇살 아래 자유로운 사람처럼 입을 열었다.

"나를 구원하신 그분은 참으로 자비롭습니다. 그분의 진실한 뜻을 주저 없이 따른 스승님도 참으로 친절하십니다. 스승님께서 이런 말씀으로 제 가슴 속의 열정을 움직이셨으니, 처음에 지녔던 제 뜻을 다시 살려보려 합니다. 이제 가시지요. 우리의 두 의지가 이제 합쳐졌으니 우리는 하나입니다. 당신은 저의 길잡이시며 주인이고 스승입니다."

이렇게 말하자 스승님은 앞장을 섰고 나는 그 험난한 여행을 시작했다.

3곡》

나를 거쳐서 길은 황량한 도시로
나를 거쳐서 길은 영원한 슬픔으로
나를 거쳐서 길은 버림받은 자들 사이로.
나의 창조주는 정의로 움직이시어
전능한 힘과 한량없는 지혜,
태초의 사랑으로 나를 만드셨다.
나 이전에 창조된 것은 영원한 것뿐이니,
나도 영원히 남으리라.
나를 거쳐서 여기 들어오는 너희는 모든 희망을 영원히 버려라.

거대한 문에 적힌 어두침침한 글자들이 눈에 들어왔다. 그 뜻이 너무나 무서웠다. 베르길리우스는 내 심정을 안다는 듯 말했다.

"여기서는 네가 가진 모든 불신과 두려움을 버려야 한다. 여기가 내가 말한 곳이지. 지성知性의 선善을 잃은 자들, 그 비참한 무리들을 보게 될 것이다."

그가 평온한 표정으로 내 손을 잡고 있었기에 나는 한결 안심이 되어 암흑 속으로 들어섰다.

여기저기서 한숨과 울부짖음이 별 하나 없는 어두운 하늘에 울려퍼졌다. 알 수 없는 수많은 언어들, 크고 작은 목소리들이 목이 쉬도록 고통을 호소하고 분노

지옥의 문
지옥의 문 앞에 선 두 인물의 내면 세계를 강렬하게 표현하고 있다. 지옥의 문에 솔개와 박쥐가 그려져 있어 이상할지 모르나 중세 회화는 일상생활의 사물을 재현하는 것이 흔하다. 피사 필사본(筆寫本), 1345년경.

중립적 태도를 취한 죄인들
선과 악에 무관심하고 오직 자신만을 위해 살았던 천사의 무리와 사람의 망령이 벌떼와 왕파리떼에 쏘여 울부짖고 있다. 피사 필사본, 1385년경.

를 터뜨리고 있었다. 철썩철썩 손바닥 치는 소리, 신음소리가 어우러져 아수라장을 만들었고, 회오리바람에 휩쓸리는 모래알처럼 깜깜한 하늘에 그 소리가 떠돌고 있었다.

"지금 들리는 것이 무엇입니까? 이렇게 고통을 당하는 자들은 누구입니까?"

"이들의 삶은 치욕도 명예도 알지 못했네. 하느님께 반항하지도 복종하지도 않았고 단지 자신에게만 충실한 천사의 무리도 섞여 있지. 하늘은 하늘의 빛을 가리는 그들을 쫓아냈고, 깊은 지옥도 그들을 받아들이지 않았어. 지옥에 떨어진 자들이 그들을 보고 우쭐해할 것이기 때문이지."

"얼마나 고통을 받기에 이토록 울부짖는 거죠?"

"이들은 죽음조차 바랄 수가 없다. 앞을 볼 수 없는 생활은 너무나 절망적이어서 늘 다른 운명을 부러워하고 있지. 그들이 지녔던 세속의 명성은 사라졌고 자비와 법은 그들을 비웃고 있어. 그냥 보고 지나치자."

그때 깃발 하나가 펄럭이며 빠르게 지나쳤다. 깃발을 따라 사람들이 길게 늘어서 있었다. 그 끝없는 행렬 속에는 아는 얼굴도 있었다. 교황이 된 지 5개월 만에 직무를 포기하고, 악랄한 보니파키우스 8세에게 직을 넘긴 코엘레스티누스 5세의 비겁한 영혼도 섞여 있었다. 그로 미루어, 하느님께나 그 반대자 모두에게 미움을 산 자들의 무리라는 생각이 들었다. 이들은 거대한 파리와 벌떼의 습격을 받아 얼굴에 피를 흘리고 있었다. 피는 눈물과 뒤섞여 다리로 흘러내렸고 구더기들이 고름에 뒤섞여 우글거렸다. 저편 강둑에는 다른 한 무리가 있었다.

"저들은 누구이며, 왜 저렇게 서둘러 강을 건너려 하지요?"

"우리가 아케론의 슬픈 강가에 가거든 모든 것을 알게 될 것이야."

스승님의 퉁명스러운 말에 당황한 나는 시선을 떨어뜨렸다. 그러고는 내 말이 그를 귀찮게 할까 걱정되어 강가에 이를 때까지 침묵을 지켰다. 강가에 이르렀을 때 저편 강둑에서 흰 머리 노인이 배를 저어오며 외쳤다.

"사악한 자들에게 화가 있으라! 너희는 하늘을 바라볼 희망을 버려라. 나는 너희를 저편 강둑, 불과 얼음의 지옥으로 실어가러 왔다. 그런데 거기 살아 있는 사람은 뭐냐! 어서 죽은 자들에게서 비켜나라!"

베르길리우스가 외쳤다.

"화내지 마시오, 카론! 이는 원하시는 대로 이루는 저 높은 곳에서 뜻하신 일이니 더 이상 묻지 마시오."

이 말은 검푸른 여울의 털북숭이 뱃사공 입을 닫게 만들었다. 그는 다만 불테를 두른 눈알을 굴리며 나를 쏘아보았다. 그러나 벌거벗은 지친 영혼들은 그의 혀에서 끔찍한 말이 쏟아져 나오자 몹시 창백해져서 이를 덜덜 떨었다. 그들은 하느님을 저주하고 그들 부모의 잠자리를 저주하며, 그들을 낳은 인류와 이 땅, 시간, 피, 그리고 그들을 품었던 자궁을 저주했다.

카론의 눈은 벌겋게 이글거렸다. 손짓으로 그들을 불러모으면서, 늑

카론
그리스 신화에 등장하는 카론은 망령을 스틱스 강에서 배로 실어나른다. 구스타브 도레 작.

아케론 강
구스타브 도레는 비탈진 강가에서 떼 지은 망령의 무질서와, 노를 휘두르는 카론의 모습을 강렬하게 대비시키고 있다. 구스타브 도레 작.

장을 부리는 자들을 노로 후려쳤다. 검은 물을 가로질러 그들이 강 저편에 내리기도 전에 이편에는 다른 무리들이 대기하고 있었다. 스승님이 말했다.

"봐라! 하느님의 분노 아래 죽는 사람들은 모두 이곳으로 온다. 그들이 강을 건너려고 밀려드는 것은 하늘의 정의가 그들을 몰아 모든 두려움이 갈망으로 변했기 때문이야. 선한 영혼은 이 길로 가지 않지. 그러니 카론이 너에게 잔소리를 한다 해도 무슨 의미인지 잘 새겨보아라. 깨닫기에 그리 어렵지 않으니."

그렇게 말했을 때 어둑한 들녘이 무섭게 요동쳤다. 지금도 그 일을 생각하면 물에 빠진 듯, 땀이 나를 적시는 것을 느낀다. 물에 흠뻑 젖은 대지는 바람을 뱉어내고, 갈라진 틈을 통해 붉은 번개를 발사했다. 그 뻗친 섬광은 나의 온 감각을 빼앗아 자제할 수 없게 만들었다. 나는 마치 기절하여 잠든 사람처럼 쓰러졌다.

4곡〉〉

무거운 천둥소리에 나를 누르던 깊은 잠에서 깨어났다. 마치 억센 손이 흔들기라도 한 듯이 벌떡 일어나 졸린 눈으로 주위를 둘러보았다. 나는 낯선 곳에 있었다. 그곳이 어딘지 알고 싶었다. 내 눈에 비친 것은 깎아지른 벼랑의 끄트머리였다. 그 밑으로는 깊은 나락의 구멍이 입을 벌리고 있었고 끝없는 통곡이 우레를 모아놓은 듯 울리고 있었다.

깊게 드리워진 칠흑 같은 어둠. 어렴풋하게나마 비춰주는 한 줄기 빛도 없었다. 바닥을 찾으려 눈을 아무리 크게 뜨고 들여다보아도 아무것도 보이지 않았다.

"저 어두운 눈먼 세계로 내려가자! 내가 먼저 갈 테니 뒤를 따라오너라!"

시인이 얼굴을 내게 돌리며 말했다. 그의 얼굴은 파랗게 질려 있었다.

"내가 겁을 낼 때 날 위로하신 당신조차 두려워하는데 내가 어떻게 갈 수 있겠습니까?"

"무서운 게 아냐! 저 아래에서 사람들이 끝없는 불안으로 고통을 받고 있어. 그것이 내 안색을 연민으로 물들이고 있는 거야. 그것이 네게는 무서워하는 걸로 비쳤나 보군. 어서 가자! 갈 길이 멀어."

그가 나를 이끌고 들어갔다. 그곳은 나락의 첫 번째 고리였다. 의외로 불평이나 울음, 비탄의 소리는 크게 들려오지 않았다. 단지 한숨 소리만이 영겁의 허공을 언제까지라도 떨게 하고 있었다. 비탄의 소리는 고문이 아니라, 사라지지 않는 상실감에서 나오는 것이었다. 여자와 남자, 그리고 어린아이들은 그렇게 한숨을 쉬었다. 슬퍼하는 자들이 겹겹이 떼를 지었고, 슬픔이 켜켜이 쌓여 있었다.

"이 영혼들이 누구인지 묻지 않는구나. 아는 사람이 있느냐? 더 나아가기 전에 네가 알았으면 한다. 그들은 아무런 죄도 짓지 않았지만 아주 중요한 일, 세례를 받지 못했지. 그들은 그리스도 이전에 태어난 죄 때문에 버림받았다. 나도 그들 중 하나야. 그들은 영원히 희망 없이 살아야 하기에 한탄하며 성내고 있는 거야."

이 말을 듣자 그들의 한숨소리가 다시 심장을 파고들었다. 그래서 그곳 림보에 억류된 위대한 선현들 중 내가 아는 영혼이 누구인지 알고 싶었다.

"자기가 잘해서든 다른 이의 도움을 받아서든, 여기를 벗어나 축복 받은 사람이 있습니까?"

시인은 나의 숨은 뜻을 간파했다.

"내가 이곳에 온 지 얼마 되지 않았을 때였지. 머리에는 승리의 관을 쓰고, 권위와 경외로 오시는 분을 보았어. 그분은 최초의 아버지 아담의 영혼, 정의로운 아벨, 방주를 만든 노아, 율법을 주고 순종한 모세, 다윗 왕, 족장 아브라함, 야곱과 그의 아버지 이삭, 그 자손들, 야곱이 정성을 쏟은 라헬(야곱의 아내), 그리고 다른 선택된 영혼을 끌어내 축복해주셨지. 그날 이전에는 어떤 영혼도 그런 구원을 받은 적이 없었다."

그렇게 말하는 동안에도 우리는 걸음을 늦추지 않았고 영혼들이 나무처럼 빽빽이 들어선 숲을 지났다. 내가 잠들었던 곳에서 그리 멀지 않은 곳이었다. 문득 나는 한 줄기 빛을 보았다. 그것은 암흑의 그늘진 얼굴을 타고 넘어와 새빨갛게 달아오른 반구를 이루었다. 얼마큼 떨어져 있었지만 명예로운 이들이 그곳에 있다는 확신을 마음 깊이 품을 수 있었다.

"당신은 모든 학문과 예술을 섭렵하셨으니, 이들 중 누가 특출난지 말해주세요."

"그들의 명예로운 이름은 하늘의 은총을 받아 아직도 세상에 그대로 울려퍼지고 있지."

그때 이렇게 외치는 소리가 들려왔다.

"고귀한 시인을 드높여라! 이곳을 떠났던 위대한 영혼이 돌아왔다."

림보의 성
이 그림에서 단테는 공포에 휩싸여 땅에 엎드려 있다. 림보는 세례를 받지 못하고 죽은 죄 없는 영혼들이 사는 곳이다.

소리는 거기서 그쳤다. 조용해졌다. 네 개의 커다란 그림자가 다가왔다. 그들 표정에는 한탄도 기쁨도 나타나지 않았다.

"저들 중 첫 번째를 잘 봐두어라. 오른손에 칼을 쥐고, 나머지 셋보다 앞서서 우두머리처럼 오고 있는 호메로스를. 시인들의 왕이지. 다음은 예리한 풍자가 호라티우스가 오고 있다. 세 번째는 오비디우스, 마지막은 루카누스구나. 나는 이들과 시인이라는 명예로운 호칭을 나누고 있어."

그들은 다른 시인들의 위를 독수리처럼 높이 솟아오르며 가장 고결한 노래를 불렀던 시인이었다. 그들은 잠시 서로 얘기를 나눈 뒤 내 쪽을 바라보며 환영의 신호를 했다. 나의 스승은 부드럽게 미소를 지어 보였다. 그들은 더 큰 영광을 내게 베풀었다. 나를 초청하여 내가 그들의 무리 중에서 여섯 번째가 되도록 한 것이다.

이제 우리는 빛을 향하여 천천히 움직이면서, 그곳은 워낙 말하는 일에 익숙한 만큼 침묵을 지켜야 좋을 것들을 얘기했다. 우리는 어느

호메로스와 옛 시인들
단테는 고귀한 시의 왕 호메로스를 비롯, 훌륭한 영혼들이 모이는 광경을 보고 자신도 그 무리에 여섯 번째 시인으로 간주하고 있다. 윌리엄 블레이크 작.

고귀한 곳에 도착했다. 일곱 개의 높은 성벽으로 둘러싸인 성이었는데, 해자에는 물이 철철 흐르고 있었다. 나는 이 성현들과 더불어 마른 땅처럼 그 위를 가로질러 일곱 개의 문을 지나 풋풋한 풀이 깔린 정원에 들어섰다. 거기서 우리는 사람들을 발견했다. 그들의 눈은 진지하고 평온했다. 몸매와 태도에는 위엄이 서려 있었다. 말은 거의 하지 않았고 목소리는 조용했다. 우리는 살짝 옆으로 걸어 밝은 빛이 드는 탁 트인 언덕 위로 올라갔다. 그곳에서는 모든 것이 잘 보이는 듯했다. 내 눈에는 풀밭의 광택이 똑똑히 보였고 그 위대한 영혼들이 한 사람씩 내 시야에 들어왔다.

그때 본 것을 생각하면 지금도 심장이 떨린다. 엘렉트라가 보였고, 곧이어 헥토르와 아이네아스, 그리고 트로이의 동료들이 보였다. 인류의 스승 아리스토텔레스가 철학자들의 무리 가운데 앉아 있는 모습이 보였다. 모두가 그를 우러르고 영광을 돌리고 있었다. 소크라테스와 플라톤은 그의 가장 가까운 곳에 있었다. 이들을 다 말할 수가 없다.

해야 할 긴 얘기가 날 앞으로 떠밀고, 때로는 내가 본 것을 생략할 때도 있을 것이기 때문이다. 함께했던 네 명의 시인들을 남겨두고 우리는 새로운 길로 떠났다. 우리는 그 고요로부터 빠져나와 요동치는 허공으로 나아갔다. 그리고 빛이 전혀 없는 곳에 도착했다.

5곡〉〉

첫 번째 고리에서 두 번째 고리로 내려갔다. 더 좁고 구불구불한 곳이었다. 그곳은 전보다 더한 비통이 깔려 있었고 울부짖음은 하늘을 찌를 듯 드높았다.

들어서는 입구에 미노스가 이를 갈며 소름끼치는 모습으로 무시무시한 업무를 수행하고 있었는데, 사람들의 죄를 조사하고 판단하여 제 꼬리를 감는 횟수대로 고리를 지정하여 보냈다. 그의 앞에는 언제나 긴 행렬이 늘어섰고, 차례로 심판을 받았다. 미노스는 나를 보더니 무시무시한 일을 잠시 옆으로 밀쳐두고 말했다.

"넌 지금 고통의 집으로 오고 있어! 왜 이곳에 들어가는지, 누굴 믿고 이러는지, 잘 생각해보라고! 들어가긴 쉽지만, 넓게 열린 문에 속지 말란 말이야!"

그러자 나의 길잡이(베르길리우스)가 말했다.

"왜 이리 소란을 떠는가? 그의 운명적인 길을 방해하지 말라. 방해는 헛된 일임을 알라. 하고자 하는 것을 행하시는 권능이 원하시는 일이다. 그것으로 충분해. 더 이상 묻지 말라."

그때 한탄의 소리가 내 귀를 채우기 시작했다. 괴로움의 울음소리가 나의 떨리는 오감을 마구 쑤셔댔다. 통곡이 스산하게 울려 퍼졌.

모든 빛이 침묵에 잠기는 곳.

두 방향으로 부는 바람들이 싸우는 전쟁터.

지옥의 판관 미노스
단테가 지옥의 두 번째 고리에 이르니 입구에 지옥의 판관인 미노스가 버티고 서서 도착하는 영혼마다 형벌을 결정하고 있다. 윌리엄 블레이크 작.

　폭풍이 휘몰아치는 바다가 으르렁거리는 곳.
　쉴 새 없이 불어대는 지옥의 태풍은 영혼들을 휘둘러 회초리로 몰아세우며 괴롭히고 있었다. 영혼들이 심판을 내리는 미노스에게 휩쓸려 갔을 때 비명과 한탄, 통곡이 밀려왔다. 그들은 하느님의 권능을 저주하고 있었다. 죄인들의 비명과 한탄이 밀려드는 가운데, 그들이 이성을 욕망의 멍에로 씌워 속박시킨 자들이라는 얘기를 들을 수 있었다.
　겨울철에 찌르레기들이 넓게 무리지어 바람을 맞으며 선회하듯이, 대역죄를 지은 영혼들도 휴식을 향한 털끝만큼의 희망도 없이 이쪽으로 저쪽으로, 위로 아래로 지치도록 내몰리고 있었다. 그들의 쓸쓸한 번민을 조금이라도 덜어줄 휴식은 없었다. 휴식은커녕 고통이나 덜하면 좋을 듯 보였다.
　마치 힘겨운 신세를 노래하듯 하늘을 가로질러 긴 선을 그리며 날아가는 학처럼, 소리 내어 울부짖는 폭풍우에 실려 내 앞으로 다가오는 그림자들을 보았다.

"스승님! 검은 바람의 도리깨질로 벌을 받는 이 영혼들의 이름을 알 수 있겠습니까?"

"네가 이름과 사연을 알고자 하는 첫 번째 사람은 여러 언어의 여제, 바벨의 주인이었던 세미라미스라네. 애욕의 못된 기질 때문에 저렇게 망했지. 자기에 관계된 셀 수 없는 추문을 덮으려고 본능에 따라 행동해도 좋다는 묘한 법을 만들었지. 디도를 봐라! 카르타고의 여왕 디도는 남편 시카이오스가 죽자 그 시체 앞에서 수절을 맹세했지만, 전쟁에서 살아남은 트로이의 아이네아스가 상륙하자 그와 사랑에 빠져 부부처럼 지냈지. 그러나 아이네아스가 떠나자 자살해버렸다. 사랑으로 스스로를 망친 것이지. 저기 사랑에 휘둘린 음란한 클레오파트라가 폭풍우에 흔들리고 있구나. 헬레네를 보아라. 이 여자로 인하여 악의 세월이 오랫동안 흘러갔다. 보라, 저 위대한 아킬레스를. 사랑 때문에 싸웠고, 사랑 때문에 벌인 전쟁이 그에게는 마지막이 되고 말았지. 보라, 파리스를, 트리스탄을!"

수많은, 너무나도 많은 망령들의 이름을 대며 손으로 가리켜 보여주었다. 그들의 삶은 사랑으로 인해 스러져갔다. 그때 두 영혼(파올로와 프란체스카)이 눈에 들어왔다.

"시인이여! 거품처럼 가볍게 어두운 바람에 실려 손에 손을 잡고 떠다니는 저 영혼들과 얘기하고 싶습니다."

"저들이 더 가까이 올 때까지 기다려라. 그러면 보리라. 그들을 인도한 사랑의 힘으로 간청하면 그들이 오리라."

바람이 그들을 밀어내 가까이 왔을 때 나는 소리를 높였다.

"괴로움에 지친 영혼들이여! 이리로 오시오. 얘기 좀 합시다."

날개를 활짝 펴고 가벼이 나는 비둘기들이 허공을 가르며 편안한 둥지를 향해 내려오듯이, 이들도 디도의 무리에서 떨어져 나와 세찬 바람을 뚫고 우리에게 내려왔다. 그 힘은 나의 애정 어린 간청에 있었다.

파올로와 프란체스카
형수와 시동생 사이였던 두 사람은 불륜의 사랑에 빠지고 말았다. 형은 이 사실을 알자 두 사람을 살해했다. 그림 왼쪽에는 두 연인이 뜨거운 입맞춤을 하던 순간이, 오른쪽에는 지옥에서 함께하는 모습이 그려져 있다. 가운데의 단테와 베르길리우스는 애처로운 눈길로 두 영혼을 바라보고 있다. 단테 가브리엘 로세티, 1855년 작.

"오, 살아 있는 사람이여. 자비롭고 친절하십니다. 이 검은 허공을 지나, 세상을 피로 물들이며 죽었던 우리를 찾아주셨군요. 하느님께서 우리의 친구이고 간구할 수만 있다면, 그분께 당신의 평화를 간구하겠어요. 아, 우리의 무자비한 고통을 불쌍히 여겨주세요. 나는 해변에 자리한 마을에서 태어나고 자랐지요. 지금 내 옆에 있는 이이를 나는 아름다운 육체를 사로잡았답니다. 그러나 그들은 우리를 죽이고 말았어요!"

이런 말들이 우리에게 애처롭게 들려왔다. 상처 입은 영혼들의 얘기를 들으며 나는 시인이 입을 열 때까지 고개를 숙이고 있었다.

"무얼 생각하느냐?"

"아! 얼마나 많은 달콤한 생각과 큰 욕망이 저들을 이토록 고통스러운 길로 내몬 걸까요!"

나는 그들에게 말머리를 돌렸다.

"프란체스카✢! 당신의 기구한 운명은 나를 울리는구려. 가엾기만 합니다. 말해보시오. 한숨짓는 달콤한 욕망으로 살던 그 시절에, 어떻게 사랑이 당신의 숨은 열정을 알려주었단 말이오?"

"비참할 때 옛날 행복한 시절을 기억하는 일만큼 괴로운 것은 없어요. 당신의 스승님은 아시지요. 그러나 사랑의 뿌리가 우리를 어떻게 옭아맸는지 간절히 알기 원하신다면 울며 고백하겠어요. 어느 날 우리는 여왕을 사랑한 란첼로토의 사랑 이야기를 읽었어요. 우리만 있어서 거리낄 것이 없다고 생각했지요. 읽어가는 동안 우리는 서로 여러 번 눈을 마주쳤어요. 얼굴도 여러 번 붉혔지요. 그러다 단 한 순간이 우리를 엄습했어요. 사랑에 빠진 란첼로토가 오랫동안 기다린 입술에 입 맞추는 대목을 읽었을 때, 이이는 온몸을 부들부들 떨면서 내게 입을 맞추었지요. 그리고 나를 결코 떠날 수 없게 되었지요. 우리는 그날 더 이상 책을 읽지 못했어요."

한 영혼이 말하는 동안 다른 영혼은 울고 있었다. 너무도 비통한 소리가 에워싸는 바람에 나는 그들이 불쌍해서 정신을 잃을 정도였다. 마치 죽어가는 듯한 기분이었다. 시체가 쓰러지듯 나는 지옥의 바닥에 무너져버렸다.

6곡》

마침내 의식이 돌아와 고개를 들고 호기심에 눈을 크게 떴을 때, 사방에서 또 다른 고통을 받는 죄인들이 보였다. 나는 이제 세 번째 고리에 와 있었다. 차갑고 혹심한 영겁의 비가 내리는 곳. 거대한 우박과 구정물이 눈과 뒤섞여서 어두운 하늘에서 쏟아져내렸고 흠뻑 젖은 대지는 지독한 냄새를 뿜어냈다.

잔인하고 섬뜩한 짐승 케르베로스가 이곳에 잠긴 사람들에게 세 개

✢ 하느님의 사랑을 매개하는 베아트리체에 대립하는 여자 프란체스카는 육체와 감정을 지닌 인간의 사랑을 대표한다. 베아트리체가 하느님과 인간을 매개하는 천사와 같은 존재라면, 프란체스카는 현실의 삶을 사는 평범한 인간 존재이다. 단테는 하느님의 구원을 인간의 궁극적 목표로 제시하고 있기에 프란체스카의 사랑을 지옥에 두어 알맞은 비정상적 애욕으로 분류하고 있다.

지옥의 개 케르베로스
세 번째 고리에는 케르베로스가 탐욕을 부린 자들에게 세 개의 목구멍으로 짖어 댄다. 필사 필사본, 1385년경.

의 아가리로 개처럼 짖어댔다. 눈은 피를 토할 듯이 이글거렸고 덥수룩한 수염은 거무튀튀했다. 배는 널찍했으며 손톱은 날카로웠다. 그는 세 아가리로 영혼들을 할퀴고 뜯어 조각조각 찢어발겼다.

우리가 오는 것을 알았을 때 머리가 세 개씩이나 달린 그 거대한 벌레는 아가리를 벌리고 송곳니를 번득거리며 온몸을 사정없이 떨댔다. 그때 나의 길잡이가 양손으로 흙을 가득 집어 그 동굴 같은 목구멍으로 냅다 집어던졌다. 그러자 굶주려 짖어대던 개가 먹이를 입에 물 때 잠잠해지듯, 케르베로스의 포악한 주둥이도 조용해졌다. 길잡이는 영혼들에게도 고함을 질렀다. 그들은 반쯤 귀머거리가 된 듯했다. 할 수만 있다면 그렇게 되고 싶었으리라. 비는 영혼들을 향해 무겁게 내리꽂혔다. 우리는 앞으로 나아갔다. 영혼들은 모두가 땅에 뒹굴고 있었다.

그때 한 영혼이 말을 걸어왔다.

"이 지옥으로 인도된 그대여, 나를 아는지 생각해보시오. 분명 그대는 내가 죽기 전에 태어났소."

"당신의 고통을 보자니 당신이 누구인지 생각할 겨를이 없군요. 난 당신을 본 적이 없는 것 같소. 그러니 당신이 누구며 무슨 죄를 지어 이 슬픈 곳에서 이런 고통을 당하는지 말해보시오."

"당신의 동향인들은 나를 치아코라는 별명으로 불렀소. 그 빌어먹을 탐욕이 내 영혼의 병이었소. 당신이 보시듯, 지금은 이놈의 비 때문에 난 녹초가 되었소. 슬픈 영혼은 나 혼자가 아니오. 이곳의 모든 죄인들이 비슷한 죄로 비슷한 벌을 받고 있소."

"당신의 비참한 모습에 내 기분도 참담하네요. 그러나 안다면 말해주시오. 그 분열된 도시(피렌체)의 사람들이 결국 어찌 될 것인지요? 정의로운 사람이 하나라도 있소? 무슨 원인으로 이런 불화가 번창한 것이란 말이오?"

손가락을 씹는 치아코
치아코는 13세기 피렌체 사람으로 구체적으로 누구를 지명하는지는 알 수 없다. 하지만 그는 단테의 《신곡》으로 이름을 날리게 되었다. 그는 탐식의 죄로 여기에 갇히게 되었는데 얼마나 배가 고팠으면 손가락을 씹고 있다. 하지만 그의 몸은 오랫동안 굶주린 사람 같지 않다. 구스타브 도레 작.

"싸움이 오랫동안 계속된 뒤에 피바다를 이룰 것이오. 거친 쪽이 다른 쪽을 휩쓸어버릴 것이오. 그러나 삼 년이 지나지 않아 그들의 신망은 땅에 떨어지고 다른 쪽이 일어나 힘을 갖고 다스리게 될 거요. 그래서 이들은 오랫동안 거만한 눈으로 굽어보며 그들의 적을 무겁게 내리누를 것이오. 적이 아무리 울어대고 발버둥쳐도 말이지요. 의로운 자가 둘이지만 아무도 그들의 말에 귀를 기울이지 않습니다. 오만과 시기와 탐욕은 불꽃처럼 모든 인간의 마음에 불을 붙이고 사람들을 불태울 것이오."

그의 슬픈 얘기가 끝나자 나는 다시 말했다.

"좀더 말해주시오. 선을 행하는 데 열성이던 사람들은 어디 있소? 그들이 어떻게 되었는지 말해주시오. 하늘에서 그들을 반기는지, 지옥에서 시달리는지, 알고 싶은 욕망에 내 온몸이 지쳤소."

"아주 깊이 내려가면 그들을 보게 될 겁니다. 그러나 달콤한 세계에 가거든 내 이름을 기억해주시오. 더 이상 말하지 않으리다."

길잡이가 말했다.

"그는 천사의 마지막 나팔 소리가 울려퍼지고 마지막 심판의 날이 올 때까지 깨어나지 못할 거네. 모든 영혼은 심판의 날, 비참한 무덤을 되찾아, 흙이 된 육신의 형체를 되찾고서야 영원히 울리는 최후의 심판을 들을 거야."

비와 망령들이 뒤섞인 더러운 곳을 느릿한 걸음으로 지나가며 우리는 사후에 대해 잠시 얘기했다.

"스승님! 이곳의 고통은 위대한 심판과 함께 더 줄어들까요, 더 세차게 타오를까요, 아니면 그대로 이렇게 남을까요?"

"네가 배운 것을 잊었구나. 기쁨이든 고통이든 완전하면 할수록 더 뚜렷한 법이다. 저주받은 이 무리들은 결코 진실한 완전을 누릴 수 없으며, 최후의 심판 이후에 그들은 육체와 합쳐져 지금보다 더 완전해지고 고통은 더 강해질 것이다."

우리는 수많은 얘기를 나누며 구부러진 길을 따라 내리막으로 향하고 있었다. 거기서 나는 대원수 플루톤을 만났다.

7곡〉〉

"파페 사탄, 파페 사탄 알레페!"

플루톤이 쉰 목소리로 알 수 없는 소리를 울부짖었다.

"무서워할 것 없다. 플루톤은 네가 이 절벽 아래로 내려가는 것을 막지 못할 거다. 그의 힘은 그리 강하지 않아. 망할 놈의 늑대야, 입 다물어라! 네 몸을 불태우는 분노로 먹고 사는 놈아! 깊은 곳으로 가는 우리의 여행에는 다 이유가 있다. 미카엘 천사가 하느님을 향한 오만한 폭력에 정의로운 벌을 내리는 곳, 이는 저 높은 곳에서 바라시는 바다."

그러자 돛대 기둥이 바람에 부러져 돛폭에 휘말려 떨어지듯이, 그

잔인한 맹수가 땅바닥에 고꾸라졌다. 우리는 우주의 모든 죄를 쌓아놓은 그 완강한 심연을 더듬으며 네 번째 고리로 내려갔다.

내 눈 앞에 펼쳐진, 누가 쌓아놓았는지도 모르는 번민과 고통은 모두가 죄악에서 나온 것이었다. 다른 어느 곳보다도 여기서 나는 고통당하는 무리들을 많이 보았다. 그들은 여기저기서 있는 힘껏 비명을 지르며 가슴으로 무거운 짐을 밀어내고 있었다. 함께 부딪히며 엎치락뒤치락하면서 그들은 이렇게 외치고 있었다.

"왜 그렇게 돈을 모으기만 하지?"
"왜 그렇게 돈을 쓰기만 하는 거야!"

그들은 거친 말을 되풀이하면서 음침한 고리를 계속 왔다 갔다 하고 있었다. 그들이 서로 마주칠 때에는 몸을 돌려 자기가 걸었던 길로 되돌아가 원을 반 바퀴 돌아 다른 편에 이르곤 했다. 그 광경에 내 마음은 뒤집힐 듯했다.

"이들은 누구입니까? 머리를 민 수많은 이자들은 성직자입니까?"

인색한 자와 낭비한 자의 영혼
지옥의 네 번째 고리에는 인색한 자와 낭비한 자들이 두 군데로 나뉘어 있다. 베르길리우스는 여기서 재물에 대한 탐욕의 상징인 플루톤을 만나 욕설을 퍼붓는다.

운명의 바퀴
이 중세 회화는 운명의 무상함과 예측 불허를 강조하고 있다. 베르길리우스는 운명의 여신을 천사로 보았다. 피렌체 필사본, 1440년경.

"이들은 사는 동안 절제를 모르고 부를 남용한 자들이야. 탐욕과 낭비, 그 상반된 죄가 이들을 갈라놓는 지점에 이르면, 한결 목청을 돋우어 저렇게 소리를 질러댄단다. 머리카락이 없는 이자들은 교황과 추기경들이었지. 이들은 지나친 탐욕을 부렸어."

"그런 탐욕의 죄로 더럽혀진 망령을 저도 알아볼 것 같습니다."

"헛된 생각이다. 이들의 마음을 분별할 수는 없다. 이들은 죽었고 구별될 수 없어. 지금 네가 보듯, 이들은 영원히 머리를 들이받고 욕할 것이다. 어떤 이들은 주먹을 꼭 쥐고, 어떤 이들은 머리를 풀어헤치고 무덤에서 일어날 것이다. 아들아, 보아라. 재화는 운명의 손에 들려 있건만, 우리 인간들은 그 때문에 처절히도 싸운다. 그 얼마나 덧없는가! 달 아래 있는, 언제라도 있었던 황금을 전부 바쳐도 이 지친 영혼들 중 하나라도 쉬게 할 수 있더냐."

"스승님, 더 듣고 싶습니다. 제게 말씀하신 그 운명이란 무엇입니까? 어떻게 해서 세상의 재화를 손에 쥐는 거지요?"

"참 어리석은 세상이야. 저 무지한 무리들을 봐라! 모든 것을 초월하는 지혜를 지니신 분이 하늘을 만드셨고, 인도하는 성령을 시켜 빛을 동일하게 나누어 온 하늘을 골고루 환히 비추시는구나. 그분이 하늘의 구석구석을 모두 비추듯이 세상의 영화도 그렇게 되도록 인도하고 다스릴 운명이란 것을 내세우셨다. 그 운명이 헛된 재화를 때로는 종족에서 종족으로, 핏줄에서 핏줄로, 인간의 간섭 일체를 훌쩍 뛰어넘어 지나다니도록 했다. 어떤 민족은 흥하고 어떤 민족은 쇠함이 풀밭의 숨은 뱀처럼 운명에 달렸다. 인간의 지식은 그와 맞설 수 없어. 운명도 다른 신들과 마찬가지로 자기 영토에서 법을 정하고 지키고 시행하지. 운명의 변신은 쉼이 없어. 필연이 운명을 빠르게 움직이게 만들어 인간 만사가 순식간에 덧없이 변한다. 운명에 칭송을 바쳐야 할 사람에게서도 저주를 받는 것이 바로 운명이지. 사람들은 분별없이 욕을 하고 악담을 하는구나. 그러나 운명은 복으로 가득 차 아무것도 듣지 않지. 운명은 하느님의 다른 첫 피조물과 더불어 자신의 복됨을 즐기고 자신의 바퀴를 돌린다. 자, 이제 더 가엾은 고통을 당하는 곳으로 가보자. 내 떠났을 때 떠올랐던 별들이 모두 져버렸으니, 더 머물 수가 없구나."

우리는 고리를 가로질러 다른 언덕으로 갔다. 검푸른 물의 어둠침침한 흐름을 따라서 우리는 낯설고 을씨년스러운 길로 내려갔다. 이 슬픈 흐름이 끝나는 곳에서 잿빛의 죄로 가득 찬 늪(스틱스)이 완강하게 버티고 있었다. 나는 눈을 크게 뜨고 바라보았다. 그 습지에는 진흙에 뒹굴고 있는 사람들이 보였다. 발가벗었고, 성난 얼굴이었다. 이빨로 서로를 조각나도록 물어뜯고, 손뿐 아니라 머리와 가슴, 다리로 난투를 벌이고 있었다.

"아들아. 분노를 이기지 못한 자들의 영혼을 보아라. 물 밑에서 사람들이 내쉬는 한숨으로 수면까지 부글거리는구나. 어디서든 볼 수 있지 않느냐. 수렁에 빠진 저들은 말하지. '상큼한 공기와 따스한 햇살 속에서도 불안과 분노로 음울했거늘, 이 시커먼 수렁에서 어찌 더 음울하지 않겠는가!' 이런 하염없는 소리가 목구멍에서 그저 그르렁거릴 뿐이구나. 말을 온전히 할 수 없는 처지니까."

우리의 시선은 여전히 진흙을 꿀떡꿀떡 삼키는 자들에게 향하고 있었다. 그러다 어느새 높은 탑의 발치에 다다랐다.

그림으로 보는
지옥의 구조

단테는 어두운 숲 속에서 길을 잃고 하느님의 세계로 여행을 시작한다. 길잡이 베르길리우스를 따라 지옥의 문을 지나자 바로 안쪽에 선과 악에 무관심하고 자기만 생각하며 산 자들이 왕파리떼와 벌떼에 쏘여 피를 흘린다. 이어 아케론 강에서는 카론이라는 뱃사공이 망령들을 지옥으로 실어나른다. 지옥의 첫 번째 고리에서는 한숨 소리만 들려온다. 호메로스, 아리스토텔레스 같은 성현과 철학자, 시인들로 죄를 짓지 않았으나 그리스도를 알지 못하고 세례를 받지 못한 자들이다.

두 번째 고리에서는 미노스가 망령의 죄를 판단해 꼬리를 감는 횟수대로 고리를 지정해 보낸다. 파올로와 프란체스카를 비롯, 헬레네와 파리스 등 트로이 전쟁의 주역, 클레오파트라 등 애욕의 죄를 지은 자들이 바람에 날리는 벌을 받고 있다. 세 번째 고리에는 영겁의 비가 내린다. 지옥의 개 케르베로스는 탐욕을 부린 죄인들을 찢고 할퀸다. 네 번째 고리에서는 낭비를 일삼거나 인색한 자들이 무거운 짐을 굴리는 벌을 받는다.

다섯 번째 고리에는 화를 잘 내던 자들과 태만한 자들이 스틱스 늪에 빠져 진흙을 삼키고 있다. 뱃사공 플레기아스의 도움으로 단테와 베르길리우스는 이곳을 건너 디스라는 도시로 들어간다. 디스는 지옥의 여섯 번째 고리로, 이교도들이 뜨겁게 달구어진 무덤에 갇혀 있다. 일곱 번째 고리는 세 개의 좁은 구렁으로 나뉘는데 각각 이웃과 자신, 하느님에게 폭력을 행한 자들이 갇혀 있다. 살인과 도둑, 폭군 등 이웃을 괴롭힌 자들은 첫 번째 구렁에서 끓는 피의 강 플레게톤에 잠겨 켄타우로스가 쏘는 화살에 괴로워하고, 자살하거나 도박을 하여 자신을 해한 자들은 하르피이아라는 새에게 쪼인다. 자살자들은 자기 몸에 책임을 지지 않은 자들이어서 나무에 갇혀 옴짝달싹할 수 없다. 마지막으로 하느님을 깔보고 선성을 비웃은 자들이 불꽃이 눈처럼 내리는 모래밭에서 고통을 당한다. 일행은 여기서 게리온을 타고 여덟 번째 고리로 내려간다.

말레볼제라 불리는 이곳에는 열 개의 구렁이 있다. 뚜쟁이들이 마귀에게 매질당하고, 아첨꾼들이 똥물 속에 잠겨 있으며, 신성을 모독한 자들이 발바닥에 불이 붙은 채 구멍 속에 거꾸로 처박혀 있고, 마술사들이 머리가 뒤로 돌아간 채 뒷걸음질치며, 탐관오리들이 역청에 잠겨 말라브란케의 작살에 찔린다. 위선자들은 금빛을 띤 납으로 만든 망토를 입고 걸어다니고, 도둑들이 뱀에 얽혀 잡아먹히거나 뱀으로 변신하고, 오만하고 권모술수를 부린 자들이 불길에 휩싸이며, 불화와 분열의 씨를 뿌린 모략가들이 마귀의 칼에 영원히 잘리며 위조범들이 갈증과 열병에 온 몸을 긁으면서 냄새를 뿜어낸다.

아홉 번째 고리는 코키토스라는 거대한 호수인데, 자기를 믿는 사람을 배반한 자들이 얼어붙어 있다. 단테는 위선과 배신을 살인과 강도보다 심각한 죄로 친다. 다른 죄는 그 자체로 끝나지만 위선과 배신은 인간 세계의 질서를 어지럽히며 지구를 지옥으로 변형시키기 때문이다. 이곳에서 단테는 지옥의 마왕 루키페르를 만나 그의 몸을 타고 지구 중심을 통과, 좁은 통로를 기어올라 지구 반대편의 연옥에 도착한다.

지옥의 언어는 물질적이다. 지옥을 둘러보며 단테는 자기가 늘어놓는 말이 사실과 어김없으면 좋겠다고 말한다. 지옥의 끔찍한 광경을 언어에 담으려는 단테의 노력은 강렬하다. 지옥은 단테의 언어 안에 자리 잡으면서 한숨과 비명, 불꽃과 악취를 고스란히 뿜어낸다. 하얀 종이 위의 검은 글자들은 한 순간도 쉬지 않고 우리에게 죽음과 고통을 들려준다. 지옥은 영원히 닫혀 있는 어둠의 세계지만, 연옥이나 천국에 비해 훨씬 더 역동적이고 변화롭게 재현된다.

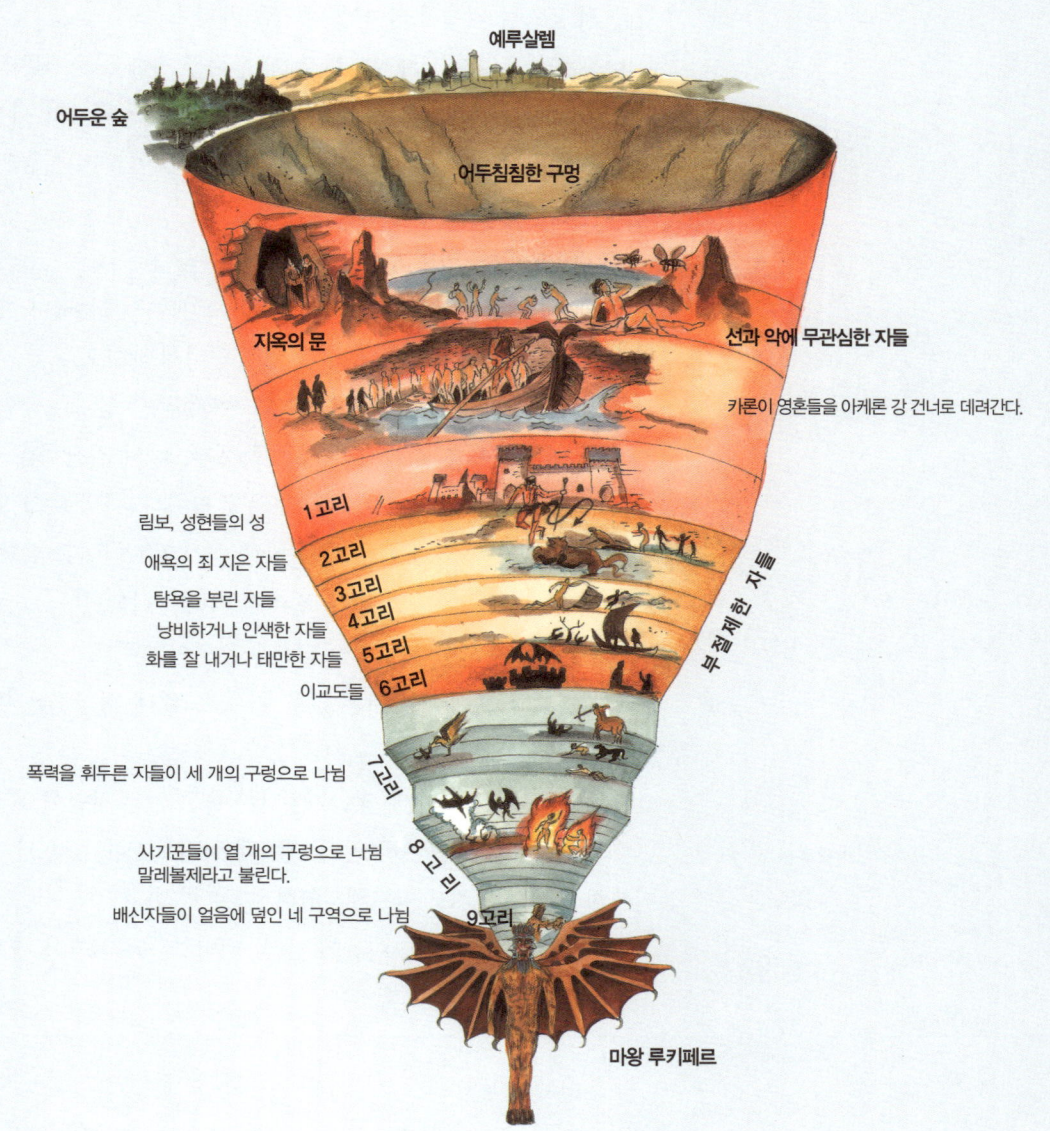

8곡 〉〉

높은 탑의 발치에 다다르기 오래 전부터 우리는 탑 꼭대기를 바라보고 있었다. 꼭대기에는 두 개의 불꽃이 보였다.

"이쪽의 불은 무얼 묻고, 저쪽의 불은 무얼 답하는 겁니까? 누가 이런 신호를 보내는 거지요?"

"늪의 자욱한 안개가 네 시야를 가리지 않는다면, 우리가 기대하는 것을 저 흙탕물 위에서 알아볼 수 있을 게다."

나는 바라보았다. 작은 배 한 척이 우리를 향해 물을 헤쳐오고 있었다. 사공 혼자서 노를 젓고 있었다. 활시위를 떠난 화살이 제아무리 빠르게 공중을 난다해도 그처럼 빠르지는 않을 것이었다. 사공이 외쳤다.

"여어! 이 망할 영혼! 또 왔는가!"

내 스승이 말을 받았다.

"플레기아스여!✥ 이번에도 쓸데없이 소리를 지르는구나. 당신은 참견 말라! 다만 이 진구렁을 우리가 배로 건너게 해다오."

마치 터무니없는 속임수에 당했다고 여겨 불끈 성내는 사람처럼, 플레기아스의 속은 분노로 펄펄 끓는 듯했다. 나의 길잡이는 침착하게 배에 발을 들여놓았다. 나는 그의 부름에 따랐다. 곧바로 그 낡은 나무배는 여느 때보다 더 깊이 물살을 가르며 앞으로 나아갔다. 죽음의 수로를 달리는데 느닷없이 흙을 뒤집어쓴 머리가 나타났다.

"때가 이르지 않았는데 오는 당신은 누구인가?"

"내 왔으나 오래 머물지는 않을 거요. 그런데 험상궂은 얼굴을 한 당신은 누구요?"

"내가 누구인지 보이지 않는가? 나는 울고 있는 사람이오."

그 말에 나는 그가 누구인지 대번에 알아보았다. 참으로 거만했던 피렌체 출신의 필립포 아르젠티였다. 나는 외쳤다.

"이 저주받은 영혼아! 이곳에 갇혀 영원토록 통곡하라! 네가 더러워

✥ 전쟁의 신 마르스와 크레세이스 사이에서 태어난 아들. 태양의 신 아폴로가 자기의 딸 코로니스를 유혹하자 아폴로에게 바쳐진 델피 신전을 불태웠다고 한다. 그래서 분노의 화신으로 불린다.

스틱스 늪
분노를 이기지 못하는 자들이 늪 속에 잠겨 있고, 분노를 쉽게 내는 자들은 진흙 속에서 신음한다. 분노하기 쉬운 자들 가운데는 필립포 아르젠티가 있다. 그는 피렌체의 귀족 출신으로 단테의 정적이다. 윌리엄 블레이크 작.

졌어도 내 널 알아보겠다!"

스승님은 팔로 내 목을 두르고 얼굴에 입을 맞추며 말했다.

"분노한 영혼아! 너를 낳은 여인에게 축복이 내리길! 저자는 세상에서 거만했던 사람이었어. 일생 동안 누구도 자기에게 따뜻하게 대해준 기억이 없어서 이렇게 사납게 구는 거야. 세상에서는 대단히 지혜롭고

지옥 43

위대한 척했던 사람들이 여기에서는 진흙탕 돼지처럼 뒹굴며 세상에 대한 야비한 기억만 떠올리는 거지!"

"스승님! 늪을 빠져나가기 전에 이 진흙탕에 그자가 잠기는 것을 보고 싶은 마음이 간절합니다."

"저편 언덕으로 가기 전에 볼 거야. 저주가 깃든 소원이지만 여긴 지옥이니까 이루어질 만하다!"

곧이어 내 눈에 흙투성이의 무리가 그자를 난도질하는 것이 보였다. 나는 그 광경을 보여준 하느님께 지금까지도 기도하고 감사드린다.

흙투성이의 무리들 모두가 부르짖었다.

"필립포 아르젠티를 결판내자!"

그 피렌체의 망령은 무리들에게 화를 내더니 광기가 폭발하여 제 이빨로 자신을 물어뜯었다. 우리는 그를 떠났다. 울부짖는 소리가 귀에 쟁쟁했기에 나는 목을 길게 빼어 눈을 크게 뜨고 뒤를 돌아보았다.

"아들아! 무거운 죄를 지은 자들이 사는 디스✝라는 이름의 도시가 이제 가까워온다."

"스승님! 벌써 골짜기 위로 사원들 불꽃이 선명하게 보입니다. 달궈진 쇠처럼 선홍빛의 불길이 연기를 뿜으며 타오르고 있어요."

"저들을 휘감는 영원한 불길이 네가 보다시피 이 낮은 지옥 전체를 불그스레하게 물들이는구나."

우리는 마침내 이 불행한 도시를 둘러싼 깊은 해자에 도착했다. 도시를 둘러싼 성벽은 쇠로 만들어진 듯 보였다.

우리가 탄 배는 한동안 주위를 돌았다. 그러다 한 곳에 이르자 뱃사공이 우리를 향해 있는 힘껏 고함을 질렀다.

"내리시오! 여기가 디스의 입구요!"

하늘에서 추방된 수천의 천사들이 문 위에 앉아서 성내며 소리치고 있었다.

✝디스는 원래 디스 파테르Dis Pater, 즉 '부富의 아버지'라는 뜻으로, 로마 신화에서 지하 세계를 다스리는 신. 그리스 신화에서는 지옥의 마왕 하데스 혹은 플루톤에 해당한다. 단테는 지옥의 마왕 루키페르, 혹은 그가 자리잡고 있는 지옥의 맨 밑바닥을 부르는 말로 사용한다.

"거기 누구냐? 어째서 이 사람은 죽지도 않았는데 죽은 자들의 왕국을 활보하는가?"

그러자 나의 현명하신 길잡이는 그들에게 은밀히 말하고 싶다는 표시를 했다. 그들은 잠시 거만함을 누그러뜨리며 말했다.

"당신만 혼자 오시오. 대담하게도 이 왕국에 침입한 저놈은 가도록 하시오. 미련한 제 길을 따라 혼자서 돌아가도록 하시오. 이 어두운 나라를 안내한 당신은 가만있으시오!"

독자여! 생각해보라. 이런 끔찍한 말을 들었을 때 내 마음이 얼마나 절망적이었을지! 이 세상으로 다시는 돌아오지 못할 것만 같았다.

디스 성문

보티첼리는 아주 방대한 기세로 디스 성을 세밀하게 묘사하고 있다. 단테와 베르길리우스를 구한 천사를 비롯 지옥으로 떨어진 천사를 그렸으며, 이교도의 무덤까지 상세히 그렸다. 보티첼리, 1495년경 작.

"스승님은 일곱 번도 더 나를 안전하게 이곳까지 안내하셨고 내 앞 길에 놓인 위험에서 구해주셨습니다. 이렇게 낙담한 나를 버리지 마세요. 앞으로 나아갈 수 없다면 오던 길로 어서 함께 돌아가시지요."

그러자 거기까지 나를 이끄신 그분이 말했다.

"두려워 말라. 우리의 발길은 방해받지 않을 것이야. 하느님께서 그렇게 만드셨네. 그러나 여기서 잠시 날 기다려라. 초췌한 영혼을 위로하고 밝은 희망을 키워라. 내 너를 이 낮은 세상에 버려두지 않을 거야."

자애로운 아버지는 나를 버려두고 가버렸다. 베르길리우스가 돌아오리라는 마음과 오지 않을 것이라는 마음이 내 안에서 싸우고 있었다. 그들은 스승님과 그리 오래 얘기하지 않았다. 그들이 등을 보이며 서둘러 돌아서는 것이 보였다. 그리고 나의 스승님 면전에서 육중한 문을 닫아버렸다. 스승님은 몸을 돌려 나를 향하여 느린 걸음으로 돌아왔다. 눈을 내리깔고 있었다.

"누가 감히 이 고통의 집을 내게 금지한단 말인가?"

그리고 내게 말했다.

"내가 화를 내도 너는 두려워하지 말라. 어떠한 장애가 와도 난 물리칠 것이다. 저들의 이런 반항은 새롭지도 않아. 언젠가 이보다 덜 비밀스러운 지옥의 대문에서도 그리스도를 들어오지 못하게 막은 적이 있지. 그러나 문은 열렸고 영원히 열려 있을 거야. 넌 이미 그 문에 새겨진 죽음의 글귀를 보았지.✢ 디스의 문을 열어주실 분이 이미 그 문을 통과하셨다. 길잡이도 없이 우리가 지나온 고리들을 가로질러 이곳으로 내려오고 계신다."

9곡〉〉

돌아온 길잡이는 극도의 두려움에 창백해진 내 얼굴을 보자, 심각한

✢ 지옥의 대문은 림보로 들어가는 문을 가리킨다. 앞서 소개되었듯이, 그리스도가 림보에 있는 의로운 영혼들을 구하러 갔을 때 지옥의 악마들이 문을 닫아걸고 저항하자 무력으로 문을 쳐부쉈다. 그때 이후로 앞으로도 열려 있을 것으로 단테는 생각하고 있다.

안색을 곧바로 거두었다.

"어쨌든 이 싸움은 이겨야 해. 그렇지 않으면……. 아, 그 위대한 분의 도움이 있지 않은가. 그런데 오시는 길이 왜 이리 더딘가!"

그는 처음에 하던 말을 끝내지 않고 다른 얘기로 건너갔다. "그렇지 않으면……." 끝내지 않은 그 말에 나는 몹시 신경이 쓰였고 두려워졌다.

"희망의 상실을 고통스러워한 어떤 영혼이 림보에 있다가 이 낮은 지옥의 웅덩이로 내려온 일이 있습니까?"

나는 질문을 던졌다.

"림보의 영혼 중 누가 지금 내가 가는 길을 걸을까? 흔치 않은 일이겠지. 그러나 사실을 말하면 나는 전에 이곳에 내려온 적이 있어. 자기 몸에 망령을 불러오는 저 잔혹한 마녀 에리톤✢에게 홀렸기 때문이었지. 내가 육체를 벗은 지 얼마 되지 않아 에리톤은 유다가 있는 지옥의 고리에서 한 영혼을 빼내기 위해 그곳으로 나를 들어가게 했지. 그곳은 가장 낮고 가장 어두운 곳이었어. 또 모든 것을 움직이시는 하늘에서 가장 먼 곳이었지. 내가 길을 잘 알고 있으니 믿음을 가져라. 고약한 냄새를 풍기는 늪지가 고통의 도시를 감싸고 있군."

그가 계속 얘기했지만 기억나지 않는다. 내 눈이 벌써 붉게 타오르는 탑의 꼭대기로 향했기 때문이다. 피를 뒤집어쓴 세 자매 복수의 여신들이 한꺼번에 눈에 들어왔다. 푸르디푸른 히드라가 그들의 허리를 칭칭 감고 있었다. 작은 실뱀들과 뿔 달린 뱀들이 머리털처럼 자라나 잔악한 관자놀이 주위를 둘러싸고 있었다. 전에 마주쳤던지라, 영원한 통곡의 여왕(지옥의 마왕 플루톤의 아내 페르세포네)을 보좌하는 이 노예들을 잘 알 기회가 있었던 길잡이가 입을 열었다.

"봐라. 표독스러운 에리니에스를. 왼쪽에는 메가이라, 오른쪽에는 알렉토가 울고 있구나. 테시포네는 한가운데에 있다."

말을 끝낸 후 그는 한동안 침묵했다. 뱀들은 손톱으로 서로 가슴을

✢ 테살리아의 여마법사. 폼페이우스가 파르살로스 전투의 결과를 알려달라고 부탁하자 어느 죽은 병사의 망령을 저승에서 불러냈다고 한다.

찢고 손바닥으로 때리면서 째지는 비명을 질러댔다. 나는 무서워서 시인에게 바싹 다가섰다.

"메두사를 불러라. 저놈을 돌로 만들겠다."

그들은 우리를 내려다보며 울부짖었다.

"테세우스를 쉽게 놔준 것이 원통하구나!"✝

스승님이 말했다.

"뒤로 돌아서서 눈을 꼭 감아라. 만일 고르곤이 와서 네가 그 얼굴을 보기라도 한다면 다시는 빛으로 돌아가지 못할 테니까."

스승님은 내 손을 믿지 않고 당신의 손으로 내 눈을 덮어주셨다. 견고한 지성을 가진 독자라면 나의 비범한 글을 덮고 있는 너울 아래 감추어진 의미를 잘 들여다볼 수 있으리라. 흐릿한 물결을 넘어서 무서운 소리가 거대하게 밀려들어와 양쪽 둑이 부르르 떨렸다. 열기가 맞부딪히며 내는 격렬한 바람 소리와 같았다. 거칠 것 없이 숲을 휩쓸고 요동치며 나뭇가지들을 후려치고 잘라내어 멀리까지 날려보내는 바람이었다. 거대한 먼지 기둥을 일으켜 짐승과 목동들을 도망가게 만드는 바람이었다. 스승님이 내 눈을 풀어주며 말했다.

"이제 보아라. 저 안개가 짙게 드리워진 곳, 그 오래된 거품 너머가 보일 거다."

원수인 뱀 앞에 선 개구리들처럼 수많은 영혼이 연못 속으로 뛰어들어 흩어지더니 제각기 바닥에 납작 웅크리고 있었다. 나는 스틱스의 물을 건넜어도 발 하나 젖지 않은 그분에게, 겁에 질린 수천의 영혼이 길을 터주며 잽싸게 도망치는 것을 보았다. 그분은 왼손을 내저으며 수증기를 얼굴에서 걷어내곤 했다. 귀찮은 것이라곤 그것밖에 없는 듯 보였다. 짐작대로 그분은 하늘에서 보내신 분이었다. 길잡이는 나에게 조용히 인사하라는 신호를 하고 그분에게 허리를 굽혀 인사했다. 그분의 성스러운 얼굴을 채우고 있는 것은 이 어두운 세계에 대한 경멸이

✝ 테세우스는 친구 페이리토스와 함께 페르세포네를 빼앗아 아내로 삼기 위해 지옥에 내려갔다가 사로잡혔으나 헤라클레스의 도움으로 탈출했다.

지옥문을 두드리는 천사
베르길리우스가 무기력해졌을 때 하늘에서 보낸 천사가 나타나 지팡이로 문을 두드려 성문을 연다. 천사는 마치 보통 사람처럼 느껴지며 문 앞에서의 동작은 지하의 거대한 동굴을 탐험해보겠다는 의지를 보이는 듯하다. 롬바르디아 필사본, 1440년경.

었다. 그분은 문에 이르러 가느다란 지팡이로 문을 건드렸다. 그러자 문이 활짝 열렸다. 아무런 저항도 없었다. 모든 것이 거침없었다.

"하늘의 추방자들! 이 쓰레기 같은 망령들!"

그가 무시무시한 문턱에 서서 말했다.

"어찌하여 이런 거만에 젖어 사느냐! 어찌하여 위대한 의지에 발길질을 하는가! 그분의 의지는 다 이루어질 때까지 결코 중단될 수 없어. 그분의 의지로 너희들의 고통은 더 커지지 않았느냐! 운명에 대항하여 무슨 수가 있겠는가! 너희들 스스로 잘 기억하고 있지 않느냐! 헤라클레스가 테세우스를 구하러 이곳에 내려왔을 때 케르베로스 네놈은 쓸데없이 반항하다 목과 턱의 털이 다 뽑히고 말았는데, 아직 그대로구나!"

그런 뒤 그분은 돌아서서 우리에게 아무 말도 않고 그 더러운 길을 되돌아갔다. 그분의 얼굴에는 자기 주변의 일보다는 다른 일에 몰두하는 사람의 모습이 어렸다. 우리는 하늘의 거룩한 말에 보호 받아, 마음을 어루만지며 도시(디스)를 향해 발을 옮겼다. 우리는 거침없이 그곳에 들어섰다. 나는 이렇게 거대한 요새에 가두어진 영혼들이 어떤 모습을 하고 있는지 보고 싶은 마음에 문을 지나자마자 주위를 살펴보았다. 그곳은 온통 무덤을 이루고 있었다. 타오르는 불꽃이 무덤들 사이로 솟아올라 무덤을 달구어질 대로 달구어진 쇠처럼 내내 뜨겁게 만들었다. 무덤의 뚜껑은 다 열려 있었는데, 슬픈 한탄의 소리가 밖으로 새어 나왔다. 분명 고문을 당하는 영혼들의 소리일 것이었다.

"스승님. 저들은 누구이기에 이 석관에 누워서 이다지도 슬픈 한숨과 신음을 내도록 고통당하는 겁니까?"

"여기에는 모든 이교도 분파의 두목과 추종자들이 누워 있는데, 네 상상 이상으로 무덤 안에 겹겹이 포개어져 있단다. 비슷한 자끼리 묻혀 있지. 무덤은 묻힌 자에 따라 더 뜨겁기도 하고 덜 뜨겁기도 하다."

그러고는 그가 오른편으로 몸을 돌렸다. 우리는 끊임없는 고뇌와 높은 둔덕 사이를 지나갔다.

10곡〉〉

스승님은 도시의 성벽과 고통 사이로 으슥한 좁은 길을 따라서 걸어갔다. 나는 그의 뒤를 따랐다.

"이 불경스러운 소용돌이를 돌아보게 해주시는 고결한 힘이시여! 알고 싶은 것이 있습니다. 무덤 속에 누워 있는 자들은 남들 눈에 보입

이교도 파리나타
여섯 번째 고리에 이른 단테는 이곳에서 파리나타와 이야기를 나눈다. 파리나타는 피렌체 정계의 거물로 자신의 현재 처지에 대해 경멸을 느끼나, 단테는 그를 존중한다. 여기의 이교도들은 에피쿠로스의 제자로 쾌락주의자이며 영혼의 불멸을 부인한다. 구스타브 도레 작.

니까? 무덤 뚜껑이 다 열려 있는데, 감시하는 자가 없어요."

"저들이 세상에 두고 온 육체를 다시 지니고 여호사밧✢에서 이리로 돌아올 때 이 무덤들은 영원히 닫히고 봉인될 거네. 이편에는 에피쿠로스✢✢와 함께 그 추종자들이 무덤에 갇혀 있는데, 몸이 죽을 때 영혼도 죽는다고 주장했던 자들이야. 네가 방금 물어본 의문들은 여기서 금방 대답을 들을 거야. 또 내게 말하지 않고 감추고 있는 소망도 채워질 테지."

✢ 예루살렘 근처의 계곡으로, 최후의 심판의 날 모든 영혼은 이곳에 모여 저들의 육신과 다시 결합한다고 한다.

✢✢ 그리스 철학자. 쾌락ataraxia("혼란이 없다"는 뜻)주의를 펼쳤으며, 영혼은 육체와 함께 소멸한다고 주장했다.

지옥 51

"단 한 가지 생각도 감추려 하지 않았어요. 단지 말을 많이 해 스승님을 귀찮게 하지 않으려 했을 뿐입니다. 스승님께서 제게 그렇게 이르시지 않았습니까!"

그때 한 무덤에서 돌연히 말소리가 들려왔다.

"토스카나 사람아! 이곳에 잠깐 멈추는 것이 좋겠소. 당신 고유의 말투가 내가 태어났던 고귀한 땅 피렌체를 생각나게 하는구려. 나는 거기서 너무나 힘이 들었지, 아마도.

길잡이의 준비된 손이 나를 떠밀어 무덤들 사이의 파리나타에게 나아가도록 했다. 스승님이 내게 일렀다.

"말을 조심해야 한다!"

내가 파리나타의 무덤에 다다르게 되자 그는 나를 물끄러미 보며 얕보는 투로 말했다.

"당신 조상들은 누구요?"

나는 그의 말에 순순히 따르고 싶었기에 숨김없이 모든 것을 다 말해주었다. 그러자 그가 눈썹을 약간 치켜올렸다.

"당신 조상들은 나와 내 조상들, 그리고 나의 파벌에 언제나 반대했소. 그래서 난 두 번이나 그들을 격퇴했지."

내가 대답했다.

"나의 조상들은 쫓겨나긴 했어도 언제나 돌아왔소. 한 번도 아니고 두 번이나. 그러나 당신 쪽은 그런 기술을 익히지 못한 것 같소."

바로 그때 다른 망령이 일어나는 것이 보였다. 그 망령은 파리나타 옆에 머리만 불쑥 내밀었는데, 무릎으로 일어났던 것 같았다. 그는 내가 누구와 함께 왔는지 보려는 듯 주위를 살폈다. 그리고 그는 의심을 완전히 지우고 났을 때 울먹이며 말했다.

"당신의 위대한 지성으로 이 눈 먼 감옥을 활보한다면, 내 아들은 어디 있는 거요? 왜 당신과 함께 있지 않은 거요?"

"나는 혼자 오지 않았소. 저쪽에서 기다리시는 분이 날 이 길로 인도하셨소. 당신의 아들 귀도가 경멸했었던 그분이지요."

"뭐라고? 무슨 말을 하는 거요? 내 아들이 '경멸했었다'니? 그렇다면 살아 있지 않다는 말이오? 이제 부드러운 햇살이 그 아이의 눈을 비추지 않는단 말인가?"

나는 대답하려다 잠시 망설였다. 그런 내 모습을 보더니 그는 대번에 거꾸러져 다시 나타나지 않았다. 그러나 내 발길을 멈추게 한 그 위엄 있는 파리나타는 상관하지 않고, 머리도 움직이지 않고 무슨 일이 일어났는지 보려 몸도 돌리지 않은 채, 하던 얘기를 계속 이어나갔다.

"당신이 말한 대로 나의 조상들은 쫓겨나도 돌아오는 기술을 익히지 못했는지도 모르겠소. 그것을 생각하는 것은 이 무덤에 있는 것보다 더 괴로운 일이오. 그러나 이곳을 다스리는 여인의 얼굴(지옥의 마왕 플루톤의 아내 페르세포네. 달의 여신 디아나와 동일시되기도 함)이 오십 번 그 빛을 발하기 이전에 당신은 그 기술을 배우기가 얼마나 어려운지 알게 될 거요. 당신은 부드러운 세계로 돌아가겠지요. 말해주시오. 왜 당신네 사람들은 이런저런 법을 만들어 우리 가문을 그토록 모질게 대한 것이오?"

"토스카나의 강 아르비아를 붉게 물들인 학살과 대접전 때문이오."

그는 한숨을 쉬더니 머리를 흔들며 말했다.

"그 전쟁에 참가한 것은 나 혼자가 아니었소. 난 쓸데없이 다른 자들과 어울리지도 않았소. 모두가 피렌체를 파멸시키려 했을 때 나는 피렌체를 위하여 오직 혼자서 떳떳하게 일어섰소."

"당신의 후손들은 언젠가 평화를 찾을 거요. 그러니 내 머리를 단단하게 얽어맨 이 문제를 풀어주시오. 내 바르게 들었다면, 당신네들은 시간이 가져올 일을 미리 볼 수 있다지만 현재의 일은 잘 모르는군요."

"우리는 노안이 된 듯 멀리 있는 것을 잘 본다오. 모든 것을 주관하시는 분께서 허락하시는 만큼만. 그러나 가까이에 뭐가 있든 멀리서

지옥의 여왕 페르세포네
이라클레이온 박물관 소장.

무엇이 일어나든, 우리의 정신은 텅 비어 있소. 누군가가 가르쳐주지 않는다면 우리는 세상의 일들을 알 수 없다오. 미래의 문이 닫히는 순간, 우리의 지식이 완전히 죽는다는 것을 이제 당신은 이해하겠지."✢

그때 나는 내가 한 말이 마음에 걸려 이렇게 말했다.

"좀 전에 거꾸러진 망령에게 말해주시오. 그의 아들은 아직 살아 있는 사람들 가운데 있으며, 그의 질문에 침묵을 지킨 것은 단지 내가 틀릴까 걱정되었기 때문이었소. 그걸 당신이 바로잡아 준 것이오."

나의 길잡이가 서둘러 오라고 부르고 있었다. 나는 영혼에게 누구와 함께 무덤에 있는지 말해달라고 재빨리 부탁했다.

"수천의 망령들이오. 이 안에는 페데리코 2세✢✢가 누워 있소. 우리 고리에는 추기경✢✢✢도 있소. 나머지는 말하지 않겠소."

말을 마치자 그는 숨어버렸다. 나는 시인에게 발길을 돌리며 별로 좋게 들리지 않았던 말을 곱씹어보았다. 함께 가면서 그가 내게 말했다.

"뭐가 문제야! 왜 그리 안절부절 못하는 거냐?"

마음을 채운 생각들을 남김없이 얘기하자 현자께서 당부하셨다.

"그 모진 말을 가슴 속에 잘 새겨 두어라! 아름다운 눈으로 모든 것을 볼 수 있는 베아트리체의 부드러운 눈길 앞에 설 때, 네 삶의 길을 알게 될 것이다."

이런 말을 하면서 그는 왼쪽으로 발길을 돌렸다. 우리는 성벽을 버리고 골짜기로 이어지는 길을 따라 한가운데로 나아갔다. 골짜기에서 풍겨오는 악취 때문에 위에 있는 우리까지 불쾌했다.

11곡〉〉

우리는 가파른 둔덕 가장자리에 도착했다. 이제 내려갈 참이었다. 둔덕은 거대한 바위 덩어리로 쌓여 있었다. 아래에는 더욱 처참한 영혼

✢여기 있는 영혼들은 과거와 미래를 완벽하게 아는 능력을 지니고 있다. 그러나 현재의 일은 알지 못한다. 새로 지옥에 오는 영혼들을 통해서만 알 뿐이다. 그러나 최후의 심판과 함께 모든 것이 영원히 결정되고 나면("미래의 문이 닫히는 순간") 미래의 지식은 물론 과거의 기억도 사라진다. 더 이상 과거도, 현재도, 미래도 없어지기 때문이다

✢✢프리드리히 2세로도 알려져 있다. 이탈리아에서 태어나 1198년부터 시칠리아의 왕이었고, 1220년 신성로마제국의 황제에 올랐다. 십자군 원정 문제로 교황에게 파문당했다.

✢✢✢1238년부터 1240년까지 볼로냐의 주교였다가 1245년 추기경이 된 오타비아노 델리 우발디니를 가리킨다. 이단자들의 주장을 방조했던 것으로 알려진다.

들이 무리지어 있었다. 깊은 골짜기가 내뿜는 악취가 끔찍하도록 심했기에 우리는 어떤 커다란 무덤의 열어젖혀진 뚜껑 뒤쪽으로 피하게 되었는데, 거기에 쓰인 한 문구를 보았다.

"포티누스로 인하여 올바른 길에서 벗어난 교황 아나타시우스를 내가 보호한다."

그때 스승님이 말했다.

"천천히 내려가는 것이 좋겠다. 그래야 우리 감각이 이 처참한 냄새에 익숙해지고, 그런 다음에야 말썽이 없을 테니까."

"그럼 천천히 가는 동안 시간을 낭비하지 않도록 뭔가 다른 일을 생각하시지요."

"나도 그걸 생각하고 있었다. 나의 아들아! 우리가 지금까지 여섯 개의 고리를 들렀는데, 이제 저 거대한 바위 덩어리 안에는 세 개의 좁은 고리가 층층이 더 있다. 그 고리 안에도 저주받은 영혼들이 가득하지. 배반은 사람만이 지니는 악덕이기에 하느님이 더욱 싫어하시지. 그렇기에 사기꾼들은 가장 낮은 고리에서 가장 깊은 고통을 당하는 거야. 이 밑에 있는 세 개의 좁은 고리 중 첫 번째 고리에는 폭력배들이 갇혀 있어. 폭력은 하느님과 자신, 이웃 등 세 부류에게 행사되므로 폭력의 죄를 지은 자는 다시 세 구렁으로 나뉘 갇혀 있지. 살인자, 폭력배, 도둑, 모리배 들이 첫 번째 구렁에서 무리지어 벌을 받는다. 사람은 제 손으로 자신을 해칠 수 있고 자기 재산도 파괴할 수 있어. 그런 사람들은 두 번째 구렁에서 뉘우치고 있어. 또 하느님을 마음으로 부정하고 저주하면서 하느님의 선함과 본성을 비웃는

교황 아나타시우스의 무덤
496년부터 498년까지 교황으로 있던 아나타시우스 2세는 아카시우스의 이단을 추종한 데살로니카의 부제(副祭) 포티누스를 옹호했다. 그래서 오랫동안 이단자로 알려져 있었다. 그리스도가 필멸의 인간 사이에서 태어났기에 그 성스러운 탄생을 부정했다. 단테는 '아나타시우스'를 비잔틴의 황제 아나타시우스 1세(491-518)와 혼동했을지도 모른다. 황제 아나타시우스는 포티누스를 믿어 이교를 받아들였다. 구스타브 도레 작.

자들이 있는데, 이들이 있는 세 번째 구렁은 가장 좁지. 그곳에서 소돔과 카오르✢, 또 하느님을 속으로 깔보고 악담을 퍼붓던 자들에게 화인을 찍어 표시한다. 두 번째와 세 번째 고리에는 우리의 양심을 찢어지게 하는 배반의 죄를 지은 자들이 있어. 사람은 자기를 믿어주는 사람에게나 조금도 믿지 않는 사람 모두를 배반할 수 있지. 두 번째 고리에는 자기를 믿지 않는 사람을 배반한 자들이 갇혀 있지. 위선자, 아첨꾼, 마법사, 허풍쟁이, 도둑, 성직매매자, 포주, 사기꾼과 같은 추악한 자들이 둥지를 틀고 있어. 마지막으로 자기를 믿는 사람을 배반하는 일은 타고난 사랑과 그에 따라 만들어지는 특별한 믿음을 파괴하는 극악이야. 그래서 지옥 맨 밑바닥의 가장 좁은 고리, 즉 지구의 중심부 디스의 주변에 모든 배신자들이 몰려 있고, 그들의 고통은 잠들지 않는 거야."

"스승님 말씀은 참으로 명석하세요. 이 심연과 거기에 처한 사람들의 자리를 아주 잘 설명하시니까요. 그런데 이 디스의 도시에 오기 전에 여섯 개의 고리에서 보았던 진흙탕 속을 뒹구는 자들, 바람에 휩쓸리는 자들, 비를 맞는 자들, 사나운 말로 서로 다투는 자들은 다 무엇인가요? 이들이 하느님의 노여움을 샀다면 어째서 불로 활활 타는 도시에서 벌을 받고 있지 않나요? 또 그들이 하느님의 노여움을 사지 않았다면, 왜 고통 받고 있지요?"

"네 마음이 왜 이리 평소보다 흩어져 있는가? 너는 아리스토텔레스가 《윤리학》에서 하늘이 원하지 않는 세 가지인 방종과 악덕, 수심獸心을 널리 이야기하고 있음을 잊었는가? 방종보다는 악덕과 수심이 하느님의 질책을 더 크게 받는지 잊었는가? 이런 가르침을 잘 생각하며 디스 밖에서 고통 받는 자들이 누구인지 헤아려본다면 알 것이다. 왜 그들이 이 잔인한 자들과 떨어져 있는지, 왜 하느님의 성스러운 복수가 그들에게는 덜한지를."

✢카오르는 프랑스 남부의 도시. 중세에 고리대금업자들이 모여들었다고 한다. 여기서는 고리대금업자를 뜻한다.

12곡>>

둔덕을 내려와 우리가 온 곳은 매우 험난했다. 더욱이 그곳에 외로이 떨어져 있는 미노타우로스의 망령은 눈을 돌리게 만들었다. 지반이 연약했는지 혹은 지진이 일어났는지, 거대한 산사태가 밑으로 내달리고 있었다. 허물어진 절벽 가장자리에서 나무로 된 가짜 암소의 뱃속에 잉태되었던, 크레타의 치욕 미노타우로스가 우리 앞을 가로막고 서 있었다. 우리를 보자 그놈은 분노가 안에서 불타오르는 듯 자신을 물어뜯었다. 그러자 나의 성현이 그를 향해 소리를 질렀다.

"이 사람이 널 저 세상에서 죽게 한 아테네의 군주 테세우스라고 생각하는 게로구나. 이 짐승아! 물러나라! 이 사람은 너의 누이 아리아드네의 가르침을 받아 테세우스가 실을 들고 미궁에 들어간 것처럼 여기 온 것이 아니다. 단지 너희들의 고통을 보기 위해 이곳을 지나가고 있다."

그 말을 들은 미노타우로스는 치명적인 타격을 받은 순간에 고삐가 풀려 어쩔 줄 모르는 황소처럼 길길이 날뛰었다. 그것을 본 길잡이가 내게 외쳤다.

"서두르자! 저놈이 날뛰는 동안 얼른 내려가는 게 좋겠다."

우리는 널린 바위들 사이로 뛰어 내려갔다. 육체를 지닌 살아 있는 사람이기에 가끔 내 발에 돌이 채였다. 생각에 잠긴 나에게 그가 말했다.

"넌 이 산사태를 생각하는 게로구나. 이곳은 내가 방금 제압한 야수의 분노로 지탱되는 곳이지. 네가 알았으면 하는 것이 있어. 내가 전에 이곳 깊은 지옥으로 내려왔을 때 바위는 아직 떨어지지 않은 상태였지. 그러나 지금 보니 이 오래된 바위가 여기저기 이렇게 부서져 굴러 떨어져 있구나. 내 기억이 맞다면, 이 악취를 풍기는 심연이 꼭대기부터 바닥까지 심하게 요동친 것은 분명 그리스도가 내려와 림보에 있던 수많은 영혼들을 구하시기 직전이었지. 어떤 사람들은 그렇게 해서 세상이 여러 번 혼돈으로 거듭났다고 하기도 하더라만. 여기

미궁을 빠져나오는 테세우스
바다의 신 포세이돈은 자기와의 약속을 지키지 않은 크레타의 왕 미노스에게 황소를 선물했는데, 미노스의 아내 파시파에는 그 황소를 몹시 좋아했다. 파시파에는 다이달로스에게 부탁해 속을 비운 나무 암소를 만들어 그 안에 들어가 황소와 정을 통했고, 사람의 몸과 소의 머리를 한 미노타우로스를 낳았다. 미노스 왕은 미노타우로스를 미궁에 가두고 해마다 젊은 남녀 일곱 명을 제물로 바쳤다. 테세우스는 이들의 틈에 섞여 들어가 미노타우로스를 죽이고 미노스의 딸 아리아드네가 준 실타래를 따라서 미궁을 무사히 빠져나왔다. 19세기 그림책에서.

네소스
네소스는 데이아네이라를 범하려다가 헤라클레스의 활을 맞았다. 숨지기 전 네소스는 그녀에게 피에 젖은 옷을 주며 그 옷이 헤라클레스의 사랑을 유지해줄 거라고 했다. 후에 데이아네이라가 옷을 남편에게 입히자 독이 온 몸에 퍼져 헤라클레스는 죽고 데이아네이라는 자결했다. 귀도 레니, 1621년 작.

저기서 이 오래된 바위들이 굴러내린 것은 그런 순간이었어. 이제 계곡을 한 번 둘러봐라. 피의 강물이 보이지? 그 속에서 폭력으로 남을 해친 자들이 삶아지고 있다."

눈먼 탐욕과 어리석은 분노가 짧은 인생 동안 우리를 휘둘러 놓아 영원한 삶을 이런 고통 속으로 몰아넣는 것이었다. 나는 거대한 강을 보았다. 강은 활처럼 둥글게 휘어져 있었다. 마치 고리 전체를 감싸고 있는 듯하여 길잡이가 말해준 그대로였다. 절벽 발치와 강 사이에서 반인반마의 켄타우로스들이 화살을 들고 무리지어 달리고 있었다. 마치 세상에서 사냥을 나가는 것 같았다. 우리가 내려오는 것을 보고 켄타우로스들이 멈칫했다. 그들 중 셋이 활과 화살을 고르며 앞으로 나섰다. 하나가 큰 소리로 외쳤다.

"너희 언덕을 내려오는 자들아! 무슨 죄를 지었기에 이리로 오느냐? 멈춰 서서 말하라. 아니면 활을 쏘겠다."

스승님이 말을 받았다.

"그 대답은 케이론에게 하겠다. 넌 언제나 성급하게 구는 성격 때문에 불행해진 거야.

그리고 나를 슬쩍 건드리며 말을 이었다.

"저게 네소스다. 아름다운 데이아네이라 때문에 죽음을 당했고 자기 스스로 원수를 갚았던 자야. 그리고 한가운데에 서서 생각에 잠겨 있는 자가 케이론✢인데, 아킬레스의 선생이었지. 켄타우로스들은 수천 씩 떼를 지어 웅덩이 주위를 맴돌다가 죄가 허용하는 한도를 벗어나 핏물에서 기어 나오는 영혼에게 활을 쏜단다."

우리는 그 날렵한 짐승들에게 다가섰다. 케이론이 화살을 하나 뽑아 들었다.

"너희들 저 뒤에 있는 놈 발에 채여 움직이는 돌을 보았나? 죽은 놈들의 발은 저렇게 못한다."

말과 사람의 형체가 합쳐지는 케이론의 가슴 앞에 벌써 서 계셨던 나의 길잡이가 대답했다.

"그는 진짜로 살아 있다. 그는 혼자여서 내가 그를 밤의 계곡으로 이끌어야 한다. 할렐루야를 노래하는 곳에서 온 베아트리체가 내게 이런 고귀한 임무를 주었지. 그는 강도가 아니고 나 또한 도둑의 영혼이 아니다. 그러니 이렇게 험한 길로 내 발길을 인도하시는 그 덕성으로 부탁하건대 너희들 중 하나를 우리에게 보내어 피의 강을 건너는 곳이 어디인지 가르쳐다오. 이 사람은 공중을 나는 영혼이 아니니 그곳에 이르면 등에 업고 건네주기 바란다."

케이론은 오른편으로 돌아서서 네소스에게 말했다.

"돌아가 저들을 안내하라. 다른 무리를 만나거든 비켜서게 하라."

우리는 안전한 호위를 받으며 시뻘겋게 부글부글 끓는 강을 따라 삶아지는 고통으로 목이 쉬어라 소리치는 무리들이 있는 곳으로 나아갔다. 나는 눈썹까지 잠긴 사람들을 보았다. 거대한 몸집의 켄타우로스가 말했다.

"저들은 폭군이다. 피를 흘리게 하고 약탈한 놈들이야. 여기서 저놈들은 무자비한 벌을 받으며 울고 있지. 알렉산드로스✢✢가 여기 있고, 시칠리아를 고통의 세월에 몰아넣었던 표독한 디오니시우스✢✢✢도 여기 있다."

✢ 켄타우로스의 우두머리로 자주 인용되는 자로, 총명하고 우아했으며, 의학과 예술에 뛰어난 재질을 보였고, 아킬레스와 헤라클레스 등의 명망 높은 선생이었다고 한다.

✢✢ 마케도니아의 알렉산드로스 대왕. 단테는 그를 폭력적인 인물로 생각했다.

✢✢✢ 기원전 4세기 중엽 시칠리아 지역을 다스린 시라쿠사의 왕. 고대의 야만적인 폭군의 대명사.

이런 설명을 듣고 의심스러워 시인을 바라보자 그가 말했다.

"날 보지 말고 이자의 말을 들어라!"

잠시 후 켄타우로스가 다른 무리 위에 멈춰 섰다. 그 살인자들의 무리는 끓는 물의 열기에서 목을 내민 듯이 보였다.

한편 머리와 가슴을 강물 밖으로 드러낸 무리가 보였는데, 난 그들 중 많은 이들의 이름을 알 수 있었다. 그런 식으로 피의 수위는 점차 낮아져 단지 발목만 뜨겁게 달굴 정도로 낮은 곳에 이르렀다. 그곳이 강을 건널 길목이었다. 켄타우로스가 입을 열었다.

"당신들 보시듯, 강은 이쪽으로 점점 얕아진다. 다른 쪽으로 강은 점점 더 깊어져 폭군들이 신음하는 가장 깊은 곳까지 이르지."

이 말과 함께 그는 돌아서서 길목을 다시 건너갔다.

죄인에게 활을 쏘는 켄타우로스
폭력을 휘두른 자들이 부글부글 끓는 강물 속에서 허우적거리고 있다.

13곡〉〉

네소스가 건너편 둑에 닿기 전에 우리는 숲으로 들어섰다. 그 숲에는 오솔길의 흔적이 없었다. 숲은 푸르지 않았고 어두웠다. 나뭇가지들은 곧지 않고 매듭 투성이에 구부러져 있었다. 열매는 없었고 대신 독이 있는 가시뿐이었다. 그런데 여기에 더러운 하르피이아들이 둥지를 틀었다. 이놈들은 미래의 불행을 예고하면서 트로이 사람들을 스트로파데스 섬에서 몰아낸 적이 있다.✝ 목과 얼굴은 사람이되 쫙 펴진 날개에 발에는 사나운 발톱이 돋아 있고 보기 흉한 몸통을 깃털로 감춘 이놈들은 처음 보는 괴상한 나무에 앉아 울부짖고 있었다. 어지신 스승님이 말했다.

"더 깊이 들어가기 전에, 네가 지금 지옥의 일곱 번째 고리의 두 번째 구렁에 있다는 것을 알아두어라. 두 번째 구렁이 무시무시한 모래밭에 도착하기 전까지 계속될 거야. 주위를 잘 봐라. 내가 말하지 않은 것을 네 눈으로 볼 것이오, 말했다 해도 믿지 않을 것을 보리라."

주위에서는 통곡 소리가 터져 나오고 있었다. 그러나 아무도 보이지 않았다. 나는 어리둥절하여 멈추어 섰다. 지금 생각해보면, 스승님은 내가 그 많은 소리들이 우리 눈에 띄지 않으려고 몸을 숨긴 사람들이 나무들 사이에서 내는 것으로 생각했다고 믿었던 모양이다.

"이 나뭇가지를 하나 잘라 보아라. 그러면 네가 가진 생각도 잘릴 것이다."

내가 손을 뻗어 어느 커다란 나무줄기의 실가지 하나를 꺾자 그 줄기가 이렇게 소리쳤다.

"왜 날 자르는 거요!"

줄기에서 검붉은 피가 흘러내렸다. 줄기가 다시 말했다.

"왜 나를 부러뜨리는 거요? 당신은 연민이란 눈곱만큼도 없나요? 우리는 사람이었으나 지금은 숲이 되었소. 우리가 뱀의 영혼이라 해도, 당신 손은 더 부드러워야 했을 거요!"

부러진 나무에서는 말과 피가 함께 터져나왔다. 마치 한쪽 끝이 불타는 푸른 나뭇가지가 다른 한쪽 끝으로 진물을 뿜으며 지나가는 바람을 맞아 소리를 내는 것 같았다. 나는 질겁하여 가느다란 가지를 떨어뜨리고 멍하니 서 있었다. 성현께서 대답했다.

✝ 하르피이아들은 타우마스와 엘렉트라의 딸들로서, 사악한 행동 때문에 스트로파데스 섬으로 쫓겨났다. 아이네아스가 동료들과 함께 섬에 상륙했을 때 이들은 아이네아스 일행의 식탁을 더럽히고 악담을 퍼부었다. 반인반수의 또 다른 예다. '하르피이아harpy'는 '약탈하는 여자'라는 뜻을 갖고 있다

자살자들의 숲
자살한 자들이 나무가 되어 숲을 이루고 있다.

"상처 입은 영혼아! 이 사람이 내가 쓴 《아이네이스》에서 읽었던 것을 믿었더라면 손을 뻗어 그대를 해치지 않았을 것이오. 아마 믿을 만한 것이 못됐던 모양이오. 결국 그가 이 일을 저지르게 했으니 나도 괴롭다오. 그대가 누구였는지 이 사람에게 말해주시오. 그러면 그대의 명예는 이 사람이 돌아갈 저 위 세상에서 새로워질 것이오."

"참으로 달콤한 말로 날 달래었으니 내 입을 다물 수가 없소. 나 피에르 델라 비냐는, 페데리코 왕의 긍정과 부정이라는 두 가지 마음의 열쇠를 다 가졌던 사람이오. 그 열쇠를 돌려서 잠갔다가 열었다가 하면서 교묘하게 불과 몇 사람만 신임을 받도록 했소. 나는 잠과 생활을 희생해가며 그 영예로운 임무에 충실했지요. 그러나 모두의 죽음과 궁정의 악을 불러온 것은 질투였소. 질투는 왕의 궁정에서 눈을 거둔 적이 없었소. 질투는 모든 마음이 나를 거스르며 불타오르도록 했으니, 불탄 그 마음이 다시 페데리코 왕을 불타게 하여 나의 행복한 영예는 슬픈 통곡이 되어 버렸소. 그런 추악한 일에 시달린 나의 마음은 죽음만이 거기서 벗어나는 길이라 믿고서 나를 그릇되게 만들었소. 스스로의 명예를 찾으려는 생각보다 자살이라는 잘못된 길을 선택한 것이었소. 내가 들어가 있는 이 나무의 낯선 뿌리에 두고 당신들께 맹세합니다. 나는 나의 명예로운 군주의 믿음을 깬 적이 없소. 그대들 중 누군가 세상으로 돌아가면 질투가 가한 충격으로 아직 누워 있는 나의 기억을 위안해주시오."

시인은 잠시 기다리다 입을 열었다.

"저자가 침묵을 지키는 시간을 놓치지 말고 네가 원한다면 그에게 물어보아라."

"스승님이 내가 물을 만한 것을 아실 테니, 저 대신에 계속 물어보세요. 저는 그가 가여워 아무것도 묻지 못하겠어요."

그러자 시인은 피에르 델라 비냐에게 말했다.

"나무에 갇힌 영혼이여! 이 사람이 당신의 부탁을 틀림없이 들어줄 것이오. 그러니 당신도 말해주시오. 어째서 영혼이 이 가지에 붙잡혀 있는지를. 또 그 가지에서 달아난 영혼은 있는지를."

그때 나무가 세찬 바람을 일으켰다. 잠시 후 바람은 이런 소리로 변했다.

"아주 짧게 대답하겠소. 자살을 감행하는 폭력적인 영혼이 육신에서 떨어져 나오는 순간 영혼은 육신의 형체를 완전히 잃어버립니다. 하느님께서 주신 육신을 멋대로 훼손한 까닭이지요. 미노스는 그 영혼을 일곱 번째 고리로 보냅니다. 영혼은 숲에 떨어지는데, 떨어질 곳은 택할 수 없지요. 다만 운명이 몰아가는 대로 잡초 씨앗처럼 싹을 틔운다오. 그래서 실가지로 피어올라 야생의 나무가 되는데, 하르피이아들이 그 잎을 뜯어 먹으면서 고통을 주고 또 고통을 새롭게 하지요. 다른 영혼들처럼 우리도 마지막 심판의 날이 오면 지상으로 육신을 가지러 가겠지만, 그렇다고 우리 영혼이 육신과 합쳐지는 일은 없을 거요. 일

단 버린 것에 대해서는 권리가 없는 거지요. 우리는 그런 육신들을 이 음침한 곳으로 끌어올 것입니다. 이 슬픈 숲에서 우리의 육신들은 자신을 해친 영혼의 가시에 영원히 매달려 있을 것입니다."

다른 나무도 뭔가 얘기하고 싶어 하지 않을까 생각하며 우리는 귀를 기울이며 그 나무 곁에 계속 서 있었다. 그때 갑작스러운 소리에 깜짝 놀랐다. 마치 길목을 지키던 사냥꾼이 수퇘지가 달려오는 소리와 뒤이어 맹렬히 쫓아오는 사냥개들의 짖어대는 소리와 가지들이 부러져나가는 소리를 별안간에 듣는다면 그런 것이리라.

아니나 다를까 벌거벗은 몸에 온통 할퀸 자국이 선명한 두 놈이 왼쪽에서 있는 힘을 다해 달아나고 있었다. 숲의 가지들이 수도 없이 부러졌다. 앞장 선 놈이 울부짖었다.

"와라, 와라! 죽음이여!"✛

그러자 한참 늦은 듯한 다른 놈이 외쳤다.

"라노!✛✛ 토포 전투에서 겨룰 때 네 발이 이렇게 빠르지 않았잖아!"

숨이 가빴는지 그들은 덤불 속에 서로 엉켜 쓰러졌다. 뒤편은 숲이었다. 숲에는 검은 암캐들이 득실거렸다. 암캐들은 마치 목줄에서 풀려나 먹이를 찾아 헤맬 때처럼 미친 듯이 내달리고 있었다. 그리고 몰래 도망쳐 숨는 놈에게 이빨을 들이대 갈기갈기 물어뜯고 나서 그 고통스러워하는 조각들을 물고 사라졌다. 길잡이가 내 손을 잡고 피가 흐르는 상처 때문에 하염없이 울고 있는 숲으로 끌고 갔다. 숲은 이렇게 말하고 있었다.

"쟈코모 다 산토 안드레아!✛✛✛ 왜 내 안에 숨으려 하는가? 그렇게 해서 좋은 게 있나? 죄 많은 네 인생에 내가 무슨 잘못이 있는가?"

내 스승이 멈춰 서서 말했다.

"너는 누구였기에 그 많은 가지 끝으로 고통스러운 이야기를 피로 쏟아내느냐?"

✛ 이들은 두 번째의 죽음, 즉 영혼까지 소멸하는 죽음을 갈구하고 있다.

✛✛ 시에나 출신의 에르콜라노 마코니를 가리킨다. 그는 토포에서 벌어진 시에나와 아레초 사이의 전쟁에서 전사했다.

✛✛✛ 페데리코 2세의 시종이었다. 무료함을 달래려 뱃놀이를 하며 돈을 물 속에 던지고 자기 집을 태우며 즐거워 하는 등, 괴팍하고 방탕한 기질을 가졌다고 한다.

"당신 영혼들은 나의 몸에서 가지를 꺾어내는 무자비한 광경을 보러왔구려. 그 가지들을 이 가엾은 나무 발치에 모아주시오. 나는 전쟁의 신 마르스를 처음에 수호신으로 삼았다가 곧 세례자 요한으로 바꾼 도시 피렌체 출신이었소. 바로 그 일 때문에 마르스는 자신의 전쟁의 기술에 맹세를 하고 피렌체에 끝나지 않는 앙심을 품고 있소. 만일 지금 아르노 강의 다리에 마르스 수호신의 석상 파편들이 남아 있지 않다면, 아틸라✢가 남긴 잿더미 위에 도시를 새로 건설했던 피렌체 시민들은 다시 철저하게 파괴될 것이오. 피렌체는 도시 자체를 자기 목을 매달 교수대로 만들고 있소."

14곡〉〉

내 고향 피렌체에 대한 얘기를 들으려니 연민의 정이 나를 휘감았다. 말하느라 벌써 목이 잠기고 지쳐버린 그에게 흩어진 가지들을 모아 돌려주었다.

우리는 세 번째 구렁의 가장자리에 도착했다. 거기서 우리는 하느님의 정의가 빚어낸 무서운 광경을 보았다. 듣도 보도 못한 이런 모습을 명확하게 그려보자면, 우리가 도달한 벌판에는 나무란 나무는 모조리 뿌리째 뽑혀나가 있었다. 자살한 사람들의 고통스러운 숲이 그 구렁에 화환을 두른 듯 보였고, 슬픈 피의 강은 숲을 에워싼 것 같았다. 우리는 가장자리에 멈춰 섰다. 땅에는 바싹 마른 잔모래가 깔려 있었다.

하느님의 복수는, 눈앞에 펼쳐진 이 진실을 읽는 사람이라면 누구라도 떨게 만들 것이다. 벌거벗은 영혼의 숱한 무리들이 서러워 슬피 울고 있었는데, 자세는 저마다 다른 듯 보였다. 어느 무리는 땅바닥에 벌렁 누워 있었으며 어느 무리는 웅크리고 앉아 있었고 또 어떤 무리는 계속 서성대고 있었다. 주위를 맴도는 무리가 더 많았고 축 늘어져 있

✢ 단테는 6세기에 피렌체를 침략한 오스트로고트 족의 왕 토틸라와 혼동한 것 같다. 이 둘을 훈 족의 왕 아틸라를 혼동하는 일은 당시 자주 일어났다고 한다.

는 자들은 적었다. 늘어져 있는 자들의 혀는 풀려 있었다. 그만큼 고통이 컸기 때문이다.

온 모래사장 위로, 마치 바람 없는 알프스에 눈이 내리는 것처럼, 거대한 불꽃들이 끊임없이 천천히 떨어지고 있었다. 알렉산드로스 대왕이 인도의 무더위 속에서 본 것과 같은 것이었다. 그는 불꽃이 떨어져 땅까지 달구는 것을 보고 불꽃이 더 떨어져 다른 불꽃들에 가세하기 전에 발로 땅을 밟아 불꽃을 끄라고 부하들에게 명령했다.✞ 이곳에서도 불꽃은 비처럼 그칠 줄 모르고 내렸고, 부싯돌 아래 놓인 기름처럼 모래에 불이 붙어 고통이 배가 되었다. 그 불쌍한 손들은 한순간도 쉬지 않고 춤을 췄다. 이곳저곳으로 떨어져 새롭게 타오르는 불꽃들을 몸에서 떼어내기에 황망했다.

"스승이여, 당신은 디스의 입구에서 우리에게 달려들던 무서운 악마들을 제외하고 모든 적을 이기셨지요. 그런데 저 몸집 큰 놈은 누구입니까? 불길을 깔보고 눈을 흘기며 몸을 꼰 저놈을 불비도 삶아내지 못하는 듯 보입니다."

내가 스승님에게 자기에 대해 질문하는 것을 눈치 챈 모양이었다.

"나는 테베를 공격하면서 유피테르를 깔보고 업신여겨 노여움을 샀다. 너무나 큰 분노에 사로잡힌 유피테르는 자기 대장장이가 녹초가 되도록 내게 번개를 내리치게 했지만 마음의 앙갚음을 하지 못했다. 또 플레그라의 전투에서처럼 '도와다오! 불카누스여, 도와다오!' 하고 소리치며 에트나 화산의 시꺼먼 불화로에서 다른 대장장이들을 죄다 녹초로 만들 만큼 엄청난 불길을 내게 던지게 하고 젖 먹던 힘까지 다 해 활을 쏴대게 했지만, 유피테르는 자기 분풀이를 다하지 못했다."

순간 길잡이가 있는 힘껏 고함을 쳤다. 그렇게 큰 소리를 내는 것은 처음 보았다.

"카파네우스, 이놈! 너의 오만이 수그러지지 않는 한 더 큰 벌을 받을

✞ 단테는 이 얘기를 마그누스의 《유성론》에서 가져왔다. 이 책에서는 알렉산드로스 왕이 인도에서 겪은 모험을 적어 아리스토텔레스에게 보낸 편지를 참고하고 있다. 그 편지에 따르면 알렉산드로스는 처음에 엄청난 눈을 만나 병사들로 하여금 밟아 다지도록 하고 이어 불비를 만났을 때에는 옷으로 몸을 가리도록 했다. 그러나 마그누스와 단테는 눈을 불로 혼동했는지, 알렉산드로스가 병사들에게 불꽃을 발로 밟게 한 것으로 묘사하고 있다.

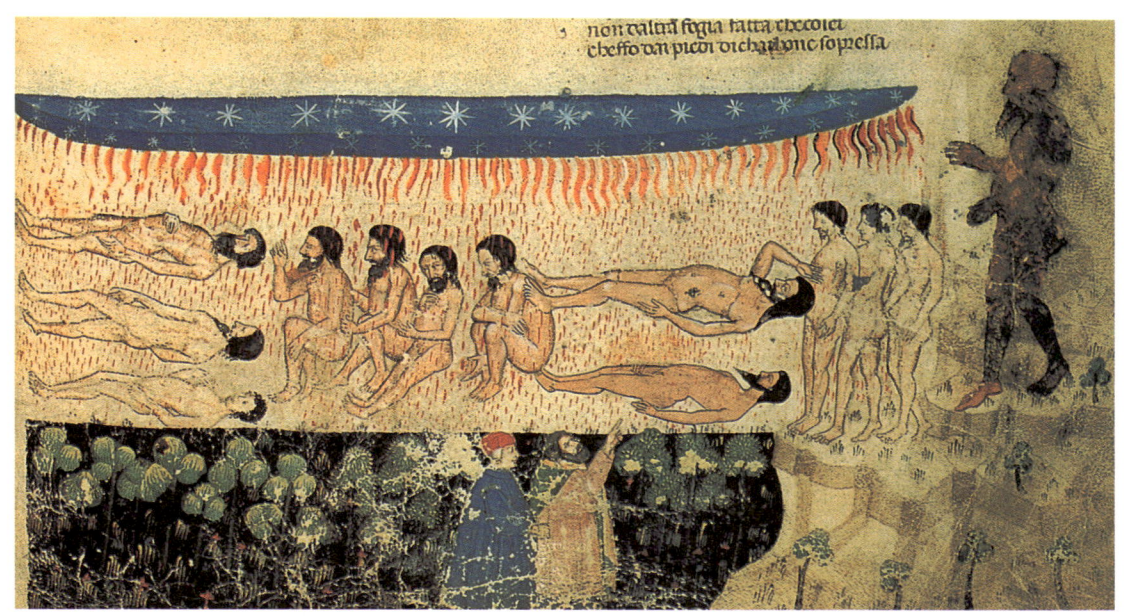

하나님을 모독한 죄인
죄인들이 누운 침대는 찌는 듯한 모래밭이고 그 모래밭을 소나기처럼 내리는 불비가 달군다. 베네치아 필사본, 14세기 말.

것이다. 너의 괴로움은 너의 분노에서 나오니 다른 벌이 없을 것이다."

그러고는 고요해진 안색으로 나를 향하여 말했다.

"저놈은 테베를 공략하던 일곱 장군들 중 하나였어. 전에도 그랬지만 지금도 하느님을 경멸하고 무시한다. 그러나 그놈에게 말했듯이, 경멸은 제 가슴에 아주 잘 어울리는 장식이야. 이제 내 뒤를 따라오너라. 불타는 모래밭에 발을 들여놓지 않도록 조심하고 반드시 숲에 바싹 다가서도록 해라!"

우리는 말없이 걸어 숲 밖으로 흐르는 조그만 개울에 도착했다. 개울은 피로 물들어 있었다. 그 붉은 빛을 생각하면 아직도 몸이 떨린다.

"처음에 우리는 누구나 들어와도 괜찮은 문(그리스도가 부숴 아직도 열려 있는 지옥의 문)으로 들어왔지. 그 이후로 나는 너에게 많은 것들을 보여주었다. 그중 이 개울만큼 네가 주목해야 할 것은 없다. 개울이 모든 불꽃들을 잠재우고 있구나."

지옥 67

크레타 노인
크레타의 노인 형상은 인류 역사의 쇠퇴 과정의 상징이다. 머리는 순금이요, 팔과 가슴은 순은이며 가랑이까지는 놋쇠, 그 아래는 온통 무쇠다. 다만 오른발만 진흙으로 되어 있는데 이 발로 버티고 서 있다. 피사 필사본, 1385년.

✛ 두 일행이 이미 거쳐온 강들이다. 아케론은 3곡에서, 스틱스는 7곡과 8곡에서, 그리고 플레게톤은 이름이 명시되지 않았지만 12곡에서 끓는 피의 강으로 묘사되었다.

나는 스승님께 더 자세히 얘기해달라고 부탁했다.

"바다 한가운데에 크레타라 불리던 사라진 나라가 있었다. 일찍이 사투르누스 왕(크로노스) 치하에서 크레타는 평온했었지. 그곳에는 이다라고 하는 산이 있는데, 옛날에는 샘과 푸른 숲이 울창했지만 지금은 버려진 낡은 물건처럼 황량하기만 하지. 사투르누스는 옵스(레아)와 혼인하여 유피테르를 비롯하여 여러 자식을 두었으나, 자식에게 왕위를 뺏긴다는 예언 때문에 자식들이 태어나기만 하면 잡아먹었어. 유피테르가 태어났을 때 옵스는 이다 산을 안전한 요람으로 삼아 아이가 울 때면 산으로 하여금 고함을 지르게 하여 아이를 숨겼지. 산속에는 몸집이 큰 노인이 우뚝 서서 파라오 시대를 상징하는 이집트의 도시 다미아타에 등을 돌리고, 그리스도교 시대를 상징하는 로마를 거울을 보듯 바라보고 있었다. 그의 머리는 순금이며 팔과 가슴은 진짜 은이고 가랑이까지는 놋쇠로 되어 있었어. 그 아래는 온통 무쇠고 오직 오른발만 진흙이었는데, 다른 발보다 이 발로 몸을 버티고 서 있었지. 순금으로 된 부분 외에는 온통 금이 가 있었는데, 그 갈라진 틈새로 눈물이 방울방울 떨어져 바위에 구멍을 뚫을 정도였지. 물줄기는 바위를 돌아 이 계곡으로 굽이쳐 내려 아케론, 스틱스, 그리고 플레게톤 강✛을 이루고 이 좁은 물길을 따라 더 이상 내려갈 수 없는 곳까지 내려갔지. 그곳에서 물길은, 지옥 맨 밑바닥 얼어붙은 웅덩이인 코키토스를 이루는데, 앞으로 네가 보게 될 테니 더 이상 말하지 않겠다."

"이 물길이 우리 세상에서 그렇게 흘러내려온다면 어째서 이곳 세 번째 구렁의 언저리에서만 우리에게 나타나는 겁니까?"

"넌 이곳이 둥근 걸 알고 있구나. 네가 계속해서 왼쪽으로 돌면서 바닥을 향해 내려왔지만 아직 한 바퀴를 다 돌지는 못한 상태야. 그러니 새로운 것이 나타나도 놀랄 필요가 없겠지."

"스승님, 지옥의 강인 플레게톤과 레테는 어디 있습니까? 플레게톤은 이다에 사는 노인의 눈물비로 만들어졌다 하시고 레테에 대해서는 말씀조차 없으십니다만."

"질문이 맘에 드는구나. 아까 마주쳤던 붉은 핏물이 끓는 강이 플레게톤이었다. 레테는 네가 이 지옥의 거대한 구멍을 벗어나면 보게 될 거야. 회개한 죄가 사라지는 날, 영혼들은 레테에 가서 몸을 씻는다. 자, 이제 숲을 벗어날 때다. 내 뒤를 따라오너라. 불에 타지 않은 강둑이 우리에게 길을 터주고 있구나."

15곡》

이제 모래가 아닌 돌로 된 강둑이 우리를 인도했다. 개울에서 피어오른 뜨거운 김이 그늘을 이루어 물과 언덕을 불에서 보호하는 듯했다. 우리는 이미 숲을 멀리 벗어나 있었다. 그때 우리는 한 무리의 망령들과 마주쳤다. 그들은 강둑을 따라 오면서 마치 초승달이 뜬 어슴푸레한 저녁에 낯선 사람을 보듯이 하나같이 우리를 뚫어져라 바라보았다. 마치 늙은 양복장이가 바늘귀를 꿰듯이, 우리를 바라보는 눈매는 속눈썹을 날카롭게 세운 채 매서웠다. 그렇게 그들의 시선을 받던 중에 누군가 나를 알아보는 이가 있었다. 그자는 내 옷자락을 부여잡고 외쳤다.

"놀랍군!"

내게 팔을 뻗치는 불에 익은 그를 눈여겨보니 얼굴이 그을었어도 금방 알아볼 수 있었다. 나는 반가이 머리를 숙여 대답했다.

"진정 브루네토 선생님이 맞지요?"

"나의 아들아! 이 무리 중 누구든 잠시라도 멈추면, 백 년 동안 불길이 후려쳐도 피하지 못한 채 누워 있어야 한단다. 그러니 계속 움직이자. 내 널 따라가겠다. 영원한 벌 때문에 울면서 가고 있는 무리에는, 나중에 다시 합류하겠다."

일곱 번째 고리에서 만난 브루네토
단테에게 손을 뻗은 사람은 그가 스승으로 모시던 브루네토 라티니였다. 구스타브 도레 작.

나는 선뜻 길에서 내려와 그와 어깨를 나란히 하지는 못했지만 머리를 숙여 존경의 마음을 표시하며 걸었다. 그가 다시 말을 꺼냈다.

"어떤 운명 혹은 숙명이 너를 죽기도 전에 이곳으로 데려왔느냐? 길을 안내하는 저 이는 누구냐?"

"저 위 고요한 세상의 어떤 골짜기에서 길을 잃었습니다. 나이가 반평생 차기도 전이었지요. 거기를 등진 것은 바로 어제 아침이었어요. 난 어떻게든 돌아가려 하고 있었는데, 이분이 나타나 날 이끌고 이 언덕을 거쳐 올바른 길로 인도하고 계시는 겁니다."

"너의 별을 따라가라. 행복하게 살아 있을 때 내가 명확하게 보았다면, 넌 영광의 하늘에 닿을 거야. 내가 이렇게 일찍 죽지 않았다면 하늘이 네게 얼마나 큰 호의를 베풀고 있는지 보면서 함께 기뻐했을 텐데. 그러나 오래 전 피에졸레에서 내려와 아직도 거칠고 야만스러운 기질을 품고 있는 악독한 피렌체 인이 너의 선행 때문에 너와 원수가 될 거야. 쓰고 떫은 나무들 사이에서 달콤한 무화과가 열리는 법은 없는 것 아니냐! 너는 저들의 행위에서 벗어나 네 자신을 깨끗이 하여라. 그러한 영예를 지니는 것이 바로 너의 운명이다. 피렌체의 파벌들이 다 너를 원하고 끌어들이려 하겠지만, 풀은 양이 있는 곳에서는 자라지 않는법. 피에졸레의 짐승들이 서로를 잡아먹고 배설한 똥 무더기에서 나무가 자라날 것이다. 거기서 로마 인들의 거룩한 씨앗이 되살아나 피렌체를 새로이 건설할 거야."

"제 소망이 완전히 이루어졌더라면 선생님은 아직 살아계셨을 거예요. 선생님은 늘 제 마음에 머물러 계십니다. 불비에 뒤틀린 선생님을 보니 못 견디게 괴롭습니다. 선생님은 인간이 영원히 사는 법을 자애롭고 친절하게 가르쳐주셨지요. 지금 제가 얼마나 기쁜지는 살아 있는 동안 기록할 저의 말로 드러날 것입니다. 제 앞날에 대해 스승님께서 해주신 말들을 이곳에서 본 다른 것들과 함께 기억하겠어요. 그래서 베아트리체를 만나면 그녀에게 보여주겠습니다. 양심이 절 꾸짖지 않는 한 저는 운명의 뜻에 따를 준비가 되어 있습니다."

그는 무리를 따라가려 달리기 시작했다. 베로나 경주에서 푸른 잎의 상을 받으려고 들을 달리는 사람처럼 보였다. 패자가 아니라 승자처럼 보였다.

16곡 〉〉

나는 벌써 아래의 여덟 번째 고리로 떨어지는 물소리가 벌떼처럼 윙윙거리는 곳에 와 있었다. 그때 세 그림자가 함께 몰려왔는데, 그들은 불타는 고통의 비를 맞으며 지나가던 무리에게서 떨어져 나온 자들이었다.

"멈추시오! 입은 옷으로 보아 당신은 우리의 부패한 땅 피렌체 출신이로군요."

이런! 그들의 몸뚱이에서 갈라진 상처를 보았다. 그 상처는 불에 갓 데었거나 오래 전에 덴 자국이었다. 지금도 그걸 기억하는 것만으로도 괴롭기 짝이 없다. 길잡이는 그들의 외침에 걸음을 멈추고 내게 얼굴을 돌리며 말했다.

"기다리자. 저들에게는 예의를 갖춰야 한다. 화살처럼 떨어지는 불똥들만 없었더라면 네가 달려가 저들을 만나는 것이 좋겠다만."

우리가 멈칫거리는 동안 그들은 다시 오래된 비탄의 소리를 내기 시작했다. 그리고 우리에게 다가오더니 셋이서 둥그렇게 원을 이루어 주위를 맴돌았다. 마치 벌거벗은 몸에 기름을 바른 옛날 검투사들이 상대방에게 부상을 당하기 전에 먼저 어디를 공격할지 서로 엿보는 것처럼, 그들도 시선은 우리를 똑바로 향하고 발은 다른 쪽을 향해 움직이면서 주위를 슬금슬금 도는 것이었다. 그 중 하나가 입을 열었다.

"발이 푹푹 꺼지는 이곳의 비참함과 검게 그을린 우리의 벌거벗은 몰골을 보면 우리가 뭘 원한다는 것이 소용없는 듯 보이겠지만, 그래도 우리의 명성은 당신의 영혼을 움직일 것이오. 당신은 어떻게 그렇게 버젓하게 살아 있는 발로 지옥을 활보할 수 있는지 말해주시오."

"당신들의 처지는 내 마음에 경멸이 아니라 아픔을 불러일으키네요. 나는 당신들처럼 피렌체 사람이지요. 언제나 당신들의 명예로운 이름과 행동을 애정으로 들었고 열렬히 칭송했습니다. 나는 악의 쓴 맛에서 벗어나 진실한 길잡이가 이끄는 대로 달콤한 과일을 찾아가는 중입니다. 그러나 우선 세상의 중심까지 내려가야 합니다."

"당신의 영혼이 오랫동안 몸을 이끌고 당신의 명성이 죽은 뒤에도 빛나길 바랍니다. 말해보시오. 우리의 조국 피렌체에 예의와 당당함이 옛날처럼 남아 있는지, 아니면 완전히 사라졌는지?"

"피렌체여! 새로운 부류의 벼락부자들이 네 안에 거만과 부덕의 씨앗을 뿌렸으니, 벌써부터 넌 고통을 당하고 있구나."

내가 얼굴을 쳐들고 그렇게 부르짖자 세 망령은 그것이 질문에 대한 대답이라 이해하고 진실을 들은 듯이 서로를 멍하니 바라보았다. 그리고 한 목소리로 말했다.

"다른 사람들의 질문에 그렇게 확실하고 솔직하게 대답하는 능력을 지녔으니 참 행복하시겠소! 그러니 이 어두운 곳을 벗어나서 아름다운 별들을 보게 된다면, '옛날에……'라고 당당하게 말하게 된다면, 부디 우리에 대해 사람들에게 말해주시오."

이 말과 함께 그들은 나를 둘러싼 원을 풀고 도망치듯 사라졌다. 그 빠른 다리들이 날개와도 같았다. 아멘 한 번 말할 겨를도 없이 황급하게 시야에서 멀어져갔다. 스승은 다시 길을 재촉할 때라고 생각하는 듯했다. 우리는 가까이서 들려오는 물소리 때문에 서로 말소리도 들을 수 없는 곳에 이르렀다.

나는 끈을 허리에 두르고 있었는데, 그것으로 얼룩 가죽의 표범을 잡아볼까 잠깐 생각했다. 그때 길잡이가 그것을 달라고 하기에 몸에서 풀어 똘똘 말아서 건네주었다. 그는 오른쪽을 향해 돌아서서 깊은 절벽 아래 멀리 던졌다. 나는 혼자서 중얼거렸다.

"스승님이 이상한 소리가 들리는 곳을 주시하면서 신호를 보내는 걸 보면 분명히 새로운 일이 일어나겠군."

행동과 생각을 꿰뚫어보는 사람 곁이라면 얼마나 주의를 해야 하는지! 스승님이 내 마음을 읽었던 것이다.

"내가 기대하는 것이 곧 나타나고, 네 생각이 그리는 것이 눈앞에 떠오를 것이다."

진실은 거짓의 여러 얼굴들을 지니는 법이다. 그 앞에서 사람은 되도록 입을 다물어야 한다. 그런 진실을 말하면 자칫 거짓말쟁이가 될 수도 있으니까. 그러나 나는 침묵을 지킬 수 없을 것이다. 내 글을 사람들이 오래오래 좋아하기를 바랄 뿐이다. 어떤 강심장이라도 놀랄 한 형체가 무겁고 어두운 하늘을 거슬러 올라가는 것이 보였다. 마치 바다에 숨겨진 암초나 다른 무엇에 얽힌 닻을 풀려고 물속에 잠겨 팔을 벌리고 다리를 웅크린 사람처럼 보였다. 게리온이었다.

17곡》

"뾰족한 꼬리를 가진 이 짐승을 봐라. 그놈은 산을 타넘고 성벽과 무기를 부순다. 온 세상에 고약한 냄새를 피우는 놈이 바로 이놈이다."

길잡이는 이렇게 설명하면서 그놈에게 손짓을 보내 우리가 있는 플레게톤 강둑으로 오라고 했다. 추악하고 더러운 그 형상이 가까이 다가왔다. 머리와 가슴을 강둑 위에 걸쳤으나 꼬리는 끌어당기지 않았다. 얼굴은 틀림없이 사람이었다. 겉으로는 말짱하게 사람의 살가죽을 뒤집어썼으나 등은 뱀이었다. 앞발 두 개부터 겨드랑이까지 털이 무성했다. 등과 가슴, 양 옆구리에는 매듭과 작은 동그라미가 그려져 있었는데, 타타르 사람이나 터키 사람이 짜는 베도 그만한 빛깔을 내지 못하고 올이 곱지 못하며 아라크네도 그런 베를 짜지 못했을 것이었다.

마치 나룻배들이 강가를 따라서 일부는 물에 일부는 뭍에 있는 것처럼, 마치 먹성 좋은 게르만 사람들의 땅에 사는 해리가 꼬리를 물속에 담그고 물고기를 유인하려 하는 듯이, 그 사악한 짐승은 모래가 쌓인 바위 강둑 가장자리에 걸터앉아 있었다. 그놈은 전갈처럼 독으로 무장한 꼬리 끝을 공중에 휘둘러댔다. 길잡이가 말했다.

"길에서 좀 벗어나야겠구나. 저 무시무시한 짐승이 기다리는 곳으로 가자."

우리는 오른쪽으로 내려와서 모래와 불꽃을 피하며 가장자리로 열 발자국을 걸었다. 그 무서운 괴물에게 가까이 가자 그 너머 아가리를 벌린 심연의 가장자리에 바싹 붙어 모래 속에 몸을 잔뜩 구부린 채 앉

고리대금업자와 제리온
고리대금업자들은 지옥에서도 돈주머니를 달고 있다. 그들은 가만히 앉아서 금리를 받아 불로소득을 얻기에 지옥의 일곱 번째 고리에 떨어져서도 언제나 앉아 있다.

아 있는 사람들이 보였다.

"여기 세 번째 구렁에서 얻은 경험을 온전히 지니고 가려면 저들이 무얼 하고 있는지 가서 잘 살펴보아라. 거기서 네가 얘기를 나눌 시간은 길지 않을 것이다. 나는 이놈을 구슬려 그 강한 어깨를 빌려 다음 고리로 내려가도록 해보겠다."

나는 혼자서 그 일곱 번째 고리의 가장자리를 더 걸어서 고통당하는 사람들이 앉아 있는 곳으로 갔다. 그들의 고통은 눈에서 눈물이 되어 터져나왔다. 비처럼 떨어지는 불꽃과 뜨겁게 달구어진 흙을 손으로 내저으며 이리저리 피해다녔다. 마치 여름날에 벼룩, 파리, 빈대에 물어뜯기는 개가 주둥이와 발로 그러는 것과 같았다. 고통스러운 불길이 떨어지는 가운데 몇 사람을 눈여겨보았지만 아무도 알아볼 수 없었다. 모두가 목에 주머니를 걸고 있었는데, 색깔과 문장紋章이 선명하게 보였다.

"당신은 이 웅덩이에서 무얼 하고 있는가? 어서 가시오! 당신은 아직 살아 있으니 나의 이웃이자 악랄한 고리대금업자인 비탈리아노가 여기 내 왼편에 앉으라는 것을 알아두시오. 이 피렌체 사람들 중 나만 파도바 사람이지요. 저들은 가끔 고막이 터질 듯이 소리친다오. 주둥이 셋 달린 주머니를 달고 있을 그 잘난 지엄하신 기사여 와주십사 하고."

그러면서 그는 입을 비틀고 혀를 내밀어 코를 핥는 황소처럼 혓바닥을 밖으로 쑥 내밀었다. 나는 스승님에게서 오랫동안 떨어져 있어 걱정을 끼칠까 염려되어 곤죽이 된 그 영혼들을 뒤로 하고 돌아섰다. 스승님은 벌써 그 사나운 게리온의 등에 올라타고 있었다.

"굳세고 대담하여라. 우리는 이 사다리를 타고 밑으로 내려가야 한다. 자, 앞에 타라. 꼬리에 맞아 몸을 해치면 안 되니, 내가 뒤에 타겠다."

열병에 걸려 손톱이 시퍼렇게 멍들 정도가 되면 그늘만 보아도 오들오들 떠는 것처럼 나도 겁에 질려 떨었지만, 어진 주인 앞에서 강해지는 하인처럼 그분의 말씀에 부끄러워 마음을 가다듬었다. 그리고 짐승의 등에 올라탔다. "날 꽉 잡아주세요." 하고 말하고 싶었지만 소리가 입 밖으로 나오지 않았다. 그러자 전에 다른 무서움에서 여러 번 나를 구해주셨던 그분이 두 팔로 꼭 껴안아 주시면서 게리온에게 말했다.

"이제 가자. 보폭을 넓게 하여 천천히 내려가자. 네가 이고 있는 유별난 짐(살아 있는 사람)을 생각해라."

마치 작은 배가 정박지에서 나와 슬슬 뒤편으로 물러서는 것처럼, 게리온이 그곳을 떠났다. 자기 마음대로 움직일 수 있을 만큼 나오자 가슴이 있던 곳으로 꼬리를 향하더니 뱀장어처럼 꼬리를 죽 펴고 흔들며 앞발로는 공기를 움켜 모았다. 그때 맛본 두려움이란 파에톤이 고삐를 잘못 잡았을 때나 가엾은 이카로스가 녹는 초로 인하여 날개가 겨드랑이에서 떨어져 그의 아비가 "넌 길을 잘못 들어섰다!"라고 안타깝게 고함치던 때에 비할 것이 아니었다. 하늘이 무너지는 듯했다. 허공에 혼자 있으면서 그 짐승만 남고 모든 것이 사라지던 그때 내 눈에 비친 것보다 더 큰 두려움을 자아내는 것은 없을 것이다. 그놈은 서서히 헤엄치며 빙글빙글 돌아 내려갔다.

 밑에서 불어오는 바람이 얼굴을 스치고 지나갔다. 아래의 오른쪽에서 심연이 내는 오싹한 소용돌이 소리가 들려왔다. 나는 눈을 아래로 하여 머리를 내밀었다. 그때 불꽃이 보였고 또 신음 소리가 들려왔다. 나는 더 무서워져 몸을 떨었다. 혹시나 몸이 움츠러들어 떨어지지나 않을까 걱정스러웠다. 이전에 보지 못한 거대한 고통들이 사방에서 다가왔다. 우리는 그들에 둘러싸여 돌면서 내려가고 있었다. 나는 이전에 보지 못한 하강과 소용돌이를 그때에서야 보았다. 몇 시간을 먹이도 찾지 못하고 신호도 보지 못한 채 날개를 펴고 돌던 매가 지쳐서 백 번도 더 선회를 하면서 주인에게서 멀찍이 떨어져 내려와 주인의 경멸과 역정을 받으며 횃대에 앉듯이(주인은 한숨을 쉰다. "저런! 벌써 내려오다니!"), 게리온은 깎아지른 절벽 언저리 바닥에 내려앉았다. 그리고 퉁명스레 우리를 내려놓고 곧바로 등을 돌려 시위를 떠난 화살처럼 사라져버렸다.

게리온
게리온은 순한 사람의 얼굴에 몸은 뱀이고 날카로운 꼬리를 갖고 있어 전형적인 사기꾼의 몰골이다. 구스타브 도레 작.

18곡 〉〉

지옥에 말레볼제(단테가 만든 단어로, '사악한 구렁'이라는 뜻)라고 불리는 곳이 있다. 주위에는 거무튀튀한 절벽이 깎아지른 듯 두껍게 둘러쳐져 있다. 이 사악한 벌판이 여덟 번째 고리다. 한가운데는 웅덩이가 굉장히 넓고 깊게 패여 있는데, 지옥의 맨 밑바닥인 아홉 번째 고리다. 가운데의 웅덩이와 맨 외곽의 높고 험한 절벽 사이에는 열 개의 깊은 구렁이 둥그렇게 원을 이루며 밑으로 뻗어나가 있다.

게리온의 등에서 떨어져 우리는 이런 곳에 이르렀다. 오른쪽으로 새로운 고통을 받는 망령들과 새로운 고문 방식, 새로운 고문기술자들이 보였다. 이들이 열 개의 구렁 중 첫 번째를 가득 채우고 있었다. 바닥에는 죄인들이 벌거벗은 채 두 열로 걷고 있었다. 한 열은 우리와 마주 보고 움직였고, 다른 한 열은 우리와 나란히, 그러나 우리보다 빠른 걸음으로 걷고 있었다.

여기저기 거무튀튀한 바위 위에서 기다란 채찍을 든 뿔난 마귀들이 그들을 뒤에서 사정없이 내리쳤다. 첫 번 매질에 그들의 발바닥이 일제히 하늘로 솟아올랐다. 누구 하나 두 번째, 세 번째 매질을 기다리는 자는 없었다. 나는 어느 한 사람과 눈이 마주쳤다. 이자는 어디선가 본 듯한데……. 그를 좀더 자세히 보려고 발을 멈추었다. 다정하신 길잡이도 걸음을 멈추고 내가 뒤로 돌아가도록 해주었다. 매를 맞은 그 망령은 얼굴을 숙여 자신을 감추려했지만, 별 소용이 없었다.

"눈길을 땅으로 돌리는 당신은 얼굴 생김새로 보아 베네디코 카치아네미코✢가 분명하군요. 무슨 죄로 이런 고통을 당하는 거요?"

"나는 내 누이인 기졸라벨라를 미끼로 에스테 가문의 환심을 사려 했던 사람이오. 여기서 울고 있는 볼로냐 사람은 나뿐만이 아니오. 볼로냐 사람들은 이곳에 그득하지요."

이렇게 말하는 동안 마귀 하나가 채찍을 휘두르며 말했다.

✢1260년부터 1297년까지 볼로냐의 궬피Guelf 당의 수장이었다. 그는 사촌을 살해한 혐의도 받고 있으나 배반의 죄를 벌하는 여덟 번째 고리에 갇혀 있다. 에스테 가문의 환심을 사기 위해 누이 기졸라벨라를 팔아넘긴 뚜쟁이 노릇을 했기 때문이다.

"꺼져라, 이 뚜쟁이야! 돈줄 당길 계집들이 여기는 없지 않느냐!"

나는 다시 나의 보호자에게 다가섰다. 몇 걸음도 걷지 않아서 둑에서 뻗어나온 돌다리 하나가 앞을 가로막았다. 우리는 가볍게 그 위에 올라섰다. 그 끝나지 않는 순환을 달리는 망령들을 떠나 더 깊은 지옥을 향해 오른편으로 접어들어 들쭉날쭉한 돌다리 위를 가로질렀다. 다리가 활꼴을 이루어 매 맞는 자들이 밑으로 지나가는 곳을 지날 때 길잡이가 말했다.

"멈춰라. 악을 타고난 이들의 얼굴이 여기서는 잘 보이겠다. 저들이 우리와 한 방향으로 향했기에 아직 네가 그들의 몰골을 보지 못했구나."

우리는 그 오래된 다리 위에서 우리를 향해 오는 무리를 바라보았

벌 받는 뚜쟁이들

여덟 번째 고리의 첫 번째 구렁에는 벌거벗은 뚜쟁이들이 두 무리로 나뉘어 서로 다른 방향으로 가고 있다. 그 뒤에는 뿔난 마귀가 커다란 채찍을 든 채 그들을 사납게 후려갈기고 있다. 아래의 늪에는 여자를 속인 자들이 이아손과 함께 허우적거리며 채찍에 맞고 있다. 보티첼리, 1495년 작.

지옥 79

다. 그들은 여전히 채찍에 쫓기고 있었다. 묻지도 않았는데 어진 나의 스승님은 이렇게 말했다.

"이리로 오는 저 몸집 큰 사람을 봐라. 아프다고 눈물도 흘리지 않는구나. 아직 왕자의 모습을 지니고 있다니! 저자가 용기와 지혜로 코르키스 인에게 황금 양피를 빼앗은 이아손이다. 이아손은 테살리아의 왕이었는데, 황금 양피에 욕심이 나서 원정대를 조직해 흑해 동쪽의 코르키스라는 나라를 침공했지. 그리고 렘노스 섬으로 건너갔다. 그 섬은 여자들이 남자들을 모두 죽인 끔찍한 일이 벌어진 곳이었어. 베누스 여신은 그 섬의 여자들이 자기를 숭배하지 않자 화가 나 섬의 남자들이 여자들을 멀리 하도록 만들었고, 흥분한 여자들이 남자들을 죽였지. 이아손은 교태와 감언이설로 그 섬의 공주인 힙시필레를 속여 임신시키고 다시는 돌아가지 않았어. 그 죄로 인해 이아손은 벌을 받고 있는 거야. 코르키스의 공주였던 메데이아도 이아손에게 속아 황금 양피를 얻는 데 도움을 주고 버림받았는데, 그녀의 복수도 이루어진 셈이야. 사기 치는 사람들은 모두 이곳에서 이아손과 함께하고 있다. 첫 번째 구렁과 그 아가리에 물려 있는 사람들이 어떤 이들인지 알기에는 이것으로 충분할 거다."

우리는 벌써 좁은 길이 두 번째 둔덕을 가로지르기 시작하는 곳에 와 있었다. 또 다른 활꼴 다리가 시작되는 곳이었다. 다른 구렁 속에서 숨을 헐떡이며 손바닥으로 자기 몸을 때리는 자들이 흐느끼는 소리가 들려왔다. 양쪽 기슭은 곰팡이로 뒤덮여 있었고, 밑에서 피어오르는 독기가 눈과 코를 괴롭혔다. 바닥은 매우 깊어 활꼴로 솟은 다리 가운데에 오르지 않고서는 보이지 않았다. 그곳에 올라 아래 깊은 곳에 있는 사람들을 내려다보니 세상의 변소에서 가져온 똥물 속에 잠겨 있었다. 눈을 크게 뜨고 이리저리 둘러보니 속인인지 성직자인지 알 수 없는 사람 하나가 머리에 똥을 가득 지고 있는 것이 보였다. 그가 내게 소리를 질렀다.

"왜 다른 더러운 놈들보다 하필 나를 더 주시하느냐?"

"내 기억이 옳다면, 머리털이 말라 있는 널 전에 틀림없이 본 듯하다. 그래 맞아. 넌 알레시오 인테르미네이 다 루카로구나. 그래서 널 더 보고 있었다."

그러자 그는 자기 머리통을 때리면서 말했다.

"내가 이 깊은 구석에 처박혀 있는 까닭은, 지칠 줄 모르고 알랑거린 혓바닥 탓이다."

이때 나의 길잡이가 말했다.

"얼굴을 내밀고 저 앞을 봐라. 지저분하고 풀어헤친 머리에 똥 묻은 손톱으로 몸을 긁적거리며 앉았다 일어났다하는 저 여자 꼴을 좀 봐라. 저것이 타이데라는 창녀지. '내가 네 맘에 드는가?' 하고 기둥서방이 묻자, '마음에 들다 뿐인가요, 정말 기가 막히네요' 라고 대답하던 여자다. 이제 우리가 본 것만으로도 진절머리가 나는구나."

19곡〉〉

마술사 시몬과 그의 추종자들은 탐욕스러운 본성을 못 이기고, 당연히 신성에 바쳐야 할 하느님의 물건을 금과 은으로 팔아먹고 말았다. 이제 그들이 함께 갇혀 있는 이 세 번째 구렁에서 나는 판결의 나팔을 불어야 한다.

구렁의 가장자리와 한복판에 깔린 거무스레한 바위에는 똑같은 크기의 동그란 구멍들이 뚫려 있었다. 구멍마다 죄인의 발과 정강이, 넓적다리가 거꾸로 솟아 있었고 몸과 얼굴은 구멍 안쪽에 거꾸로 박혀 있었다. 그들의 양 발바닥에는 불이 붙어 오금을 어찌나 세차게 떨었는지, 밧줄이나 사슬도 끊어낼 수 있을 정도였다. 마치 기름을 칠한 물건이 곁에서부터 불꽃을 내며 타오르듯이, 불은 각자의 발꿈치에서 발끝까지 핥듯이 타오르고 있었다.

"스승님. 저자는 누구기에 다른 동료들보다 더 팔딱거리며 아파하고, 또 시뻘건 불꽃이 핥고 있는 겁니까?"

"저 아래 더 낮은 둔덕으로 내려가면 거기서 그 사람이 누구인지, 지은 죄는 무엇인지 알게 될 것이다."

우리는 네 번째 둔덕 위에 도착했다. 우리는 왼편으로 돌아가 구멍이 숭숭 뚫린 좁은 바닥으로 내려갔다. 어지신 스승님은 나를 자기 곁에서 멀어지지 않도록 하며, 다리를 휘두르며 괴로워하는 어떤 사람이 처박힌 구멍에 가까이 다가가도록 해주셨다. 나는 말을 건넸다.

"말뚝처럼 곤두박질한 사악한 망령이여! 당신이 누구인지 할 수 있으면 말해보시오."

그는 소리 높여 외쳤다.

"너 보니파키우스! 벌써 거기 와 있느냐! 예언대로라면 넌 삼년 뒤에나 이곳에 오기로 되어 있는데, 기록이 날 몇 년 속였구나. 넌 재산을 모으는 데 눈이 멀어 아름다운 숙녀(교회)도 두려워하지 않고 속였느냐? 게다가 나중에는 성직을 매매하기까지 했느냐?"

그가 무슨 말을 하는지 이해할 수 없었다. 그래서 그런 추궁과 비웃음에 대꾸도 하지 못하고 정신 나간 사람처럼 서 있었다. 그때 베르길리우스가 거들었다.

"빨리 말을 해라. '나는 그 사람이 아니오. 당신이 생각하는 사람이 아니란 말이오' 라고."

그래서 나는 그분의 말대로 그에게 대답했다. 그러자 그 영혼은 두 다리를 비틀며 한숨과 울음이 섞인 목소리로 말했다.

"그러면 내게 무얼 원하는 거요? 내가 누구인지 알고 싶어서 저 둔덕을 따라 그렇게 달려왔다면, 내가 전에는 교회의 커다란 망토를 입은 교황이었다는 것을 알아두시오. 사실 나는 곰을 문장으로 쓰는 오르시니 가문의 후손이었소. 내 머리 밑에는 다른 놈들이 바위 틈 사이에 갇혀 있는데, 그들은 나보다 앞서서 성직을 매매하던 자들이오. 좀 전에 당신이 그놈인 줄 알고 내가 갑작스럽게 소리를 쳤지만, 정작 그놈이 이곳에 오면 나도 저 아래로 가게 될 것이오. 나의 발이 불에 타고 이렇게 거꾸로 처박힌 시간은 그놈이 시뻘건 발로 처박혀 있을 시간보다 더 오래일 것이오. 그것은 그놈 다음에 법도 모르고 신성도, 인성도 전혀 없는 교황 클레멘스 5세가 서쪽에서 오기 때문이오. 그자는 나와 보니파키우스를 합친 것보다도 더 몹쓸 놈이오."

나는 이 말에 다음과 같이 대답했는데, 그것이 너무 어리석은 것이었는지는 나도 모르겠다.

"지금 말해보시오. 우리 하느님께서 성 베드로에게 하늘의 왕국 열쇠를 주기 전에 돈을 요구하셨습니까! '나를 따르라'고 요구하지도 않으셨지요. 베드로나 다른 제자들도 버림받은 영혼 유다의 자리를 마티아가 채웠을 때 은이나 금을 요구하지 않았습니다. 그러니 당신은 거기 그대로 있으시오. 제대로 벌을 받고 있는 거요. 한때 신랑(하느님)의 사랑을 받았을 때 신부(교회)는 일곱 개의 머리(성체)를 지니고 태어나 열 개의 불(율법)에서 힘을 얻었소. 그러나 사도 요한은 물(백성) 위에 앉아 있던

성직을 매매한 교황
거꾸로 틀어 박혀 발이 불타는 형벌자에는 교황 니콜라우스 3세도 끼여 있다. 그는 자신의 비참한 운명을 보니파키우스 8세 때문이라고 여긴다. 윌리엄 블레이크 작.

그 신부가 타락하며 세상의 왕들과 간음하는 것을 보면서 당신처럼 신성을 더럽히는 목자(교황)들이 나타날 것을 일찌감치 알아보셨소. 당신은 금과 은으로 하느님을 섬겼으니, 우상숭배자들과 무엇이 다릅니까?"

　이런 얘기를 들려주는 동안 그자는 분노 때문인지 양심 때문인지는 모르나 두 발바닥을 사납게 흔들고 있었다. 길잡이는 나의 진정한 말을 들으시고 퍽 만족한 기색이었는데, 마음으로도 기뻐하셨으리라 생각한다. 그가 두 팔로 나를 가슴에 꼭 품어 안으시고, 내려왔던 길을 따라 다시 오르셨다. 그에게 꽉 휘감긴 나의 무게에도 지치지 않고 네 번째와 다섯 번째 둔덕을 이어주는, 산양들도 건너기 힘들어 할 험준하고 거친 활꼴 다리 꼭대기까지 짐을 지고 가셔서 가볍게 내려놓으셨다. 거기에는 또 다른 구렁이 입을 벌리고 있었다.

20곡〉〉

벌써 나는 바닥까지 펼쳐진 광경을 바라볼 수 있는 곳에 와 있었다. 그곳은 고통의 눈물로 젖어 있었다. 사람들이 말없이 눈물을 흘리며 둥글게 이어진 계곡을 따라 세상에서 미사를 드리듯 천천히 걸어가고 있었다. 그들의 몸을 눈으로 더듬어 내려가니 놀랍게도 턱과 가슴이 비틀린 듯이 보였다. 얼굴이 등을 향하고 있어 앞을 볼 수 없어서 뒷걸음치며 걸어야 했기에 그리 된 것이었다. 중풍과 같은 것이 그들을 이렇게 꼬이게 만들었을 수도 있겠지만, 나는 그렇게 보지 않았다. 독자들이여! 당신들이 이걸 읽으면서 열매를 거두도록 하느님의 은총이 내리신다면, 생각해보라! 목이 뒤틀린 채 괴로운 눈물이 등골을 타고 엉덩이를 적시고 있는 저들의 모습을 보면서 내 어찌 눈물을 흘리지 않을 수 있겠는가! 거친 돌 다리에 삐죽삐죽 솟아난 바위에 기대고서 나는 울었다. 나의 길잡이가 말했다.

머리가 뒤에 붙은 점쟁이
죄인의 머리가 등 쪽에 붙어 있다. 단테는 그 자들을 보고 한탄한다. 푸레스노, 1420년경 작.

"넌 여전히 다른 멍청이들과 다를 것이 없구나! 이곳에서는 세속적인 연민을 죽여야 믿음이 산다. 하느님의 심판에 인정을 느끼는 것보다 더 큰 죄가 무엇이겠는가? 고개를 들어라. 테베를 공략하던 일곱 장군들 중 하나였던 암피아라오스는 죽음을 예견하고 전쟁을 피하려 했지만 끝내 눈앞에서 땅이 갈라지고 그 속에 떨어져 죽었다. 그걸 보던 테베의 모든 사람들이 이렇게 외쳤지. '암피아라오스! 어디서 주저앉는가? 왜 전쟁을 포기하는가?' 그러나 그는 밑으로 곤두박질쳐 지옥을 지키는 마왕 미노스에게까지 떨어졌다. 미노스에게서는 어느 누구라도 벗어날 수 없지. 등을 가슴으로 삼고 있는 그의 모습을 보라. 너무나 앞을 보고 싶었기에 뒤를 바라보며 거꾸로 가고 있구나."

그는 계속 말을 이었다.

"저기 테베의 점쟁이 테이레시아스가 있구나! 그는 남자에서 여자로 되었을 때 사지를 완전히 탈바꿈하여 용모를 바꾸었다. 나중에 다시 남자의 용모로 돌아가기 위해 엉켜 있는 두 마리의 뱀을 막대기로 후려쳐야만 했다.✢ 그 뒤에 오는 자는 아론타. 루니의 산골 아래에는 카라라 사람들이 살고 있었는데, 그 산골에서 아론타는 흰 대리석 사이로 트인 굴을 자기 집으로 삼았다. 거기서 그는 별과 바다를 탁 트인 시야로 바라보며 살았다. 그리고 저 여자를 봐라. 네가 보지 못한 젖가슴이 헝클어진 머리카락으로 덮인 채 털이 부숭부숭한 살가죽(음부)을 저쪽으로 돌리고 있구나. 그 이름은 만토였다. 여러 지방을 떠돌다가 내가 태어난 곳 만토바까지 와 머물고자 했다."

"스승님, 앞에 가는 저들 중 말을 걸 만한 이가 있는지 봐주세요."

"구릿빛 수염을 뺨에서 등까지 휘감은 자는 에우리필로스였어. 그리스에 사내들이 없어 요람에 아기를 채울 수 없었을 때 점쟁이 노릇을 했는데, 아가멤논 장군이 그리스 연합군을 이끌고 트로이 원정을 나서던 아우리스 항구에서, 언제 닻을 올리면 좋을지 점쟁이 칼카스와

✢ 어느 날 테이레시아스가 뒤엉켜 교미하는 뱀 두 마리를 보고 막대기로 때리자 자기 몸이 여자로 바뀌었다. 7년이 지나 교미하는 뱀 두 마리를 막대기로 치자 다시 남자로 돌아갔다고 한다. 오비디우스의 《변신》 중에 나오는 얘기다.

함께 예언했지. 옆구리에 살점 하나 없는 저 사람은 미켈레 스코토✢였는데, 그는 마술의 속임수에 통달했었다. 바늘과 북, 물레를 버리고 점쟁이가 되어버린 저 불쌍한 여자들을 봐라. 저들은 약초와 인형으로 마술을 부렸다. 자, 이제 가자! 어제 밤에 이미 보름달이 떴다. 깊은 숲에서 헤매었을 때 보름달이 널 도와주었다는 것을 잘 기억해두어라."

길잡이가 그렇게 말씀하시는 동안 우린 우리의 길을 계속했다.

21곡》

말레볼제의 다음 구렁과 그곳에서 하염없이 우는 자들을 본 것은 그 구렁 위에 걸린 다리의 꼭대기에 이르렀을 때였다. 그곳에는 참담한 어둠만 깔려 있었다. 그 어둠은 겨울날 배를 탈 수 없을 때 베네치아의 부두에서 선원들이 온전하지 못한 배에 덧칠하려고 끓이는 역청瀝青과도 같았다. 진한 역청이 아래에서부터 부글부글 끓어올라 구렁의 양 벽을 온통 새까맣게 칠하고 있었다. 단지 거대하게 부풀어 오르다가 사그라지는 검은 거품뿐이었다. 그 광경을 바라보고 있자니 길잡이가 갑자기 내게 소리를 치며 내가 섰던 자리에서 자기 쪽으로 나를 끌어당겼다.

"저것 좀 봐라! 저거!"

그때 우리 뒤에서 시꺼먼 마귀가 다리 위로 달려오는 것이 보였다. 아! 그 얼굴이 얼마나 사나웠던지! 날개를 활짝 펴고 발은 가볍게 나는 듯 걷는 듯 하는 그 동작이 얼마나 무시무시하게 보였던지! 마귀의 날카롭고 억센 어깨에 한 죄인의 허리가 얹혀 있었다. 죄인의 몸은 다리의 힘줄에 매달려 있었다. 우리가 서 있는 다리에 이르자 마귀가 아래를 향해 소리쳤다.

"이봐! 말라브란케!✢✢✢ 성녀 지타의 도시 루카를 다스리던 관리 놈

✢ 스코틀랜드 출신의 의사이자 철학자로서, 페데리코 2세 궁정에서 살았다. 아리스토텔레스와 아비켄나의 저술을 라틴어로 번역했다. 마법사와 점성술사로 알려져 있다.

✢✢✢ 이곳의 마귀를 총칭하는 단테가 만들어낸 말로서, '사악한 앞발'이라는 뜻을 갖고 있다. 이하 말라브란케들 각각의 이름들은 모두 단테가 만들어낸 말들이다.

을 밑에 처박아라. 이런 놈들이 득실대는 곳으로 난 돌아가네. 그곳에는 본투로✢ 말고는 다 도둑놈이야. 거기서는 돈이라면 '아니오'도 '예'로 변한다네."

마귀는 죄인을 밑으로 던지고는 거친 돌 다리로 몸을 돌렸다. 풀어 놓은 개라도 도둑을 따라잡는 데 그렇게 빠르지는 않을 것이었다. 죄인은 풍덩 잠겼다가 뒤집혀서 두 팔을 벌려 십자가 형태를 띠고서 다시 떠올랐다. 다리 밑에 있던 마귀들이 소리를 질렀다.

"너 성스러운 모습을 흉내 내지 마! 네가 살던 세르키오 강에서 헤엄치듯 하면 곤란하단 말이야. 우리 쇠갈퀴가 싫으면 역청 위로 아예 대가릴 내밀지 말라고!"

그러더니 백 개도 넘는 작살로 그를 찔러댔다.

"여기선 춤을 춰도 역청 밑에서 해야 돼! 그러니 할 수 있다면 숨어서 몰래 허우적거려 보라고!"

그 꼴은 요리사들이 가마솥에 넣은 고기가 떠오르지 않도록 삼지창으로 밀어 넣는 것과 하나도 다르지 않았다. 나의 선량하신 스승님이 말했다.

"넌 들키지 않는 것이 좋겠구나. 바위 뒤에 몸을 가리고 숨어 있어라. 마귀들이 나를 공격해도 무서워할 것 없다. 전에도 이런 일이 있어서 그들 행태를 잘 알고 있으니까."

그는 다리를 가로질렀다. 여섯 번째 둔덕에 도착했을 때 그는 마음을 굳게 먹어야 했을 것이다. 무얼 구걸하는 처량한 거지에게 느닷없이 달려드는 개들처럼 마귀들이 포악하게 으르렁대며 다리 밑에서 달려 나와 나의 스승님을 향해 작살을 곤두세웠다. 그러나 스승님이 쏘아붙였다.

"어떤 놈도 허튼 수작 부리지 마라! 작살로 날 찌르기 전에 한 놈만 앞으로 나와서 내 말을 들어봐라. 그러고 나서 나를 찌를 것인지 의논

✢본투로 다리를 가리킨다. 14세기 초 루카를 지배하던 탐관오리의 대표적 인물. 그렇게 부패한 관리들이 많다는 것을 단테는 역설적으로 표현하고 있다.

바위 뒤에 숨은 단테
베르길리우스가 마귀의 두목인 말라코다에게 단테와의 여행은 하나님의 뜻이라고 말하자 말라코다는 공격을 멈추고, 마귀 열 놈을 시켜 그들을 안내하게 한다. 피사 필사본, 1385년 작.

해보아라!"

그들이 한 목소리로 외쳤다.

"말라코다를 내보내자!"

"말라코다! 하느님의 의지와 섭리가 없이 네가 여기에 온 나를 볼 수 있으리라 생각하느냐? 하늘에서는 이 사람에게 이 거친 길을 가르쳐주길 바라셨으니, 우리를 지나가게 해라."

그러자 오만하던 그는 풀이 죽어 작살을 발 곁에 내던지고 다른 놈들에게 말했다.

"그럼 건드리면 안 되겠네."

길잡이가 내게 말했다.

"다리의 바위 사이에 웅크린 채 숨어서 보고 있구나. 자, 이젠 마음 놓고 이리 나오너라."

나는 몸을 일으켜 그분께 달려갔다. 마귀들이 모두가 앞으로 나섰는데, 나는 그들이 찌르지 않겠다는 말을 바꾸지 않을까 두려웠다. 나는 길잡이에게 달라붙어 곱지 않은 그들의 태도를 조심스레 바라보았다. 그들은 작살을 내리고 서로 말을 주고받았다.

"저놈의 궁둥이를 이걸로 한번 만져줄까?"

"그래, 한번 쳐주자고."

그러나 나의 길잡이와 약속했던 마귀가 몸을 획 돌리며 말했다.

"내려놔라, 스카르밀리오네!"

그리고 우리에게 말을 이었다.

"여섯 번째 다리는 바닥이 무너져 있으니 그리로 더 나아갈 수가 없을 거요. 그래도 간다면 이 둔덕을 따라서 위로 올라가시오. 가다보면 다른 돌다리가 있을 것이오. 어제, 지금보다 다섯 시간이 더 지났을 때가 다리가 무너진 지 천이백하고도 육십육 년이 되던 때였소.✢ 그쪽으로 졸개들을 몇 보내 혹시 어떤 놈이 역청 밖으로 머리를 내밀고 있는지 보게 하겠소. 같이 가시오. 해치지는 않을 거요."

그는 계속해서 말했다.

"알리키노! 칼카브리나! 앞으로 나오너라. 그리고 너! 카냐초도 가라! 바르바리치아! 네가 이들을 지휘해라! 다른 놈들도 가는 게 좋겠다. 리비코코! 드라기냐초! 어금니 날카로운 치리아토! 그라피아카네! 파르파렐로! 그리고 미친 루비칸테! 가면서 펄펄 끓는 저 구렁을 잘 살펴봐라. 구렁을 가로지르는 돌다리까지 무사히 안내해드려라!"✢✢

"스승님! 이게 다 뭡니까? 길을 아신다면 안내 없이 우리끼리 갑시다. 전 저놈들한테 원하는 게 없어요. 평소 스승님답게 잘 보시면 저놈들이 이빨을 갈며 위협하는 게 보일 텐데요."

"마음을 굳게 먹었으면 좋겠구나. 저들 맘대로 이를 갈도록 두자. 역청에 잠겨 괴로워하는 자들 때문이니까."

그들은 왼쪽 둔덕으로 돌아 걸어가다가 제각기 저들의 대장에게 이빨로 혀를 물어 보이며 신호를 했다. 그러자 바르바리치아는 궁둥이로

✢ 마귀가 이렇게 말한 때는 1300년 4월 9일 성토요일 오전 7시다. 그가 말하는 1266년 전의 어제는 기원 후 34년 4월 8일 성금요일이고, 거기에 오전 7시에서 다섯 시간 더 지난 시간은 정오다. 단테는 루가의 복음서에 따라 그리스도의 사망 시각을 정오로 보고 있다. 다음 구렁으로 가는 다리가 그리스도의 사망에 따른 지진으로 무너졌지만, 말라코다는 또 다른 다리가 있다고 말한다. 마귀들의 대변인이 고의로 꾸며낸 이 거짓말은 지나치게 신심이 깊은 베르길리우스와 단테에게 준비한 함정인데, 이로 보아 마귀는 그들보다 더 똑똑해 보인다. 그래서 바로 다음 장면에서 단테는 저들의 안내 없이 가자고 말한다.

✢✢ 마귀들의 이름은 그들의 이중적인 성격을 잘 드러낸다. 그들은 여행자들에게 무서운 존재이지만, 그들의 말과 행동은 대부분 밝고 유쾌하다. 대부분의 이름은 뜻을 갖고 있는데, 거기서도 마귀의 느낌은 강하지 않다. 말라코다는 '사악한 꼬리', 스카르밀리오네는 '신발한 머리', 카냐초는 '크고 사나운 개', 바르바리치아는 '곱슬 수염', 리비코코는 '뜨거운 바람', 드라기냐초는 '괴수 용', 치리아토는 '멧돼지', 그라피아카네는 '할퀴는 개'라는 뜻을 갖고 있다. 이런 이름을 붙이면서 단테는 1300년대 초 피렌체나 루카의 고위 관리들을 조롱했다는 의견도 있다. 실제로 1300년 피렌체의 시장은 만노 브란카였다.

나팔을 불 듯 방귀를 뀌었다.

22곡》

나는 기사들이 공격을 개시하며 위용을 과시하고 때로는 후퇴하는 것을 본 적이 있다. 아레초 땅에서 기병들을 보았고 전위대가 말을 타고 돌진하여 적진을 휘젓고 적을 무찌르는 것을 보았다. 적이든 아군이든 때로는 나팔소리에, 때로는 종소리에, 때로는 북소리에, 혹은 성에서 보내는 깃발 신호에 따라, 움직이는 것을 보았다. 그러나 어떤 기병과 보병도, 육지와 별의 신호에 따라 항해하는 어떤 배도, 바르바리치아가 분 이렇게 야릇한 나팔 소리에 따라 움직이는 마귀들만큼 일사불란하지는 않을 것이다.

우리는 열 마리의 마귀들과 함께 걸었다. 참으로 무시무시한 동행이었다. 그러나 교회에는 성인들과, 술집에는 술꾼들과 함께 간다고 하지 않는가! 내 관심은 오로지 역청에 쏠려 있었는데, 구렁의 생긴 모습과 그 속에서 불에 타는 자들을 보고 싶었기 때문이다. 역청의 고통을 줄이려고 죄인들 중 어떤 자들은 등을 내보이다가 번개처럼 다시 역청 속에 숨어들었다. 마치 돌고래들이 활처럼 생긴 등으로 선원들에게 신호를 보내어 저들의 배를 폭풍우에서 구하려는 것처럼 보였다. 한쪽에는 죄인들이 웅덩이의 개구리처럼 다리와 몸은 감추고 웅크린 채 코끝만 밖으로 내놓고 있었다. 그러나 바르바리치아가 가까이 다가가자 그들은 부글부글 끓는 거품 속으로 숨어들었다. 그때 다른 개구리들이 재빨리 물속으로 뛰어드는데 한 마리만 남아있듯이, 혼자서 코를 역청 밖으로 내민 채 뭔가를 기다리고 있는 한 사람을 보았다. 아직도 그 일로 내 마음이 떨린다.

가까이 있던 그라피아카네가 역청에 찌든 그의 머리카락을 잡아채

서 끌어냈다. 그는 마치 물개처럼 보였다. 나는 벌써 마귀들의 이름을 다 알게 되었다. 말라코다가 그들을 뽑을 때 눈여겨보았고 또 나중에 저들이 서로를 부르던 걸 유심히 들었기 때문이다.

"루비칸테! 저놈의 등에 손톱을 찔러 넣어 껍데기를 벗겨라!"

저주받은 마귀들이 이구동성으로 외쳤다.

"스승님! 하실 수만 있다면, 원수들의 야만스러운 손에 떨어진 저 불쌍한 사람이 누구인지 알아봐주세요!"

나의 길잡이가 그자에게 가까이 다가가 어디서 왔는지 물으시니 그가 대답했다.

"나는 치암폴로라고 합니다. 나바르 왕국에서 태어났지요. 어머니는 나를 어떤 귀족에게 하인으로 보냈는데, 아버지가 흥청망청 탕진하고 자살해버린 부랑자였기 때문이지요. 그러다 어지신 테오발도 왕의 신하가 되었는데, 거기서 사기 치는 법을 배웠소. 그 때문에 이 뜨거운 곳에 있게 되었소."

돼지처럼 어금니가 입 양쪽으로 삐죽 솟아나온 치리아토가 이빨을 부드득 갈았다. 악랄한 고양이들 속으로 생쥐가 들어온 꼴이었다. 바르바리치아는 그자를 두 팔로 움켜잡고 말했다.

"내 이자를 잡고 있으니 물러나라!"

그리고 나의 스승님께 얼굴을 돌리고 말을 이었다.

"이자에게 더 알아볼 일이 있거든 내 동료들이 해치기 전에 빨리 물어보시오."

스승님이 말씀하셨다.

"말해보시오. 저 역청 밑에서 허우적대는 사람들 중 당신이 알고 있는 이탈리아 인들이 있는가?"

"이탈리아 가까이 있는 사르데냐에서 온 사람이 떠난 지 조금 됩니다만, 만일 지금까지 그가 이곳에 잠겨 있었다면 발톱도 작살도 두렵지 않았을 것이오."

그때 리비코코가 말했다.

"우리가 너무 참아주었군."

그러고는 작살로 그의 팔을 찍어 살점 하나를 가져가버렸다. 드라기냐초도 그에게 와락 달려들어 다리를 찍으려 했다. 그러자 두목 바르바리치아가 그 무시무시한 몰골로 주위를 협박하듯 둘러보았다. 그러자 놈들의 소동이 잠시 진정되었다. 자기 상처를 들여다보고 있던 치암폴로에게 나의 길잡이가 내처 물었다.

"당신이 조금 전까지 함께 있었다는 사람이 누구요? 또 무엇 때문에 이곳에 온 거요?"

"그 사람은 고미타라는 수도사였소. 갈루라 사람이었는데, 온갖 기만의 도가니와 다름없었소. 자기 주인의 적들을 손아귀에 넣고서 자기를 받들어 모시게 했고 돈을 갈취한 뒤 그들을 놓아주었지요. 전부 그가 말한 내용이오. 저기 이를 부득부득 가는 마귀를 보시오. 더 얘기했으면 좋겠지만, 찔린 곳을 저 마귀가 또 찌르지 않을까 무서운 마음이오."

과연 파르파렐로가 작살을 쥐고 찌르려는 듯 눈을 부라리고 있었다. 그러자 두목이 그에게 말했다.

"저리 비켜라! 이 빌어먹을 날짐승아!"

그러자 무서워 떨던 치암폴로가 다시 입을 열었다.

"당신네가 토스카나 사람이나 롬바르디아 사람들을 보기 원한다면 내 그들을 데려오지. 그러나 이 말라브란케들이 잠시 물러나야 할 거요. 그러지 않으면 그들이 역청 밖으로 머리를 내미는 위험한 짓을 하지 않을 테니 말이오. 내가 바로 이 자리에서 일곱이라도 불러 모으겠소. 휘파람만 불면 되지요. 그건 우리가 밖에 나와 있을 때 마귀들이 있는지 살피면서 나머지에게 보내는 신호라오."

카냐초는 그 말에 주둥이를 내밀고 머리를 휘저으며 말했다.

"기껏 생각한다는 게 저 모양으로 간교하니, 참! 잽싸게 도망가 숨겠다는 거 아냐!"

그러자 술책이란 술책은 다 갖고 있던 치암폴로가 말을 받았다.

"난 정말 간교하지. 특히 친구들 등쳐먹을 때는 더 그렇고."

알리키노는 그런 알랑거림을 참지 못하고 그자에게 쏘아붙였다.

"네가 지금 도망가면 쫓아가지 않을 것이다. 대신 널 역청으로 몰아넣을 날개가 있으니, 우리는 네가 빠져나갈 길을 터주고 둔덕 뒤에서 기다릴 것이다. 너희들 중 누구 하나가 우리를 당해낼 수 있는지 보겠다!"

그것은 참으로 이상한 내기였다. 날쌘 날개만 믿고 마귀들은 모두 둔덕으로 가려고 몸을 돌렸다. 처음 몸을 돌린 마귀는 처음부터 그 내

싸움하는 마귀
교활한 죄인이 두 마귀를 서로 싸우게 하고 자신은 도망간다. 싸움하던 두 놈은 서로 할퀴다가 다 웅덩이로 떨어져 날개에 역청이 끈적끈적 달라붙어 다시 일어날 수 없게 되었다. 윌리엄 블레이크 작.

기를 반대했던 가장 야만스러운 놈, 카냐초였다. 치암폴로는 그 기회를 잘 포착했다. 발을 땅에 잘 딛고 있다가 한순간에 뛰어올라 바르바리치아의 손아귀에서 벗어났다. 치암폴로는 처음부터 누구를 부르고 할 생각이 없었던 것이다.

마귀들은 그를 놓친 것에 모두가 흥분했는데, 가장 흥분한 마귀는 내기를 제안하는 실수를 저지른 알리키노였다. 그는 다른 마귀들보다 먼저 치암폴로의 도전을 받아들였다는 듯 하늘로 날아오르며 외쳤다.

"게 서지 못해!"

그러나 나는 것도 소용없었다. 무서움을 이기는 날개는 없는 법이다. 치암폴로는 밑으로 잽싸게 숨어버렸고, 알리키노는 가슴을 펴고 위로 다시 솟구쳐 올라야 했기 때문이다. 그 속임수에 화가 치민 칼카브리나는 날아서 그의 뒤를 쫓았다. 그 마귀는 치암폴로가 알리키노에게서 도망가기를 바랐다. 그래야 치암폴로에게 시비를 걸어 싸움을 벌일 수 있기 때문이었다. 탐관오리가 용케 빠져나가자 칼카브리나는 잘됐다 싶어 자기 동료 알리키노에게 발톱을 세웠고 그들은 웅덩이 위에서 얽히고 말았다.

그러나 알리키노는 정말 사나운 매였기에 칼카브리나를 단번에 발톱으로 낚아챘고, 결국 둘은 끓어오르는 웅덩이 한가운데로 추락했다. 그들은 뜨거워서 화들짝 놀라 서로 떨어졌으나 날개에 역청이 들러붙어서 다시 일어나지 못했다. 그들은 양편 기슭으로 내려가 이미 역청이 달라붙어 구이가 되어버린 마귀들을 작살로 건져내려 애썼다. 우리는 그런 소동을 버리고 떠났다.

23곡〉〉

우리는 수사들이 길을 가듯 길동무도 없이 따로 떨어져 앞뒤로 서서 조용히 걸었다. 눈앞에서 벌어진 소란을 보며, 개구리와 생쥐에 대한 이솝 우화가 떠올랐다. 아까 일어난 소란의 앞과 뒤를 정신을 집중해서 잘 맞춰보니 이솝 우화와 다를 것이 없었다. 생각은 연이어 일어나는 법. 우화와 소동이 닮았다는 생각에 이어 또 다른 생각이 떠올랐으니, 처음에 지녔던 무서움이 곱절로 커져버렸다. 나는 이렇게 생각했다.

'이 마귀들은 우리 때문에 속고 나가떨어지고 조롱을 받았으니, 틀림없이 굉장히 짜증이 났을 거야. 그들의 원래 사악한 마음에 짜증이 더하면, 토끼를 물어뜯는 개보다 더 악랄하게 우리 뒤를 쫓아올 것 아닌가!'

나는 무서워서 머리털이 다 쭈뼛 일어서는 것 같았다. 황망하게 뒤를 돌아보며 말했다.

"스승님. 당장 숨지 않는다면 말라브란케들이 우리를 덮치지 않을까 무섭습니다. 놈들이 우리 뒤에 있습니다. 그렇게 생각하니 저들의 소리가 들리는 듯도 합니다."

"내가 납으로 된 거울이라 해도, 너의 겉모습보다 속마음을 더 빨리 비추겠구나. 나도 바로 지금 너와 똑같은 생각을 하고 있었다. 그래! 도망가는 게 좋겠다! 오른쪽 경사면이 좀 덜 가파르니 그쪽을 통해 다음 구렁으로 내려갈 수 있을 테지. 그러면 추격을 벗어날 수 있을 거야."

말이 끝나자마자 그렇게 멀지 않은 곳에서 날개를 펴고 우리를 잡으러 오는 마귀들이 보였다. 길잡이는 갑자기 나를 덥석 껴안았다. 마치 시끄러운 소리에 잠을 깬 엄마가 가까이서 치솟는 불길을 보고 제 몸보다 아기를 더 염려하며 속옷 바람으로 아기를 안고 부리나케 달아나는 것처럼, 스승님은 거친 둔덕의 가장자리를 타고 넘어, 다음 번 구렁의 한쪽을 막고 있는 바위 위에 몸을 눕혀 미끄러지듯 내려갔다. 물이 수로를 따라 세차게 흘러 물레방아의 바퀴를 돌릴 때라도, 스승님이 나를 가슴에 끌어안고 둔덕을 넘는 것보다는 빠르지 않을 터였다. 나는 동반자가 아니라 자식인 듯했다. 마귀들이 우리를 덮친 것은 스승님의 발이 여섯 번째 구렁을 둘러싼 둔덕 기슭에 디뎠을 때였다. 그때는 이미 두려움은 없었다. 마귀들에게 다섯 번째 구렁을 지키는 임무만 부여하신 지고하신 섭리가 마귀들이 거기서 빠져나올 힘을 빼앗아 두었기 때문이었다.

우리는 저 아래서 금빛으로 물든 사람들을 발견했다. 그들은 아주 느린 걸음으로 맴돌면서 피로에 지친 낙심한 얼굴로 울고 있었다. 그들은 눈까지 내려 덮는 모자가 달린 망토를 입고 있었는데, 그 모양이 쾰른의 수도사들이 입었던 것과 흡사했다. 겉은 사람을 현혹할 정도로 화려한 금빛이었지만 속은 순전히 납이어서 굉장히 무거웠다. 우리는 언제나 그랬듯이 왼쪽으로 돌아 눈물을 흘리는 위선의 죄를 지은 자들과 함께 걸었다. 무거운 납옷 때문에 지쳐 그들의 걸음은 매우 느렸다. 그래서 그들 쪽을 바라볼 때마다 새로운 모습들이 보였다. 나는 길잡이에게 말했다.

"가면서 주위를 둘러보고 행동이나 이름으로 알 만한 망령들을 찾

벌 받는 위선자
망토를 입은 이들은 겉에 금 도금한 화려한 옷을 입고 있지만 안에는 무거운 납으로 된 외투를 걸치고 있어 제자리걸음을 할 뿐이다. 땅바닥에는 세 개의 말뚝으로 못 박혀 처형된 자가 누워 있는데, 이자는 세상에 있을 때 예수를 죽여야 한다고 말한 자이다. 존 플랙스먼, 1793년 작.

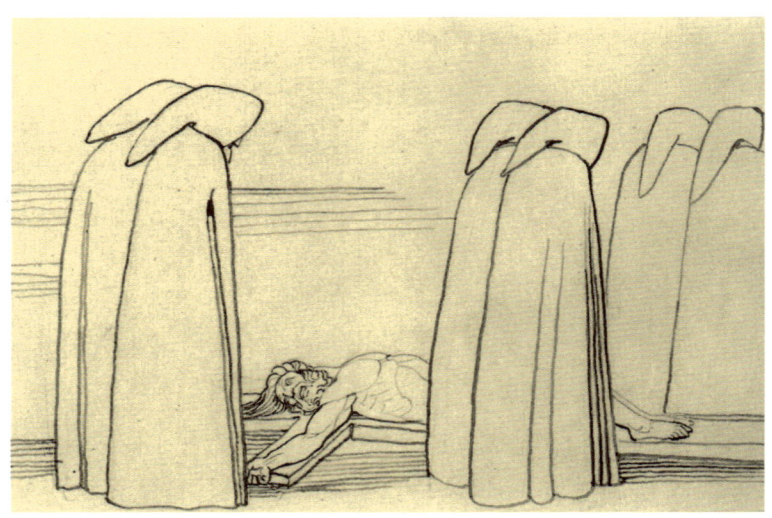

아보도록 하시지요."

그러자 토스카나 방언을 알아듣고 한 망령이 우리 뒤에서 소리를 질렀다.

"멈추시오. 당신들은 어두운 하늘을 너무나도 빠르게 달리고 있군요! 찾으려 하는 것을 아마 내게서 얻을 것이오."

그러자 앞서 가던 길잡이가 몸을 돌려 말했다.

"기다려라. 저자와 발을 맞추자."

나는 멈췄다. 두 망령이 말하고 싶은 희망을 얼굴에 가득 내보이며 서두르고 있었다. 그러나 걸친 것이 무겁고, 좁은 길에 망령들이 많아 그들의 걸음은 더디기 짝이 없었다. 내 앞에 왔을 때 그들은 아무 말 없이 곁눈으로 나를 뚫어져라 쳐다보았다. 그들에게는 얼굴을 돌려 정면으로 보는 것이 금지되어 있었기 때문이다. 그러더니 저들끼리 돌아보면서 말을 주고받았다.

"목을 움직이다니, 이 사람은 살아 있는 사람 같구나. 죽은 자라면 도대체 무슨 특권으로 무거운 외투를 벗었단 말인가?"

그리고 내게 말했다.

"슬픈 위선자들에게 온 토스카나 사람이여! 당신에 대해 우리끼리 말한 것을 언짢게 여기지 마시오."

"내가 태어나 자란 곳은 아름다운 아르노 강가에 있는 대도시 피렌체였소. 거기서 가졌던 육신을 지금도 갖고 있지요. 그런데 당신들은 누구요? 당신들의 뺨에는 고통이 눈물처럼 흘러내리는군요. 당신들을 이렇게 금빛으로 번쩍거리게 하는 벌은 무엇이오?"

"이 금빛 망토는 아주 무거운 납으로 되어 있어요. 무게를 달면 저울이 삐걱거릴 거요. 우리는 볼로냐 출신이오. 우리는 '향락을 즐기는 교단'✚의 수도사들이었소. 나는 카탈라노, 이 사람은 로데린고라고 합니다. 우리는 당신의 고향 피렌체의 평화를 지키기 위해 부름을 받았

✚1261년 볼로냐에서 창설된 "영광의 동정녀 마리아 기사단"에 속하는 수도사들을 가리킨다. 원래 당파들의 분쟁을 중재하고 약한 계층을 보호하기 위해 만들어졌지만, 세속적이고 편안한 생활에 빠져서 그렇게 불렸다.

어요. 보통 한 사람에 맡겨지는 직책인데 우리는 함께 선출되었소. 아직도 가르딘고 근처에서는 우리의 흔적이 남아있을 것이오."

"당신네 수도사들의 죄는……."

나는 말을 잇지 못했다. 말뚝 세 개로 바닥에 뉘여 십자가에 못 박힌 사람✝이 나타났기 때문이었다. 나를 보자 그는 수염 속으로 한숨을 쉬며 짜증을 냈다. 아마 세상에서 자기에 대한 소식을 가져왔을 법한 살아 있는 사람의 눈에 띄었다는 부끄러움과 고통이 이는 듯했다. 이를 알아차린 카탈라노 수사가 내게 말했다.

"당신 눈의 띈 저 처형당한 자는 바리사이 사람들에게 전체를 위해서는 한 사람을 순교시켜야 한다고 주장했소. 보시다피 그는 발가벗고 길을 가로질러 누워 있으니, 누구든 그를 밟고 지나가지요."

베르길리우스는 십자가에 못으로 박힌 채 참혹한 모습으로 영원한 형벌에 처해진 그자를 보고 놀라는 듯했다. 그가 예수가 죽은 사실을 아직 몰랐기 때문이었을 것이다. 이윽고 수사에게 말했다.

"불쾌하게 생각하지 마시오. 괜찮다면 오른편에 어떤 통로가 있는지 말해주시오. 우리가 그리로 빠져나갈 수 있다면 우리를 떠나보내려고 검은 천사들을 이곳까지 오게 할 필요는 없을 거요."

"돌다리는 당신이 바라는 것보다 더 가까이에 있어요. 다리는 이곳 말레볼제 전체를 둘러싼 외벽에서 시작해 무서운 구렁들을 지나왔지만, 이곳에서는 깨져버려 구렁을 가로지르지 못합니다. 당신들은 바닥과 기슭에 쌓인 바위 조각들을 밟아 구렁을 건널 수 있을 것이오."

길잡이는 잠시 머리를 숙인 채 서 있다가 중얼거렸다.

"저쪽에서 작살로 죄인을 찌르던 말라코다가 거짓말을 늘어놓았구나. 다른 돌다리가 있을 거라고 했는데."

그러자 수사가 말했다.

"전에 악독한 악마에 대한 얘기를 볼로냐에서 들은 적이 있소. 그놈

✝ 대사제 가야파를 가리킨다. 그는 대사제들과 바리사이 파 사람들이 모인 자리에서 예수가 유대 민족을 대신하여 죽어야 한다고 주장했다(요한 복음 11장 49절 이하).

은 그 중에서도 천하의 거짓말쟁이, 거짓의 아버지라고 들었소."

이 말을 듣고 길잡이는 얼굴에 약간 노기를 띤 채 빠른 걸음으로 나아갔다. 나도 무거운 짐을 진 자들과 헤어져 길잡이의 발길을 따라갔다.

24곡》

스승님은 수심이 가득한 얼굴로 날 놀라게 하시더니 곧바로 나의 놀라움을 치료해주셨다. 허물어진 다리에 왔을 때 스승님은 내가 지옥에 들어서던 산기슭에서 처음 보았던 그 부드러운 모습으로 나를 바라보셨던 것이다. 스승님은 바위 파편을 잘 살피고 뭔가 생각을 정리한 다음 두 팔을 벌려서 나를 단단히 붙잡아주셨다. 그는 일하면서 다음에 할 일을 대비하는 신중한 사람처럼, 불쑥 튀어나온 어느 바위 조각 위로 나를 밀어 올리는 동안 또 다른 바위를 가리키며 말했다.

"다음에는 저쪽 튀어나온 부분으로 올라가라. 그러나 널 지탱할 수 있을지 먼저 가늠해보아야 한다."

그곳은 납 망토를 입은 자들이 지나다니는 길이 아니었다. 오르는 둔덕이 다른 둔덕보다 더 낮지 않았더라면 스승님은 몰라도 나는 완전히 녹초가 되어버렸을 것이다. 우리는 계속해서 올라갔다. 깨진 바위 파편들이 끝난 곳에서 드디어 일곱 번째 구렁으로 넘어가는 지점에 도착했다. 꼭대기에 도착했을 때 나는 몹시 숨이 가빴다. 더 가지 못하고 그 자리에 주저앉고 말았다.

"이제야말로 네가 나태함을 벗어버릴 때로구나. 베개를 베고 이불 속에 누워 편안함을 즐기다가는 명성을 얻을 수 없어! 명성 없이 삶을 소모하는 사람은 허공의 연기나 물거품과 같은 흔적만을 세상에 남길 따름이다. 그러니 일어나라! 무거운 육체에 눌려 주저앉지 않으려면, 모든 싸움을 이기는 정신으로 숨 막히는 어려움을 극복하여라. 연옥의 정죄산까지 오를 계단은 아직 많이 남았다. 지옥을 횡단하고 떠나는 것이 너의 여행의 끝은 아니다! 알아들었으면 용기를 내라."

이 말에 나는 똑바로 일어났다. 그리고 전보다 호흡이 한결 가벼워진 듯한 모습을 보이며 말했다.

"계속 가세요. 저는 강하고 의연합니다."

그러나 나는 지쳐 있었다. 돌다리를 따라서 우리가 간 길은 자갈투성이에 비좁고 험난했다. 그때까지 오르던 길보다 훨씬 더했다. 나는 약한 모습을 보이지 않으려고 계속 말을 하며 걸었다. 그때 다음 구렁의 밑바닥에서 웬 목소리가 들려왔다. 알아들을 수 없는 말이었다. 활꼴 돌다리의 꼭대기에 있어서 소리는 잘 들렸지만, 무슨 말을 하는지는 알 수 없었다. 다만 말하는 사람은 화를 내고 있는 듯했다. 아래쪽을 내려다보았지만, 나의 육체의 눈은 어둠으로 인하여 바닥까지 이르지 못했다.

"스승님! 다음 둔덕에 이르면 이 다리 아래쪽으로 내려가시지요. 여기서는 뭔가 들리기는 해도 그 뜻을 알 수가 없고, 보려고 해도 아무것도 보이지 않습니다."

"그렇게 하는 것으로 대답을 대신하마. 올바른 요구에는 말없는 실행이 뒤따라야 할 테니까."

여덟 번째 둔덕으로 이어지는 다리의 꼭대기에서 내려오자 구렁이 모습을 드러냈다. 그 안에는 엄청나게 많은 무리의 무시무시한 뱀들이 얽혀 있었다. 그 꼴이 너무나도 끔찍해 지금 생각해도 피가 거꾸로 흐르는 것만 같다. 그것에 비하면 까치 독사, 날아다니는 뱀, 점박이 독사, 아프리카 독사, 머리가 둘 달린 뱀을 리비아 사막의 모래가 먹여 살린다고 자랑 못할 것이다. 에티오피아와 홍해 언저리의 모래까지 다 합쳐도 이 구렁의 창궐하는 독을 먹여 살리지는 못할 것이다.

벌거벗은 자들은 그 잔인하고 사악한 떼거리 속으로 떨어졌다. 겁에 질린 그들은 숨을 구멍이나 독기를 제거해줄 마법의 돌을 기대할 수도 없었다. 손은 뒤로 젖혀진 채 뱀으로 묶였고 허리에는 뱀의 꼬리와 머리가 삐져나와 앞쪽에서 뒤엉켜 있었다. 그때 우리 쪽에 있던 어떤 자에게 뱀 한 마리가 와락 달려들어 목과 어깨가 이어지는 부분을 물어뜯었다. O자와 i자를 아무리 빨리 쓴다 해도 그의 몸이 타버려 재가 되어 부서지는 것만큼 빠르지 않을 것이다. 그러나 재는 땅에 스러졌다가 또다시 모여서 순식간에 이전의 형상대로 자라났다. 죽었다가 오백 년이 지나 다시 태어난다는 불사조 얘기가 생각났다. 그러나 불사조는 일생을 곡식이나 풀은 먹지 않고 오로지 유향과 발삼의 진액만 먹고 살며, 몰약沒藥과 계피桂皮로 제 몸을 감싸며 죽는다. 땅으로 끌어당기는 악마의 힘인지 사람을 옥죄는 발작 때문인지, 영문도 모르고 자꾸 넘어지는 사람이 다시 일어나서도 자신이 겪은 고통 때문에 어쩔 줄 모르고 주위를 돌아보며 숨을 몰아쉬듯이, 우리 눈앞에서 뱀에게 물어뜯긴 사람이 그러했다. 복수를 위하여 그러한 벌을 주시는 하느님의 힘은 얼마나 경외로운가! 길잡이가 그에게 누구인지 물었다.

"나는 얼마 전 토스카나에서 이 무시무시한 목구멍으로 떨어졌소. 난 인간이 아닌 짐승의 삶을 좋아했소. 난 노새와도 같은 잡종이었소. 나는 반니 푸치라는 짐승 같은 자라오."

"스승님! 도망치지 말라고 하시고, 무슨 죄로 여기에 처박혔는지 물어보세요. 저자가 피범벅이 된 꼴이었을 때 본 적이 있어요."

그자는 내 말을 듣고 관심을 보였다. 나를 향해 얼굴을 들고 세심하게 살펴보더니 치욕으로 낯빛이 추하게 변했다.

"비참한 모습으로 널 만난 것이 저 세상에서 죽을 때보다 더 괴롭다. 내가 이 깊은 곳에 빠져 있는 것은 아름다운 성물을 제의실에서 훔쳤기 때문인데, 다른 자가 그 죄를 뒤집어썼다. 네가 이 어두운 곳을 벗어나게 된다 해도, 귀를 열고 내 예언을 똑바로 기억하라! 그러면 여기서 날 본 것을 즐기기만은 못하리라. 피스토이아는 처음에는 흑당을 몰아내지만, 흑당은 피렌체로 옮겨가 피렌체를 변화시킬 것이다. 번개가 삽시간에 구름을 찢어버리면, 상처를 입지 않고 도망가는 백당은 하나도 없을 것이다. 내 이렇게 말하는 것은 백당에 속한 네 마음에 고통을 주기 위함이다."✥

25곡〉〉

이 말을 마치자 도둑은 손을 높이 들어 상스러운 손짓을 해보이며 외쳤다.

"하느님아! 이거나 먹어라!"

그때 뱀 한 마리가 달려들어 그의 목을 휘감았는데, 마치 '할 말이 고작 그거냐'라고 말하는 듯했다. 또 다른 뱀이 두 팔을 칭칭 감고서 머리와 꼬리로 앞에서 묶어버려 그는 꼼짝도 할 수 없게 되었다. 깜깜한 지옥의 고리를 다 둘러보았어도 하느님께 그렇게 방자한 망령은 보지 못했다. 그놈은 더 이상 말도 못하고 도망쳐버렸다. 세 명의 망령이 우리 밑으로 슬그머니 다가왔다. 그들이 소리치지 않았다면 보지 못했을 터였다.

"너희들은 누구냐?"

그 소리에 우리 얘기는 중단되었고 그들에게 관심이 쏠렸다. 나는 그들이 누군지 몰랐다. 그러나 그들이 서로 이름을 부르는 것이 들렸다.

그때 나는 스승님께 조용히 하라고 내 입술에 손가락을 갖다 댔다. 독자여! 내 말이 잘 믿어지지 않아도 할 수 없다. 직접 본 나도 수긍하기 힘드니까. 저들을 향해 눈을 치켜뜨고 있는데 발이 여섯 개 달린 뱀이 덤벼들어 우리 밑으로 다가온 세 망령들 중 하나를 휘감았다. 가운데 발로 배를 휘어 감고 앞발로 두 팔을 움켜잡더니, 두 뺨을 이리저리

✥ 피스토이아는 피렌체 근처의 도시로, 당쟁이 끊이지 않던 곳이었다. 당시 이탈리아에는 여러 파벌들이 난립하여 겨루고 있었는데, 백당과 흑당도 그 중 일부였다. 1301년 피렌체의 백당의 도움으로 피스토이아에서 흑당이 쫓겨나지만, 일 년 후 흑당이 다시 백당을 몰아낸다.

발 여섯 달린 뱀이 아뇰로를 휘감다
독사와 도둑놈이 서로 뒤엉켜 변형된 형체를 그리고 있다. 이는 도둑놈의 본성을 비유적으로 표현한 것이다. 단테가 읊은 것처럼 두 개의 머리가 하나가 되고, 두 개의 몰골이 섞여 하나의 얼굴로 변했으니 둘 다 없어진 거나 마찬가지이다. 윌리엄 블레이크 작.

물어뜯었다. 뒷발로는 허벅지를 짓누르고 꼬리는 사타구니 사이에 넣어 허리를 휘감아 자기 등 뒤로 뻗어 올렸다. 그 끔찍한 짐승은 나무를 얽어매는 담쟁이보다 더 단단하게 자기 몸으로 다른 몸을 휘감았다. 마치 뜨거운 초가 녹아내리듯 두 몸이 서로 엉키더니 색깔이 뒤섞여 이전에 지녔던 각자의 모습이 사라졌다. 다른 두 망령이 그를 바라보다가 소리쳤다.

"저런! 아뇰로! 네 몸이 변하고 있어! 이미 둘이 아니지만 그렇다고 하나도 아닌걸!"

두 개의 머리는 하나가 되었다. 두 개였던 팔이 몸뚱이 네 군데에 뭉툭하게 솟았고, 사타구니와 다리, 배, 그리고 가슴은 인간의 눈으로 본 적이 없는 사지四肢가 되었다. 이전의 모습은 온데간데없이 씻겨나갔다. 뒤바뀐 형상은 둘로 보이기도 하고 아무것도 아닌 듯 보이기도 하며, 그런 모습으로 느리게 꼼지락거리며 사라졌다. 그때 한여름에 채찍처럼 감겨드는 불볕 아래서 도마뱀이 울타리를 번개처럼 가로질러 넘어가듯이, 후추 알맹이처럼 까맣고 창백한 새끼 뱀 한 마리가 이글거리는 눈을 하고 다른 두 망령을 향해 돌진했다. 그리고 둘 중 하나의 배꼽을 꿰뚫고는 그 앞으로 떨어져 길게 몸을 뻗었다. 배가 뚫린 망령은 뱀을 바라보았지만 아무 말도 하지 않았다. 오히려 꼿꼿한 다리로 버틴 채 잠에 취한 혹은 열병에 걸린 사람처럼 하품을 했다. 그자는 뱀을, 뱀은 그자를 마주 보았다. 그자의 상처와 뱀의 입에서 내뿜는 연기가 서로 부딪혔다.

　내가 본 변신은 완벽했다. 뱀의 꼬리는 쇠스랑처럼 갈라졌고 죄인의 두 발은 하나로 합쳐졌다. 두 다리와 허벅지는 삽시간에 서로 달라붙어 뭉개져서 접합된 부분에 아무 흔적이 남지 않았다. 한편 뱀의 갈라진 꼬리는 그렇게 없어진 상대방의 발과 다리, 허벅지의 모습으로 변했고, 그의 가죽은 부드러워지고 상대방의 피부는 딱딱해졌다. 그자의 팔은 겨드랑이 속으로 말려들어가 파충류의 앞발을 이룰 정도만큼만 남았고 짧았던 뱀의 앞발은 인간의 팔이 짧아진 만큼 늘어났다. 뱀의 뒷발은 서로 얽혀서 쪼그라들더니 생식기를 이루었고, 동시에 사람의 생식기는 둘로 갈라져 뱀의 뒷발을 이루었다. 연기가 이 둘을 하나로 뒤덮으며 색깔을 변화시키면서 털이 없던 쪽에서는 털이 나게 하고 다른 쪽에서는 털을 뽑아냈다.

　그동안 하나는 몸을 일으키고 다른 하나는 폭삭 주저앉았다. 그들은 서로의 잔악한 눈길을 피하지 않으면서 얼굴을 바꾸었다. 서 있던 놈(뱀)은 튀어나온 제 주둥아리를 관자놀이 쪽으로 끌어당겨 사람의 얼굴 형상으로 바꿨다. 뒤로 과도하게 밀린 살점은 귀가 되어 반반한 볼 위에 솟아올랐다. 뒤로 밀려나지 않고 남아있던 살점은 얼굴에 코를 이루었고, 필요한 만큼 입술로 부풀어올랐다. 주저앉았던 놈(인간)은 얼굴을 앞으로 내밀고 달팽이가 뿔을 집어넣듯이 귀를 머리 안으로 끌어당겼다. 하나여서 이전에 말을 할 수 있었던 혀가 갈라졌고, 다른 놈의 찢어진 혀는 하나가 되었다. 연기가 그쳤다. 짐승이 되어버린 망령은 씩씩거리며 계곡으로 도망갔다.

26곡〉〉

피렌체는 너무나도 위대해서 날개를 활짝 펴고 바다와 대륙을 넘어 지옥에까지 이름을 떨쳤다. 내가 본 도둑들 중 다섯이나 피렌체 사람이었다. 부끄러웠다.

우리는 그곳을 떠났다. 길잡이는 전에 내려왔던 바위 계단을 다시 오르며 나를 끌어올렸다. 다리의 바위들을 딛고서 외로운 길을 따라갔으니, 손 없이 발만으로는 나아갈 수 없었다. 나는 고통스러웠다. 수많은 죄인들이 벌 받는 것을 본 터라 나는 평소보다 더 마음을 가다듬었다. 덕이 이끌지 않았으면 두려움에 도망쳤을지도 모를 일이었다. 행운의 별 혹은 더 좋은 무엇(신의 섭리)이 내게 재능을 주었지만 난 남용하지 말아야 한다.✠

불꽃이 여덟 번째 구렁을 샅샅이 비추고 있었다. 바닥이 훤히 드러나는 곳에 이르렀을 때 그것을 알았다. 불꽃은 가닥가닥 하나씩 죄인을 감추고 있었다. 나는 다리 위에서 몸을 내밀어 이 현란한 광경을 내려다보고 있었는데, 삐쭉 튀어나온 바위 모서리를 잡고 있지 않았다면 허공으로 떨어졌을 지도 몰랐다. 길잡이는 정신을 바짝 차리고 있는 나를 보고 말했다.

"저 불꽃 속에는 망령들이 있다. 저 속에는 오디세우스와 디오메데스가 고통을 겪고 있다. 그들이 함께 하느님의 분노를 샀으니 벌도 함께 받는 거지. 불꽃 속에서 그들은 로마의 고귀한 씨앗 아이네아스가 트로이를 떠나, 로마를 건설하는 동기가 된 트로이의 목마를 한탄하고 있다. 그들은 아킬레스를 속여 데이다메이아를 버리고 전쟁에 나서도록 술수를 부렸는데, 이로 인해 데이다메이아는 자살하고 아킬레스는

✠ 단테는 방금 본 죄인들이 하느님이 주신 재능을 남용해서 지옥에 떨어졌다고 생각한다. 그래서 자기 재능도 남용해서는 안 된다고 다짐하는 것이다.

권모술수자들

오디세우스와 디오메데스는 수단과 방법을 가리지 않고 트로이를 정벌한다. 두 자는 하나의 불꽃 속에서 형벌을 받고 있다. 단테는 오디세우스를 이교도로 묘사하고 있지만 새로운 세계를 동경하고 미지의 세계를 개척하려는 모험심만은 찬양하고 있다.

✛팔라디온은 아테나의 여신상을 가리키는데, 이것이 트로이의 성 안에 있는 한 승리가 보장되었다. 오디세우스와 디오메데스는 이 상을 훔쳐서 아르고스로 가져갔고, 그리스 군대는 트로이를 함락시킬 수 있었다.

아직도 슬퍼하고 있어. 그들은 불꽃 속에서 후회하여 통곡하고 있지. 또한 팔라디온의 벌을 받고 있다."✛

"저 불꽃 속에서도 저들이 말할 수 있다면, 스승님! 원하고 또 원하며 수천 번을 거듭 원합니다, 뿔 돋친 불꽃이 여기에 닿을 때까지 기다려주세요. 이 소원 때문에 이렇게 몸을 기울이고 있는 저를 봐주세요."

"너의 간청은 큰 칭찬을 받을 만하니 들어주겠다. 이제 그만 입을 다물고 있어라. 네가 원하는 바를 알았으니 말하는 것은 내게 맡겨두어라. 그들은 그리스 인들이었으니 아마 네 말을 싫어할지도 모르겠다."

불꽃이 적절한 곳에 이르렀을 때 길잡이가 말을 건넸다.

"하나의 불 속에 둘이 함께 있는 당신들에게 내가 살았던 동안 도움이 되었다면, 내가 세상에서 고귀한 문체의 시 《아이네이스》를 썼을 때 조금이나마 당신들을 좋게 묘사했다면, 움직이지 마시오. 당신들이 어디를 헤매다 죽었는지 둘 중 한 사람이 말해주시오."

오래된 불꽃의 거대한 뿔이 알 수 없는 소리를 내면서 펄럭이기 시작했다. 바람에 흔들리는 듯 불꽃의 끝을 이리저리 내저으면서 마치 말하는 입인 듯이 소리를 내보냈다.

"난 내 자식에 대한 사랑도, 늙은 아버지를 향한 연민도, 내 아내 페넬로페를 기쁘게 해주었을 내 신실한 사랑도, 세상과 인간의 악과 가치에 대해 알고 싶은 열정을 이겨낼 수 없었소. 그래서 나는 오직 한 척의 배에 의지해 소수의 동료들과 함께 깊고 넓은 바다로 나왔소. 멀리 에스파냐와 모로코까지 이쪽 해안(유럽)과 저쪽 해안(아프리카)을 보았고, 이 바다에 몸을 적시는 사르데냐와 다른 섬들도 보았소. 나와 동료들은 늙어갔고 몸도 둔해졌다오. 그 무렵 우리는 그 누구도 넘어가지 못하도록 헤라클레스가 표지를 꽂아둔 비좁은 어귀(지브롤터 해협)에 도착했소. 동료들은 앞으로 나아가고 싶은 욕망에 불타 나중에는 멈추게 할 수 없을 정도였다오. 달빛이 다섯 번 찼다가 기울고, 산(연옥의 산) 하나가 멀리 희미하게 나타났는데, 어찌나 높이 솟았던지 그런 산을 본 적이 없었소. 그러나 우리의 기쁨은 금방 통곡으로 바뀌었다오. 그 낯선 땅에서 풍랑이 일어나 뱃머리를 들이받아 배를 세 바퀴 돌게 했다오. 내가 네 바퀴째 돌면서 선미船尾가 높이 솟아오르더니 뱃머리부터 고꾸라졌고, 마침내 바다가 우리 위로 덮쳐왔소. 하느님께서 원하셨던 대로였다오."

27곡 〉〉

뾰죽하게 솟아올라 펄럭이며 말하던 불꽃은 잠잠해졌다. 그리고 친절하신 시인의 허락을 받아 떠났다. 그때 그를 뒤따라오던 다른 불꽃 하나(귀도 다 몬테펠트로)가 혼탁한 소리를 내며 우리의 시선을 끌었다. 그 애절한 말들은 불 속에서 헤어날 길도 구멍도 찾지 못하고 불의 언어로 변해갈 뿐이었다. 그러나 그 소리들이 길을 찾아 불꽃의 꼭대기에 이르러서 떨리자, 그 떨림은 소리에 혀를 주어 분명한 말소리로 나왔다.

"내 말을 듣는 당신! 당신은 지금 롬바르디아 내 고향의 말로 말했소. '자 가거라. 다시는 널 귀찮게 굴지 않겠다'라고. 좀 늦게 왔다고 해서 나와 머물러 얘기하기를 꺼려 말고, 내가 이렇게 불타고 있는 것을 보시오. 이 어두운 세계에 떨어진 당신이 내가 온갖 죄를 저지르던 저 아름다운 이탈리아 땅에서 왔다면, 로마냐 사람들이 평화로운지, 싸움을 벌이는지 내게 말해주시오. 나는 우르비노와 테베레 강이 흘러내리는 산등성이 사이에 위치한 로마냐 지방 사람이니까."

나는 계속 고개를 숙인 채 열중하여 다리 밑을 바라보고 있었다. 그때 나의 길잡이가 옆구리를 슬쩍 찌르며 말했다.

"네가 말해라. 이자는 이탈리아 사람이니까."

귀도 다 몬테펠트로
귀도는 교황 보니파키우스 8세에게 결코 해서는 안 될 조언을 했기 때문에 결국 마귀에게 끌려 지옥에 떨어졌다. 미노스는 꼬리를 여덟 번 휘감고 그를 죽여버렸다. 이는 곧 귀도가 지옥의 여덟 번째 고리에서 벌을 받아야 함을 암시한다. 존 플랙스먼, 1793년 작.

이미 대답이 떠올랐던 터라 나는 거침없이 말을 꺼냈다.

"당신의 고향 로마냐는 지금이나 옛날이나 폭군들이 전쟁을 생각하지 않았던 적이 없었지만, 내가 그곳을 떠날 즈음에는 눈에 띄는 전쟁은 없었소. 라벤나는 오랫동안 지내던 그대로 폴렌타 가문의 지배를 받고 있소. 몬타냐에서 혹정을 편 베룩키오 가문의 말라테스타와 그 아들 말라테스티노도 같은 자리에 앉아 이빨로 송곳질을 하고 있소. 라모네와 산테르노의 도시들은 여름부터 겨울까지 당적을 이리저리 바꾸는 하얀 바탕의 사자가 다스리고 있으며, 사비오 강이 옆을 적시는 도시 체세나는 들과 산 사이에 자리 잡고 있는 것처럼 폭정과 자유의 나라들 사이에 살고 있소. 이제 당신이 누구인지 알려주시오. 당신의 이름이 세상에서 오래 남기를 바라겠소. 그러니 내가 지금까지 만나 질문을 던졌던 다른 망령들보다 친절하기를 바랍니다."

불은 한동안 제풀에 펄럭거리며 날카로운 혀를 이리저리 날름거리다가 이내 한숨을 짓는 듯했다.

"나는 군인이었다가 수도사가 되었소. 허리를 묶은 수도사의 몸으로 속죄하리라 믿었고, 내 믿음은 실현되었소.✥ 그런데 어떤 사제, 그 벼락 맞을 놈이 나를 옛날의 죄악으로 다시 밀어넣었소. 왜 어떻게 그렇게 되었는지 내 말을 들어보시오. 어머니가 주신 뼈와 살의 형체를 지니고 살아 있었을 때 나는 사자가 아닌 여우처럼 행동했소. 갖은 모략과 술수를 꿰뚫고 있었기 때문에 나는 너무나도 재주를 잘 부렸고, 내 소문은 땅 끝까지 퍼져나갔소. 마침내 누구나 '돛을 내리고 닻을 내려야 할 때에 왔구나' 하고 깨닫는 나이가 되었을 때, 나는 즐거웠던 일들에 싫증을 느껴 죄를 뉘우치며 고백했소. 그것으로 구원을 받았더라면 얼마나 좋았겠소! 새로운 바리사이 사람들의 왕자, 교황 보니파키우스 8세가 라테라노 가까이에서 싸움을 시작했는데, 사라센이나 유대인과의 전쟁이 아니었소. 그의 적은 모두 그리스도인들이었소. 시리

✥ 성 프란체스코 파의 수도사들은 허리에 끈을 매고 다녔다. 이 말을 하는 귀도는 1297년 이 수도회에 들어갔고, 다음해에 숨을 거두었다.

아의 아크리를 치려는 사람은 아무도 없었고 술탄의 땅에서 장사하는 사람도 하나 없었소. 콘스탄티누스 황제가 문둥병을 고치려고 시라티 산 속의 실베스테르를 찾아갔듯, 보니파키우스 8세는 내가 의사라도 되는 듯 나를 찾아와 자신의 오만의 열병을 고려달라는 것이었소. 그는 조언을 요구했지만 나는 침묵을 지켰소. 그의 말투가 거만하게 들렸기 때문이었소. 그러자 그는 이렇게 말했소. '너의 충고가 끔찍한 결과를 가져온다고 의심하지 말라. 지금 너의 죄를 사면할 테니 콜론나 가문의 요새 팔레스트리나를 어떻게 공략할 것인지 가르쳐다오.' 그때 교황의 말은 권위적이었소. 그래서 침묵을 지키는 것보다 말하는 것이 좋겠다고 생각했지요. '곧 떨어질 죄악에서 절 구해주시니 말씀드립니다. 약속은 길게 하면서 지키기는 짧게 하시면 높은 보좌에서 승리를 거둘 것입니다.' 제가 죽었을 때 성 프란체스코께서 천국에서 나를 보러 오셨습니다. 그런데 지옥의 까만 마귀 케루비니가 그분께 이렇게 말했지요. '데려가지 마시오. 저놈은 기만적인 조언을 했기 때문에 내 졸개들 속으로 떨어져야 마땅합니다. 원하는 것은 저놈의 머리채를 움켜쥐는 것밖에 없소. 뉘우치지 않는 자는 죄를 씻지 못합니다. 또 뉘우치면서 동시에 원하는 것은 서로 모순되므로 있을 수 없는 일입니다.' 내 몸은 너무나도 괴로웠소. 케루비니가 나를 미노스에게 끌고 갔소. 미노스는 딱딱한 등에 제 꼬리를 여덟 번이나 감고 나서 불같이 화를 내고 꼬리를 물어뜯으며 이렇게 말했지요. '이놈은 불에 타는 도둑놈들한테 갈 놈이군.' 당신이 보다시피 난 이곳에 떨어져 이런 불 옷을 입고 고통 속에 지내고 있소."

그가 말을 마쳤을 때 불꽃은 뽀족한 뿔을 비비 꼬며 펄럭거리면서 떠나갔다. 우리는 둔덕을 올라 마침내 또 다른 활꼴 다리 위에 도착했는데, 그 밑 구렁에는 이간질 때문에 짐을 진 자들이 죗값을 치르고 있었다.

28곡 >>

내가 지금 본 상처와 피의 광경을 그 누가 쉽게 풀어 몇 번을 반복한들 완벽하게 묘사할 수 있겠는가? 어떤 언어라도 분명 흡족하지 못할 것이다. 그렇게 엄청난 것을 이해하기에 우리의 말과 정신은 너무나 보잘것없다. 수많은 반지들을 노획한 끈질긴 전쟁✜ 때문에 흘러내린 피로 고통스러워했던 모든 사람들을 불러모으면 그런 상처와 피를 이해할 수 있을까? 구멍 나고 잘려버린 수족들을 드러내어도 추악한 이 아홉 번째 구렁에 비교할 수는 없을 것이다.

나는 턱부터 방귀 뀌는 곳까지 찢어진 자를 보았는데, 허리나 밑바닥이 구멍이 난 낡은 술통이라도 그처럼 깊게 갈라지지는 않을 것이었다. 두 다리 사이에 창자가 매달려 있고 내장이 드러났으며 먹은 것을 똥으로 만드는 축 처진 주머니도 나타났다. 내가 그를 뚫어지게 바라보자 그는 나를 보면서 두 손으로 가슴을 열어 보이고 말했다.

"내가 몸을 찢어 가르니, 보시오! 난도질당한 무하마드(마호메트)의 몸을 보시오! 당신이 여기서 보는 모든 자들은 살아 있을 때 불화와 분열의 씨를 뿌린 자들이오. 그래서 이렇게 찢겨진 것이오. 그런데 돌다리 위에서 망연히 바라보는 당신은 누구요? 고백하고 심판을 받았는데 벌을 받으러 가기가 망설여지는 것이오?"

스승님이 대답했다.

"이 사람은 죽지 않았고 죄를 짓지도 않았소. 다만 그에게 완전한 경험을 하게 하려고, 이미 죽은 몸인 내가 그를 이끌어 지옥의 고리들을 돌아 여기까지 내려왔소. 지금 한 말은 다 진실이오."

그의 말을 듣고 수백의 망령들이 구렁 속에서 꼼짝도 않고 나를 바라보았다. 아마 놀라움 때문에 고통을 잊은 듯했다.

"그렇다면 얼마 뒤 태양을 보게 되겠군요. 그렇게 되면 수사 돌친에게 내 말 좀 전해주시오. 내가 있는 이곳에 뒤따라오기 싫다면, 폭설로

✜ 제2차 포에니 전쟁(기원전 218-201). 카르타고의 한니발 장군은 풀리아에서 벌어진 전투에서 로마를 굴복시켰는데, 죽은 로마 병사들의 금반지를 모으니 산처럼 쌓였다고 한다.

자신의 머리를 든 베르트랑
베르트랑은 머리털을 움켜쥐어 자신의 잘린 머리를 높이 들고 있다. 이 그림은 구스타브 도레의 걸작 가운데 하나이다.

노바라 사람들이 앉아서 승리하지는 않을 테니 곡식을 많이 마련해두라고 말이오."

한쪽 발을 들어 걸음을 옮기며 무하마드는 이렇게 말했다.

나는 계속 구렁 속의 망령들을 바라보고 있었는데, 한 망령이 눈에 들어왔다. 나는 분명히 보았다. 아직도 눈에 선하다. 머리가 잘린 몸체 하나가 다른 온전한 몸을 지닌 슬픈 무리들과 함께 태연히 가고 있는 그 모습이. 그자는 자신의 잘린 머리를 초롱불처럼 양 손으로 받쳐 들고 있었다. 그 머리는 우리를 쳐다보며 "이 가혹한 운명이여!" 하고 말했다. 제 몸으로 제 등불이 되었으니, 하나 속에 둘이요, 둘 속에 하나였다. 어떻게 그럴 수 있는지는 그를 벌한 분만 아실 것이다. 우리가 돌다리 언저리에 다가가자 그자는 머리를 높이 치켜들어 자신의 말소리를 우리에게 들려주려 했다. 그 말은 이러했다.

"내가 받는 흉악한 벌을 보시오. 숨을 쉬면서 죽은 자들을 찾아다니는 자여! 이보다 더 끔찍한 것을 본 적이 있는가? 나에 관한 이야기를 전해주시오. 나는 보른의 베르트랑이오. 젊은 왕에게 사악한 암시를 주어 부자지간을 반목하게 만들었소.✢ 아히도벨이 압살롬과 다윗을 이간질한 사악한 교사도 이보다 더하지는 않았을 것이오. 서로 굳게 믿는 자들을 내가 갈라놓았으니, 머리를 몸체에서 떼어내 이렇게 고달프게 들고 다닌다오. 죗값은 내 안에서 이렇게 생겨났다오."✢✢

29곡〉〉

피를 흘리며 죽어간 수많은 사람들과 끔찍하여 바로 볼 수 없는 상처를 나는 취한 듯 흐릿해진 눈으로 지켜보았다. 나는 눈물을 흘리고 싶었다. 그러나 베르길리우스가 이렇게 말했다.

"무엇을 보느냐? 어찌하여 너의 시선을 사지가 잘린 채 저 아래에서 울부짖는 망령들에 틀어박고 있느냐? 다른 구렁에서는 그러지 않았지 않느냐! 네가 저들을 생각하려 한다면 이 구렁의 고리가 이십이 마일이라는 것을 알아두어라. 달이 벌써 우리 발치에 왔으니 우리에게 허락된 시간은 얼마 남지 않았다. 아직 보지 못한 다른 것들이 많다."

"내가 왜 그렇게 망연자실 바라보고 있었는지 스승님께서 아셨다면 더 머물도록 허락하셨을 것입니다."

✢ 12세기 후반 프랑스 남부 지방의 영주였다. 베르트랑은 자기가 모시던 영국 왕 헨리 2세의 장남 헨리 3세를 꼬여 아버지를 배반하도록 만들었다.

✢✢ 죄에 상응하여 벌이 이루어진 것을 말한다.

길잡이가 걸음을 옮기는 동안 나는 그 뒤를 따르며 대답했다. 나는 말을 이었다.

"나는 저 구렁 속을 뚫어지도록 바라보았습니다. 그 속에서 내 혈육이 비싼 죗값을 치르며 슬피 울고 있는 것 같더군요."

"지금부터는 그자를 생각하며 괴로워하지 말라. 그자는 거기에 두고, 다른 자들을 봐라. 나도 그자를 다리 발치에서 보았다. 그자는 손가락을 쳐들어 보이며 날 협박했다. 체리 델 벨로라는 이름이었지. 그때 너는 오트포르를 점령했던 자(방금 앞에 나왔던 보른의 베르트랑)에게 정신이 팔려 그자를 보지 못했고, 그자는 자리를 떴지."

"그는 제 숙부로, 참혹하게 죽었지요. 가문에서 그 치욕을 갚아주어야 하는데, 아직 이루지 못했습니다. 그 때문에 그가 나를 경멸하면서 말도 없이 사라진 거라고 생각합니다. 나는 더 슬프기만 합니다."

우리는 이런 말을 주고받으며 다리를 건너고 있었다. 다른 구렁이 나타났다. 빛이 좀더 있었더라면 속이 훤히 보였을 것이다. 우리는 말레볼제의 마지막 구렁 위에 있었다. 거기서 참회하는 자들이 우리 눈앞에 나타났다. 그들은 연민을 담은 애달픈 화살을 나에게 쏘아댔다. 나는 손으로 귀를 막았다. 여기서 풍기는 악취는 썩어 들어가는 인육에서 나오는 듯했다. 우리는 계속 왼쪽으로 돌아 길게 이어진 다리를 내려가 말레볼제의 마지막 둑에 올라섰다. 그때서야 저 아래 바닥까지 시야가 트였다.

그곳에서는 하느님의 사도, 즉 기만을 허락지 않는 정의가, 세상에서 기록한 위조범들을 벌하고 있었다. 더러는 배를 깔고 엎드려 있고 더러는 서로의 등을 베고 누워 있고 또 더러는 길을 고통스럽게 기어다녔다. 우리는 말없이 천천히 걸으며 이 병든 사람들을 보고 그들의 신음 소리를 들었다. 그들은 몸을 가누지도 못했다. 나는 서로 나란히 붙어 앉아 있는 두 사람을 보았다. 피부는 머리끝에서 발끝까지 벗겨

고통받는 위조범들
이리저리 떼 지어 있는 위조범들이 괴로워하는 광경이다. 이들은 배가 불룩하며 심한 갈증 때문에 몸부림치고 있다. 그들의 몸은 열병이 나서 추악한 냄새가 풍긴다. 단테는 이들을 지옥의 거의 맨 밑층에 배치하였다.

지거나 딱지가 더덕더덕 더럽게 붙어 있었다. 마치 불에 달아오른 냄비들처럼 보였다. 미칠 듯이 가려워도 다른 수가 없어 손톱으로 제 몸을 마구 긁고 할퀴고 있었다. 제 주인에게 들볶인 혹은 단지 일을 빨리 끝내고 자고 싶은 마구간 소년이 말을 벅벅 빗질하는 것도 이보다 더하지는 않을 것이었다. 그들은 식칼로 잉어나 그보다 더 거친 비늘로 덮인 더 큰 물고기의 비늘을 벗기듯이 손톱으로 상처의 딱지들을 긁어 떼어냈다. 나의 길잡이가 그들 중 하나에게 말을 걸었다.

"당신은 손가락으로 집게를 만들어 외투와도 같은 제 몸을 조각조각 떼어내고 있군요. 이 가운데 이탈리아 사람이 있는지 말해주시오. 또 당신들의 손가락은 영원히 그런 일에만 쓰도록 되어 있는지 말해주시오."

"당신이 보고 있는 상처투성이의 우리 둘 다 이탈리아 사람이오. 그런데 당신은 누구라서 이런 질문을 하는 거요?"

"나는 이 살아 있는 사람과 함께 암벽에서 암벽을 지나 이 아래까지 내려오며 그에게 지옥을 보여주고 있소."

그러자 기대고 있던 그들이 서로 떨어지며 부들부들 떨었다. 길잡이의 말을 넌지시 들은 다른 무리들도 떨면서 나를 향해 몸을 돌렸다. 스승님은 내게 바싹 다가서며 말했다.

"네가 듣고 싶은 것을 저들에게 말해라."

나는 그대로 말을 시작했다.

"세상 사람들 마음에 오랫동안 기억되고 싶다면, 당신이 누구인지 어느 가문인지 말해주시오. 또 당신들의 추하고 괴로운 죄를 두려워 말고 모조리 털어놓으시오."

그 중 하나가 대답했다.

"나는(그리폴리노) 아레초 사람이오. 알베로 다 시에나가 나를 화형에 처했소. 그러나 그 때문에 이리로 오게 된 것은 아니오. 실은 내가 농담으로 '나는 공중을 날 수 있다'라고 했더니 그자가 날 칭찬하며 그 묘기를 보여 달라고 했소. 물론 나는 그렇게 하지 못했소. 그러자 자기를 다이달로스✠로 만들지 못했다고, 그자를 자식처럼 여기는 시에나의 주교를 움직여 나를 불에 태웠소. 하지만 허위를 용서치 않는 미노스가 말레볼제의 맨 아래 구렁에서 벌을 받게 만든 것은 그 때문이 아니라 내가 연금술사였기 때문이오."

30곡 〉〉

남편 유피테르가 테베의 공주 세멜레를 사랑하는 것을 보고, 헤라가 테베의 혈족에게 분노를 퍼붓던 시절, 그녀의 분노는 그칠 새가 없었

✠ 그리스의 장인. 미노스를 위해 자신이 만든 미궁에 갇혔을 때 깃털로 만든 날개를, 초를 녹여 어깨에 달고 날아 탈출했다고 한다.

다. 세멜레의 동생 이노와 결혼하여 테베의 왕이 된 아타마스는 이노와의 사이에 아이를 둘 두었는데, 이들은 세멜레의 아들까지 양육하는 바람에 헤라의 분노를 샀다. 헤라는 그들 부부를 미치게 만들었다. 어느 날 아타마스가 두 아이를 안고 가는 이노를 보고 소리 높여 외쳤다.

"그물을 쳐 암사자와 새끼사자들을 길목에서 잡겠다."

아타마스는 무자비한 이빨을 내밀어 두 아이 중 레아르코스라는 이름의 병약한 아이를 물어 빙빙 돌리다가 바위에 내동댕이쳤다. 그러자 이노는 다른 아이와 함께 물에 뛰어들어 죽었다.

운명이 기울어, 무엇에든 자신만만하던 트로이 인의 오만함이 꺾이고 왕이 제 왕국과 함께 망해버렸을 때, 불쌍한 노예가 된 헤카베는 제물로 바쳐진 딸 폴릭세네의 죽음과 바닷가에 밀려온 아들 폴리도로스의 시신으로 인해 가슴이 찢어질 듯 괴로운 심정이 되어 개처럼 울부짖었다. 고통이 너무나 커서 마음을 쉽게 진정하지 못했다.

테베와 트로이 사람들의 광기가 희생자든, 동물이든, 사람이든, 그렇게 잔혹하게 다루었다 해도, 우리에서 풀려 뛰쳐나오는 돼지떼처럼 서로 물어뜯으며 내달리던 두 명의 비쩍 마른 망령보다 그렇게 잔혹하지도 모질지도 않았을 것이다. 그 중 하나가 카포키오에게 덤벼들어 목덜미를 이빨로 물어 질질 끌고 갔다. 배가 돌바닥에 긁혔다. 이 광경을 보던 아레초 사람이 덜덜 떨며 내게 말했다.

"저 미친 망령은 지안니 스키키요. 저렇게 광포하게 우릴 쫓아다니며 괴롭힙니다."

나는 그에게 말했다.

"다른 망령이 당신을 물어뜯지 않으면 좋겠는데. 그 망령은 누구요? 가버리기 전에 말해주시오."

"그자는 죄 많은 미라의 오래된 영혼이오. 미라는 올바른 사랑에서 벗어나 아버지의 연인이 되었소. 그녀는 변장하여 아버지 침실로 들어가 사랑을 나누는 죄를 지었소."

그 미친 죄인들이 지나간 뒤에 나는 다른 죄인들을 보려고 눈길을 돌리다가 류트(16세기를 중심으로 유럽에서 유행한 현악기로 만돌린과 비슷한 모양)처럼 생긴 자를 보았다. 그는 가랑이 아래가 잘려나간 듯 보였다. 수종이 심해서 물기를 죄다 빨아들여서 사지가 이상하게 뒤틀렸던 것이다. 얼굴은 부어오른 몸에 너무나도 어울리지 않았다. 마치 갈증 때문에 입술 하나는 턱을 향하고 다른 하나는 하늘을 향해 쳐들린 것처럼, 입을 노상 벌리고 있었다. 그가 우리에게 말했다.

"까닭은 모르지만, 당신들은 이 끔찍한 세상에 아무 벌도 없이 와 있구려. 이 가엾은 장인匠人 아다모를 마음에 새겨두기 바랍니다. 나는 살았을 때 원하던 것을 원 없이 가졌지만, 지금은 물 한 방울을 이렇게 갈망하고 있소. 카센티노의 푸른 언덕에서 아르노 강으로 서늘하고 잔잔하게 흘러내리는 실개천들이 언제나 눈앞에 속절없이 아른거려요. 그것을 머리에 떠올리는 일이 얼굴 살을 뜯어내는 병보다 더 애타게 목을 태우고 있소. 나를 괴롭히는 엄격하기 그지없는 정의가 하필 내가 죄를 지은 곳을 떠올리게 하며 더 깊은 한숨을 쉬게 만드는구려. 거기는 로메나라고 불리는 곳이오. 내가 세례 요한의 얼굴로 주화를 찍어 위조화폐를 만들던 곳이오. 나는 그 때문에 화형을 당했소. 그러나 만일 나를 꼬여 위조 주화를 찍게 만든 귀도나 알레산드로, 혹은 그 형제들의 슬픈 영혼들을 여기서 본다면 내 브란다 샘인들 거들떠보겠소? 주위에서 미쳐 날뛰는 영혼들의 말이 옳다면, 이 안에 귀도가 있다고는 하지만 내 다리가 묶여 있으니 무슨 소용이 있겠소! 백 년에 한 치씩만이라도 움직일 수 있다면 나는 벌써 그 놈을 찾아 이 슬픈 무리 사이로 길을 떠났을 것이오. 설사 구렁의 고리가 십일 마일에다 너비가 반 마일이라도 말이오. 그들 때문에 내가 이런 무리에 섞여 있소. 그들이 나를 꾀어서 삼 캐럿의 쇠 찌꺼기를 섞어 주화를 찍어내게 한 것이오."

"당신 오른편에 바싹 달라붙어 누워 있는 두 사람은 누구요? 추운 겨울날 젖은 손처럼 김이 모락모락 오르는군요."

"내가 이 구렁에 떨어졌을 때 이들을 보았소. 이들은 꼼짝도 하지 않았는데, 앞으로도 그럴 것이오. 한 년은 요셉을 모함하던 거짓말쟁이, 다른 놈은 트로이 출신의 거짓말쟁이 그리스 인 시논이오.✜ 그들은 심한 열병으로 독한 냄새를 뿜고 있소."

그러자 그들 중 하나가 이렇게 못된 식으로 이름이 밝혀진 것에 기분이 나빴는지 아다모의 불룩한 배를 주먹으로 쳤다. 그것은 북치는 소리를 냈다. 그러자 아다모는 그에 못지않게 뻣뻣한 손으로 그의 얼굴을 후려갈기며 말했다.

"몸이 무거워 움직이기 힘들지만, 이렇게 쓸 팔은 있어!"

그러자 시논이 대꾸했다.

"화형대에서는 쓸 일도 없었잖아, 안 그래? 물론 위조 화폐를 만들면서는 빨랐겠지. 훨씬 더 빨랐을 거야."

"그래! 말 한 번 잘했다! 그런데 트로이가 진실을 요구했을 때는 왜 그렇게 못했어!"

"내가 거짓말을 했으면, 넌 돈을 위조했어! 난 한 마디 말 때문에 여기 있지만, 넌 다른 어떤 마귀보다도 나쁜 놈이다."

"이 거짓말쟁이야! 목마를 잊었나! 온 세상이 다 아는데 부끄럽지도 않나!"

"네 혀를 쪼개는 갈증이나 생각해라. 또 배때기를 빵빵하게 채운 그 썩은 물도 좀 생각해."

"네 아가리가 아직까지는 벌어져서 지껄여댄다만, 내가 목이 마르고 배에 물이 차 부어오르면, 넌 목이 타고 머리통이 깨져나가는 거야! 네놈이 나르키소스의 거울을 핥는 데는 별 대단한 설득도 필요 없을

✜ 시논은 그리스 군이 목마를 남기고 퇴각할 때 뒤에 남아서 일부러 포로로 잡히고 그리스에 반역한다고 속이면서 목마를 성 안으로 들이도록 설득했다.

거야."✢

나는 그들의 말에 폭 빠져 있었다. 그런 나를 보시더니 스승님이 꾸짖었다.

"계속 보려므나. 조금만 더 그러면 내가 참지 않을 거야!"

노기 담긴 목소리에 나는 그에게 몸을 돌렸다. 너무나 부끄러웠기에 지금도 생각만 해도 어찔하다. 불길한 꿈을 꿀 때 그것이 그저 꿈이기를 바라는, 있는 것이 없었던 것으로 되기를 바라는, 그런 심정이었다. 사과하고 싶은 마음이 간절했지만 입을 열 수 없어서 사과를 제대로 했는지 기억나지 않는다. 스승님이 말씀하셨다.

"작은 부끄러움은 네가 저지른 것보다 더 큰 잘못도 씻어준다. 이제 걱정을 거두어라. 사람들이 말다툼을 벌이는 곳에 자기도 모르게 끼어들게 되면 내가 곁에 있다는 것을 잊지 말아라. 그런 것을 엿들으려 하는 것은 천박한 일이니까."

31곡 〉〉

스승님의 혀는 나의 두 뺨을 차례로 빨갛게 물들게 하더니 이내 약을 주었다. 아킬레스와 그 아버지의 창이 처음에는 고통이었으나 나중에는 훌륭한 치료의 은혜가 된 것과 같았다.✢✢ 우리는 비참한 골짜기를 뒤로 하고 골짜기를 감싸고 있는 언덕 위로 한 마디 말도 없이 걸어 올라갔다. 그곳은 밤도 아니고 낮도 아니었다. 나는 앞을 거의 내다볼 수 없었다. 어디선가 드높게 울려 퍼지는 뿔 나팔 소리가 들렸다. 그것은 천둥소리도 잠재울 만큼 컸다. 나는 그 소리가 들려온 길을 따라 눈을 더듬어 바라보았다.

"스승님, 이곳이 어디입니까?"

"네가 어둠 속에서 너무 멀리 보려다 보니 진실을 상상과 혼동한 모

✢ 이와 반대로 나르키소스는 하염없이 자기 얼굴만 들여다보다가 죽었다.

✢✢ 여기서 창은 아킬레스가 아버지 펠레우스로부터 물려받은 창을 가리킨다. 이 창에 찔린 상처는 이 창으로만 고칠 수 있다고 한다.

거인 에피알테스
포세이돈과 이피메디아의 아들. 아홉 살에 형제인 오투스와 함께 신들에게 오르려고 높은 산을 쌓다가 신들과 전쟁을 벌이지만 아폴로의 활에 맞아 죽었다. 구스타브 도레 작.

양이다. 눈이 멀리 있는 것에 얼마나 속기 쉬운지 저곳에 가면 잘 알게 될 것이다. 그러니 좀더 빨리 움직이자."

스승님은 다정하게 손을 잡아주셨다.

"더 나아가기 전에 먼저 알아두어야 할 것은, 네 눈에 어슴푸레 보이는 저것들이 탑이 아니라 거인들이라는 점이다. 그들 배꼽 아래는 둔덕으로 둘러싸인 웅덩이에 잠겨 있다."

대기에 낀 안개 속에 감춰졌던 것이 안개가 걷히면서 서서히 모습을 드러내듯이, 검고 울창한 대기를 뚫고 언덕을 향해 접근하면서 잘못 본 모습들은 달아나고 대신 무서움이 나를 덮쳐왔다. 거대한 웅덩이를 에워싼 둑 위에 거인들이 소름끼치는 모습으로 망루처럼 상반신을 우뚝 세우고 있었다. 천둥이 울릴 때마다 유피테르는 하늘에서 그들을 위협하고 있었다. 벌써 거인의 얼굴과 어깨, 가슴, 배, 그리고 그 옆에 드리워진 팔이 보였다. 자연이 거대한 인간 생명체를 만들지 않고 군신 마르스에게서 그런 자들을 뺏은 것은 분명 잘한 일이었다.

자연은 코끼리나 고래 같은 거대한 것들을 만들긴 했지만, 그것은 잘 생각해보면 정당하고 사리가 깊은 것이었다. 악의와 폭력에 이지가 가세하면 아무도 이를 막아내지 못할 것이기 때문이다. 내가 본 거인의 얼굴은 로마에 있는 성 베드로 성당의 사 미터가 넘는 솔방울처럼 길고 크게 보였다. 다른 신체 부분들도 그 얼굴에 비례하여 클 것이었다. 그의 하반신의 치마를 이루는 둔덕 위로도 한참 올려다보였다. 프리슬란트(네덜란드 북부 지방을 가리킴. 그곳 사람들은 키가 크기로 유명했다)인 세 명을 그 위에 올려놓아도 그 머리털에 닿지 못할 것이었다. 사람의 망토 단추를 채우는 곳에서 아래로 둔덕까지 서른 뼘은 족히 되었으니까. 길잡이가 그를 향해 소리쳤다.

"바보 같은 망령아! 화가 나거나 다른 감정이 치밀었다면 뿔 나팔로나 화풀이해라! 목을 더듬어 거기 매달린 줄을 찾아보면, 이 얼빠진 놈아, 네 거대한 가슴을 감고 있는 뿔 나팔을 찾을 거다!"

그러고 나서 내게 말씀하셨다.

"놈은 변명하는 거야. 이자는 니므롯✢인데, 그의 수치스러운 고안물(바벨탑) 때문에 세상에서는 더 이상 공통어가 쓰이지 않게 되었지."

우리는 더 걸어가다가 왼쪽으로 돌았다. 화살이 닿을 만큼 가까운 거리에서 방금 본 자보다 더 사나워 보이는 거대한 놈을 발견했다. 그 놈을 붙잡아 매어놓으신 분이 누구인지 말할 수는 없으나, 어쨌든 그

✢ 초기 그리스도교인들은 니므롯을 거인으로 생각했다. '수치스러운 고안물'이란 바벨탑을 가리킨다. 이를 통해 하늘에 오르고자 했던 것인데, 이 때문에 유피테르를 포위 공격한 거인들과 같은 존재로 보는 것이다. 여기서 저지르는 죄는 교만이다.

거인은 왼팔은 앞으로 오른팔은 뒤로 돌려진 채 쇠사슬에 묶여 있었다. 쇠사슬은 목덜미에서 아래쪽으로 거인의 몸을 단단하게 결박하고 있었다. 눈에 보이는 대로만 해도 다섯 번이나 휘감고 있었다.

 "이 교만한 자는 지존하신 유피테르에 대항하여 자기 힘을 실험해 보고 싶었지. 그래서 저런 벌을 받는 거야. 이름은 에피알테스. 거인들이 신들을 위협했을 때 놀라운 위력을 보이더니 그 휘두르던 팔을 이제는 꿈쩍도 못하는구나."

거인 안타이오스
안타이오스는 단테와 베르길리우스를 코키토스 호로 데려다준다. 롬바르디아 필사본, 1440년경.

"가능하다면, 측량조차 곤란한 브리아레오스✠를 경험삼아 제 눈으로 보았으면 합니다."

"이 근처에서 안타이오스를 볼 것이다. 그는 말도 하고 묶여 있지도 않다. 그가 우리를 죄의 밑바닥으로 데려다 줄 것이다. 네가 보고 싶어 하는 자는 더 멀리 있는데, 그놈은 에피알테스처럼 묶여 있지만 최고로 험악한 놈이다."

그때 갑자기 에피알테스가 몸부림을 쳤다. 아무리 강한 지진이라도 그렇게 견고한 탑을 흔들 수는 없었을 것이다. 나는 어느 때보다도 그 순간 죽음이 두려웠다. 그놈을 동여맨 쇠사슬을 보지 못했다면 겁에 질려 지레 죽고 말았을 것이다. 우리는 앞으로 나아가서 안타이오스에게 이르렀다. 그는 머리말고도 두 팔 반이나 됨직한 몸을 구렁 밖으로 내밀고 있었다.

"추위가 밀어닥친 코키토스 늪으로 우리를 내려 보내주시오. 여기 있는 이 사람은 당신들이 갈망하는 바를 줄 수 있으니, 얼굴을 찌푸리지 말고 고개를 숙이시오. 그는 살아 있고, 운명이 그를 일찍 부르지 않는 한 오래오래 살리라 기대되니, 당신들의 이름을 세상에 널리 알릴 수 있을 것이오."

스승님이 그렇게 말하자, 일찍이 헤라클레스의 손을 호탕하게 뒤흔들어 잡던 그자가 손을 내밀어 스승님을 잡았다. 베르길리우스는 자기가 잡힌 것을 알자 내게 이렇게 말했다.

"내가 널 붙잡을 수 있게 이리로 오너라."

그래서 그와 나는 한 몸이 되었다. 안타이오스가 허리를 굽히는 것을 조심스레 보고 있던 내 눈에는 그 굽힌 모양이 그와 비슷했다. 그가 거대한 손을 뻗는 것을 보았을 때 나는 다른 길로 가면 안 될까 생각했다. 그러나 그는 루키페르를 유다와 함께 삼켜버린 지옥의 맨 밑바닥에 우리를 사뿐히 내려놓았다. 그는 허리를 구부렸지만, 그리 오래 지

✠ 바다의 신 넵투누스(포세이돈)와 땅의 여신 텔루스(가이아) 사이에서 태어난 거인. 올림피아의 신들에 대한 모반에 가담했다.

나지 않아 배의 돛대처럼 거대한 몸을 일으켰다.

32곡>>

지옥의 모든 바위들이 내리 누르고 있는 저 슬픈 구멍에 잘 들어맞을, 거칠고 쓰디쓴 글을 지을 수 있다면 내 생각의 즙을 더 완전하게 짜내련만. 그렇지 못하여 두려움 없이는 말할 수가 없다. 우주의 중심 바닥을 묘사한다는 것이 농담도 아니고 아기의 옹알이도 아닐 테니까. 내가 만난 거인들은 그 상스럽기가 묘사하기조차 힘든 자들이었다. 세상 무엇보다도 더 가엾게 태어났으니, 양이나 염소가 더 나을 뻔하였다.

   거인들의 발치를 벗어나서 더 아래로 칠흑같이 깜깜한 웅덩이로 내려왔을 때 나는 다시 높은 둔덕을 바라보았다. 그때 "네가 어떻게 지나

코키토스 호
여기에는 혈족을 배신한 자들이 얼음 속에 얼어붙어 있다. 지옥의 심처의 암흑은 호수의 미약한 광선에 더욱 어두워 보인다. 구스타브 도레 작.

단테, 보카의 머리를 차다
화가는 단테에 발에 밟힌 보카의 분노를 표현하고 있다. 그림의 윗 부분에는 거인의 발이 코키토스 호의 얼음을 밟고 있다.

가는지 보리라. 불쌍하고 지친 네 형제들의 머리를 밟지 마라"라고 하는 소리가 들려왔다. 몸을 돌리자 내 눈앞에는 호수가 펼쳐졌는데, 얼어붙어 물이 아니라 유리처럼 보였다. 코키토스 늪이었다. 겨울의 차가운 하늘 아래 오스트리아의 다뉴브 강이나 돈 강도 이렇게 두꺼운 너울을 깔지는 못할 것이었다.

시골 아낙네가 봄이 와 이삭을 줍는 꿈속에서, 개구리가 물 위로 코를 내밀고 개굴거리는 것처럼, 호수의 얼음 속에 갇힌 영혼들이 부끄러움이 먼저 드러나는 얼굴까지 추위로 납빛이 되어 황새의 입놀림처럼 이를 부득부득 갈고 있었다. 모두가 고개를 푹 숙이고 있었으며, 입에서는 추위가, 눈에서는 슬픈 마음이 드러나고 있었다.

나는 추위로 짙은 보라색을 띤 수천 개의 개꼴이 된 얼굴을 보았다. 그래서 난 얼어붙은 물만 보면 소름이 돋는다. 앞으로도 그럴 것이다. 중력이 모두 모이는 그곳, 중심을 향하여 나아가는 동안, 나는 영원히 지속될 그늘에서 몸을 떨었다. 천명인지 운명인지 모르지만 머리들 사이를 걷던 중 어떤 자의 머리가 발길에 채였다. 보카 델리 아바티✝였다. 그가 울부짖었다.

"왜 날 차는 거야? 네 이놈! 몬타페르티의 복수를 하러 왔나? 그게 아니면 왜 날 이렇게 괴롭히나?"

"사람을 그렇게 질책하는 당신은 누구요?"

"네놈은 누구기에 사람 머리를 걷어차면서 안테노라(지옥의 아홉 번째 고리의 두 번째 구역)로 가는 게냐? 살아 있다고 해도 너무한 것이 아니냐?"

"그래. 난 살아 있다. 당신이 명성을 원한다면 당신 이름을 내 기억 속에 적어두는 것이 좋겠구나."

"내 소원은 그와 반대다. 어서 여기서 꺼져라. 날 괴롭히지 말고. 그런 발림말은 여기서 안 통해!"

나는 그자의 머리채를 움켜쥐고 대꾸해주었다.

"당신 이름을 밝히는 게 좋을 거야! 그렇지 않으면 머리카락이 하나도 안 남을걸!"

"그래 해봐라! 머릴 다 뽑고 머리통을 수천 번 내던져도 내 누구인지 절대 밝히지 않겠다!"

나는 그자의 머리채를 움켜쥐었다. 벌써 머리카락을 한 다발이나 뽑

✝ 보카 델리 아비티는 궬피당에 속해 있으면서 반대파인 기벨리니 당을 위해 간첩 노릇을 했다. 그는 몬타페르티에서 벌어진 전투에서 궬피의 군대의 기수에게 칼을 휘둘러 깃발을 떨어뜨리게 하였다. 궬피군은 전의를 상실하고 패배했다.

아낸 터였다. 그자는 눈을 내리깔고 울부짖었다. 그때 다른 한 놈이 소리쳤다.

"보카! 무슨 일이야? 이빨 떠는 소리만 들어도 족한데 이젠 짖어대는구나! 어떤 마귀가 널 건드리는 거야?"

내가 응답해주었다.

"이 사악한 반역자야! 입 닥쳐라. 이제 네 이름을 알았으니, 너의 파렴치함을 온 세상이 다 알도록 해주겠다."

우리는 그자를 떠났다. 어느 구멍에선가 얼어붙어 있는 두 망령을 보았다. 한 망령의 머리가 다른 망령의 모자가 된 꼴로 얼어붙어 있었다. 배가 고파 빵을 게걸스레 씹어 먹는 것처럼, 위에 있는 자가 밑에 있는 자의 목덜미를 이빨로 쉴 새 없이 깨물고 있었다. 나는 그에게 물었다.

"이자를 이처럼 짐승처럼 씹어 먹으며 증오하고 저주를 늘어놓는 이유가 뭔가? 그렇게 서러워 우는 이유가 있을 것이다. 너희들은 누구이며 저자의 죄가 무엇인지 알아야 내 혀가 마르지 않는 한 저 위 세상에서 보상을 해줄 것 아니냐!"

33곡〉〉

죄인은 끔찍하게 된 먹이에서 입을 떼고는, 자기가 씹어 먹던 뒤통수의 헝클어진 머리카락으로 입을 문질러 닦았다.

"내 얘기를 하자니 생각만 해도 너무나 절망스런 고통이 밀려와 가슴을 짓누르는구려. 그러나 나의 말이 씨가 되어 내가 물어뜯었던 이 반역자에게 치욕의 열매를 맺게 하기를 바라는 심정으로 눈물을 흘리며 내 얘기를 들려주겠소. 난 당신이 누구인지 또 어떻게 이 아래 세상으로 왔는지 모르겠으나, 말씨를 들으니 피렌체 사람인 듯하구려. 난

우골리노 백작, 이놈은 루지에리 대주교였소. 이놈 곁에서 이런 짓을 하게 된 연유를 말해주겠소. 내 이놈을 믿었다가 그 사악한 속임수에 말려들어 사로잡혀 죽음을 당했다는 것은 말할 필요도 없소. 당신은 내 죽음이 얼마나 참혹했는지 들어보지 못했을 것이오. 그걸 들으면 이놈을 원수로 여기는 걸 당연하게 생각하겠지. 나로 인해 '굶주림'이란 이름이 붙은, 아직도 사람들을 가두고 있는 탑의 틈새로 달빛이 여러 번 내 앞에 드리워지고 난 뒤, 난 내 앞날을 알려주는 흉측한 꿈을 꾸었소. 꿈에서 이놈 루지에리가 나타났는데, 그는 늑대와 그 새끼들

우골리노의 이야기
우골리노는 피사의 수석 집행관이었다. 그는 피사의 안정을 위해 몇 개의 성을 루카와 피렌체에게 넘겨주었는데, 이것을 당에서는 매국적인 행위라고 비난했다. 그래서 피사의 대주교는 그와 그의 자식들을 탑 속에 가둬 굶어 죽게 했다. 구스타브 도레 작.

을 사냥하여 잡아가는 무리의 대장처럼 보였소. 늑대와 새끼들은 곧 나와 내 자식들을 가리키는 것이오. 얼마 도망가지 못해서 늑대와 새끼들이 기진한 듯 보였고, 이어 날카로운 이빨이 그들의 옆구리를 찢는 장면이 보였소. 그런 꿈을 꾸다가 새벽녘에 잠이 깼는데, 나와 함께 갇혀 있던 자식들과 손자들이 잠결에 울면서 빵을 달라고 하는 소리가 들렸소. 나의 마음이 얼마나 무거웠는지 생각해보시오. 눈물이 나지 않는다면 정녕 매정한 사람이오. 당신이 울지 않으면 눈물은 무엇 때문에 있는 게요? 나는 그 끔찍한 탑 아래의 입구에서 문에 못질하는 소리를 들었소. 나는 미동도 못하고 자식들의 얼굴을 우두커니 바라보았소. 눈에 보인 네 명의 자식들의 얼굴처럼 내 모습도 그러리라 생각하니, 괴로운 나머지 손을 물어뜯게 되었소. 그러자 자식들은 내가 허기를 참지 못해 그러는 줄로 생각하고 일어나서 말했소. '아버지! 저희를 먹으면 고통이 훨씬 덜할 거예요! 아버지가 이 불쌍한 육신을 입혀주셨으니 이제는 벗겨가세요!' 나는 자식들을 더 슬프게 하지 않으려고 평정을 찾았소. 그날도 그 다음 날도 우리는 말없이 앉아 있었소. 나흘째 접어들면서 장남 가도가 내게 몸을 던지더니 사지를 늘어뜨리며, '아버지! 날 좀 도와주세요!' 하더니 이내 죽어버렸소. 닷새, 엿새가 지나가면서 이 눈으로 나머지 세 명이 죽어가는 것을 지켜보았소. 아이들이 죽은 뒤 이틀 동안 그들을 더듬으며 이름을 불렀는데, 고통보다도 배고픔을 참을 수가 없었소."

여기까지 말했을 때 우골리노는 눈을 부릅뜨고 뼈다귀를 씹는 개처럼 처참한 루지에리의 머리를 이빨로 다시 물어뜯었다.

우리는 다른 한 무리가 처참하게 얼어붙은 곳에 이르렀다. 그들의 얼굴은 모두 위로 쳐들려 있었다. 울음은 두 눈을 가로막는 고통스러운 눈물이 되어 안으로 스며들어 가슴을 죄이는 듯한 불안을 키우고 있었다. 그렇게 눈물은 딱딱한 응어리를 이루어 마치 수정으로 된 눈꺼풀인 듯이 눈썹 아래 움푹 팬 곳을 가득 채우고 있었다. 지독한 추위가 얼굴의 모든 감각을 못이 박힌 듯 죽여버렸다. 그러나 이내 한 가닥 바람이 살랑거림을 느꼈다.

"스승님! 누가 이 바람을 일으킵니까? 열기가 있어야 바람이 일 텐데, 이곳은 그런 게 없지 않나요?"

"이제 곧 네 눈으로 바람의 원인을 볼 것이다."

그때 차가운 얼음을 뒤집어 쓴 비참한 자들 중 하나가 우리에게 소리 질렀다.

"최후의 장소(아홉 번째 고리의 네 번째 구역인 주데카)로 향하는 망령들이여! 내 얼굴에서 이 두꺼운 너울을 걷어내, 눈물이 다시 얼어붙기 전에 마음을 찢는 고통을 호소나마 하게 해다오."

"내 도움을 원한다면, 당신이 누구인지 알려주시오. 내가 당신을 돕지 않는다면 이 얼음 밑으로 떨어질 거요."

"나는 수도사 알베리고입니다. 사악한 과수원에서 키운 열매 때문에 이곳에 와 있소. 여기서는 무화과 대신에 대추야자를 따고 있소✠."

"당신은 벌써 죽었단 말이오?"

"생명의 실을 끊는 여신 아트로포스가 죽음의 여신들을 움직이기 전에 영혼이 이리로 떨어지는 일은 종종 있다오. 그대가 내 얼어붙은 눈물을 더 기꺼이 떼어주도록 이 말을 해주겠소. 영혼이 제 육신을 배반할 때 마귀가 육신을 빼앗아가고 그 이후 남은 시간은 마귀의 지배를 받는다는 것이지요. 내 뒤에서 겨울을 나는 자들도 거대한 웅덩이에 영혼이 빠져 있으나 세상에서는 육체를 볼 수 있으리라. 당신은 방금 여기에 내려왔으니 그가 브란카 도리아라는 것을 알 거요. 그가 여기에 갇힌 지 벌써 여러 해가 지났소.✠✠

"내 생각에 당신은 날 속이고 있어요. 브란카 도리아는 죽지 않았소. 멀쩡히 먹고 자고 옷을 입고 있소."

✠ 당시에 무화과는 싸고 대추야자는 비쌌다고 한다. 값비싼 대가를 치른다는 뜻이다.

✠✠ 브란카 도리아는 제노바의 귀족으로 미켈레 찬케(지옥 22곡 참조)의 사위였다. 사르데냐의 로구도로 관구를 차지하기 위해 장인을 연회에 초대하여 살해했다.

"위쪽에 끈적끈적한 역청이 끓는 말레브란케의 구렁을 알지요? 그곳에 미켈레 잔케가 미처 도착하기 전에 이자는 자기 영혼 대신에 마귀를 자기 육신 안에 밀어넣었소. 그와 함께 배반을 도모했던 친척 한 사람도 그렇게 했소. 어쨌든 당신 손을 이리 내밀어 내 눈을 열어주오."

그러나 나는 그렇게 하지 않았다. 무자비한 것이 그곳에서는 오히려 예의였으니까. 제노바 인들은 모든 정직한 전통은 다 버리고 악의만 남겼다. 왜 세상에서 그들이 사라지지 않는지 이상한 일이었다. 그들 중 한 영혼이 로마냐의 사악한 영혼과 더불어 저지른 죄로 인하여 코키토스에 빠져 있는 것을 보았지만, 그자의 육신은 아직도 저 위에서는 살아 있는 것 같았다.

34곡〉〉

"지옥의 왕의 깃발이 우리를 향해 오고 있다. 알아볼 수 있는지 앞을 잘 보아라."

스승님이 내게 이르셨다. 자욱한 안개가 밀려들 듯이 혹은 우리의 반구가 어둠에 잠길 때 바람에 돌아가는 풍차가 저 멀리 나타나듯이, 그렇게 웬 기묘한 것이 나타나는 듯했다. 우리는 어느덧 망령들이 떼지어 얼음에 갇힌 곳을 지났다. 그 광경을 말하려니 지금도 떨리는 마음을 가눌 길이 없다. 그 중 어떤 무리는 누워 있고 어떤 무리는 다른 무리의 머리와 발을 딛고 서 있었으며, 어떤 무리는 활처럼 얼굴을 발에 닿도록 몸을 구부리고 있었다.

"여기에 디스(마왕 루키페르)가 있다. 마음을 굳게 먹어야 할 거다."

이 말을 듣고 나는 온몸이 얼어붙어 기진맥진해졌다. 그 상태를 더 묘사하려 해도 말이 따라갈 수 없기에 안타까울 뿐이다. 나는 죽은 것도 산 것도 아니었으니, 이 글을 읽는 독자들이 재능이 조금이라도 있

마왕 디스
그의 머리에는 세 개의 얼굴이 있고, 각 얼굴 아래에 커다란 날개가 두 개씩 돋아 있다. 구스타브 도레 작.

다면 내가 느낀 것을 마음속으로 잘 헤아려 보기 바란다.

고통스러운 왕국의 황제가 제 몸의 상반신을 가슴부터 얼음 밖에 내놓고 있었다. 전에 본 거인들은 그의 팔뚝에도 비교할 수 없었다. 오히려 거인들을 나와 견주는 것이 더 나을 지경이었다. 한 부분이 그러니, 몸 전체는 얼마나 크겠는가!

그는 현재의 추한 모습만큼이나 이전에는 지극히 아름다웠다. 그런데 그런 그를 만들어준 분께 눈을 치켜뜨며 거만을 떨었다고 한다. 그가 지금 당하는 고통은 분명 그놈 자신에게서 나왔을 것이다. 머리에

지옥 133

달린 세 개의 얼굴을 보았을 때 나는 엄청난 놀라움에 사로잡혔다. 앞쪽의 얼굴은 증오를 상징하는 진홍색이었다. 다른 두 얼굴은 좌우 어깨의 한가운데 위에서 앞쪽의 얼굴에 맞붙어 있었는데, 오른쪽은 무력을 상징하는 누르스름한 색이었고, 왼쪽은 나일 강이 흐르는 곳에서 온 검은 사람 같았는데 무지를 상징했다.

각 얼굴 아래에서는 엄청나게 큰 새에게나 어울릴 정도로 거대한 두 개의 날개가 뻗어 나왔는데, 나는 범선의 돛도 그만큼 큰 걸 본 적이 없었다. 날개는 깃털이 없어 박쥐의 그것과 흡사했다. 한 번 퍼덕이면 세 방향으로 바람을 일으켜 코키토스 구석구석을 꽁꽁 얼어붙게 만들었다. 그가 여섯 개의 눈에서 흘린 눈물은 세 개의 턱 위로 흘러내려 피맺힌 침과 범벅이 되어 고드름으로 맺혔다. 세 개의 입은 죄인 하나씩을 물고 이빨로 찢는데 마치 삼을 갈기갈기 찢어발기는 것과 같았다. 세 죄인은 못 견디게 괴로워했다. 가운데 죄인은 손톱으로 할퀴어지고 있었는데, 물어뜯기는 것은 이에 비하면 아무것도 아니었다. 때로 등껍데기가 할퀴어져 벗겨지면 다시 새로 생겨나곤 했다.

"가운데서 제일 큰 벌을 받는 망령은 가롯 사람 유다다. 머리는 입 안으로 들어갔고 다리는 밖에 걸쳐 있구나. 머리가 아래쪽으로 대롱대롱 매달린 두 망령들 중 검은 색 얼굴에 매달린 놈이 브루투스다. 봐라, 말도 못하고 몸을 비비 꼬는구나. 몸이 더 커 보이는 저놈은 카시우스다. 밤이 다시 온다. 떠나야 할 시간이다. 볼 것은 이제 다 봤다."

스승님이 이르신 대로 나는 그의 목을 껴안았다. 스승님은 시간과 장소를 가늠하다가 그놈 날개가 알맞게 펴졌을 때, 털이 무성한 겨드랑이에 달라붙어 긴 털을 타고 아래쪽으로 얼음 조각들과 무성한 털 사이로 내려왔다. 엉덩이의 곡선, 정확히 넓적다리가 시작하는 곳에 이

세 개의 얼굴을 가진 루키페르
그는 세 개의 얼굴을 가졌는데, 진홍색을 띤 중앙의 얼굴은 증오를 상징하며 유다를 물고 있고, 검은색을 띤 왼쪽 얼굴은 무지를 상징하며 브루투스를 물고 있으며, 노란색 오른쪽 얼굴은 무력을 상징하며 카시우스를 물고 있다. 피사 필사본, 1385년경.

르렀을 때 길잡이는 지쳐 헐떡거리며 그 놈의 정강이 쪽으로 머리를 돌리면서 위로 다시 오르려는 듯 털을 움켜쥐었다. 지옥으로 돌아가려는 줄로만 알았다. 스승님은 숨을 가쁘게 몰아쉬며 말했다.

"꽉 붙잡아라. 다른 길이 없다. 이 사다리로 끔찍한 악의 세계를 빠져나가야 한다."

우리가 도착한 곳은 궁전의 너른 뜰이 아니었다. 희미한 빛이 들어오는 울퉁불퉁한 바닥의 천연 동굴이었다.

"스승님! 이 심연에서 벗어나기 전에 잠깐 설명 좀 해주세요. 우리가 방금 보았던 얼음은 어디 있으며, 이자는 어째서 이렇게 거꾸로 처박혀 있는 것입니까? 해는 어떻게 저녁에서 아침으로 금방 바뀌었습니까?"

"아직도 넌 지구의 중심 저편에 있는 것으로 알고 있구나. 거기서 나는 세계를 관통하고 있는 흉측한 벌레의 털을 붙잡고 있었지. 내가 밑으로 내려가는 동안에는 넌 그곳에 있었지만, 내가 몸을 돌렸을 때 넌 모든 것을 끌어당기는 중력이 모이는 지점을 지나친 것이었어. 우리는 이제 땅으로 덮인 반구의 반대편의 바로 아래에 와 있다.✢ 그 중심부에서 죄 없이 태어나서 죄 없이 산 분(예수)께서 희생하셨지. 북반구에서 주데카를 이루는 부분과 상응하는 남반구의 좁은 공간에 너는 발을 딛고 있다. 북반구가 저녁이면 여기는 아침이야. 털로 우리에게 사다리를 놓아 준 루키페르는 거기서나 여기서나 마찬가지야. 그가 하늘에서 떨어진 곳이 바로 여기다. 이전에 이곳 남반구에 우뚝 솟아 있던 땅은 그자가 무서워 바다의 너울을 쓰고 우리 북반구로 옮겨왔지. 그리고 남반구에 남은 정죄산도 그자를 피하려고 이곳에 동굴을 남기고 솟구쳐 오른 것일 게다."

그곳은 마귀들의 제왕 베엘제불(루키페르의 별명)로부터 멀리 떨어져 있는 곳이었다. 지옥의 무덤에서도 떨어져 있었다. 그곳에서는 개울이 보이

지옥을 떠나는 단테와 베르길리우스
마왕 루키페르는 하늘에서 떨어져 거꾸로 틀어박혀 있다. 두 사람 루키페르의 넓적다리에서 한 바퀴 돌아 연옥의 산으로 향한다.

✢ 루키페르의 몸은 하늘에서 남반구로 머리부터 떨어지면서 지구의 중심을 관통했다. 루키페르가 남반구로 떨어지기 전에 남반구는 땅으로 덮여 있었지만, 그의 추락에 놀라서 그 땅은 바다 밑으로 가라앉아 북반구로 옮겨갔다. 그러나 중앙의 땅은 남반구의 유일한 육지인 정죄산을 형성하면서 루키페르의 다리 위에 동굴을 남겼다.

는 대신 소리로 들려왔다. 개울은 그 물줄기가 뚫은 바위에 난 구멍으로 완만한 경사로 구불구불 흘러내렸다. 길잡이와 나는 밝은 세상으로 돌아가기 위해 그 감춰진 통로로 들어갔다. 오르는 동안 쉴 생각은 전혀 하지 않았다.

    그가 앞서고 내가 뒤를 따르며 머리 위에 둥글게 열린 작은 구멍을 통해 하늘에서 반짝거리는 아름다운 별들을 볼 때까지 우리는 위로 올라갔다. 그렇게 해서 우리는 별들을 다시 볼 수 있었다.

《신곡》의 전체 구조

▼ 단테의 지옥·연옥·천국의 여정도

단테는 문학적 상상의 순례를 지옥에서부터 시작한다. 1300년 부활절을 앞둔 목요일 밤 단테는 어두운 숲에서 길을 잃는다. 중세에서 도시가 하느님의 빛과 문명의 장소였다면 숲은 야만과 어둠의 터였다. 숲은 단테에게 정처 없는 유랑 생활을 의미하고 더 일반적으로는 도덕과 정치에서 혼란하고 궁핍한 당대의 삶을 가리킨다고 볼 수 있다. 어두운 숲에서 길을 잃은 자신의 모습을 묘사하면서 단테는 당대에 대한 반성과 비판을 시작한다. 그 숲에서 단테는 평소에 가장 존경하던 로마의 시인 베르길리우스를 만난다. 베르길리우스는 베아트리체의 부탁을 받아 숲에서 헤매던 단테를 이끌고 지옥과 연옥을 여행한다.

　지옥은 뒤집힌 원뿔형으로 지구의 중심부까지 뻗쳐 있다. 아래로 내려갈수록 좁아져서 원뿔의 초점은 지옥의 마왕 루키페르에게 모인다. 거기서 좁은 구멍이 지구의 반대편으로 뚫려 있고 연옥으로 연결된다. 연옥은 하나의 산이다. 그리고 그 위에 하늘의 공간에 천국이 펼쳐져 있다. 지옥과 연옥은 건축물의 구조를 하고 있다. 단테는 아주 구체적인 모양과 구조, 재질을 치수까지 들이대며 상세하게 묘사한다. 반면 천국은 무형이며 다만 어떤 상태를 가리킨다. 그러나 그 운행은 놀랍도록 치밀하게 묘사된다.

　《신곡》의 시간은 7일 동안 지속된다. 단테는 1300년 4월 7일 목요일 밤에 어두운 숲에서 길을 잃어버리면서 죽은 자들의 세계를 여행하기 시작한다. 1300년은 성년이며, 4월 7일은 부활절 주간이 시작되는 날이다. 단테는 지옥에서 사흘, 연옥에서 사흘, 천국에서 하루를 보내며, 모두 걸리는 시간은 일주일이다. 단테의 여행에서 시간은 퍽 중요하다. 별과 태양, 지구의 운행이 서로 유기적으로 얽힌 가운데 이루어지는 절묘한 우주의 운행은 곧 인간을 포함한 우주만물에 하느님의 섭리가 작용한 증표이기도 하다. 여행의 기록에서 달과 해를 포함한 모든 별들과 지구의 움직임은 중세 당대의 천문학 지식을 동원하여 대단히 정교하게 관찰하고 묘사한다.

연옥

연옥

죽음에서 삶으로,
연옥에서 보낸 세 번의 낮과 밤

1곡》

나는 인간 영혼이 정화되어 천국에 오를 준비를 하는 두 번째 왕국을 노래하려 한다.

　아! 뮤즈여, 이제껏 죽은 자만을 노래했던 죽음의 시를 삶의 시로 나아가게 하소서.

　지평선에 이르기까지 깊은 청아함에 휩싸인 하늘. 그 하늘에 평온히 잠긴 동쪽의 감미로운 사파이어 색채가 내 눈을 다시 싱그럽게 해주었다. 나는 이제 눈과 가슴을 무겁게 내리눌렀던 죽은 공기에서 벗어나 있었다. 오른쪽으로 몸을 돌려 남극을 바라보니 최초의 인간(아담과 이브) 외에는 누구도 보지 못한 네 개의 별이 보였다. 별에서 눈길을 거두어 잠시 북극을 보니, 북극성은 더 이상 보이지 않았고 가까이에 혼자 있는 노인이 보였다. 그의 모습은 무한한 존경심을 불러일으켰다. 긴 수

연옥을 지키는 카토 노인
그림은 몇 개의 사건을 그리고 있다. 맨 왼쪽에는 네 개의 성스러운 별빛이 단테와 베르길리우스를 비추고 있다. 그 다음은, 베르길리우스는 단테더러 카토에게 인사를 하라고 하며, 이어 이슬로 단테의 머리를 씻어주고, 맨 오른쪽에는 겸손의 상징인 골풀을 단테의 허리에 매어준다. 나폴리 필사본, 1370년경.

염에는 백발이 섞였고, 머리카락은 두 갈래로 가슴까지 드리워져 있었다. 수염과 머리카락은 무성히 자라 있었다. 네 줄기 거룩한 빛이 그의 얼굴을 밝혀주었다. 마치 태양이 얼굴에서 빛나는 듯했다. 그는 연옥을 지키는 카토 노인이었다.

"아니, 깜깜한 강을 거슬러 영원한 감옥에서 탈출한 너희는 누구인가? 너희를 인도하는 자는 누구며 지옥의 계곡을 내내 깜깜하게 만드는 깊은 밤에서 나올 때 너희 앞길을 밝혀준 것은 무엇이냐? 심연의 율법이 깨진 것인가! 아니면 너희 죄인들이 내 산으로 올 수 있다는 새로운 법이 하늘에서 내려왔다는 말인가!"

"나는 스스로 오지 않았소. 하늘에서 내려오신 한 여인의 청으로 이 사람을 데리고 여기까지 왔소. 나는 이 사람에게 죄지은 온갖 무리들을 보여주었소. 이제 당신의 치하에서 스스로를 정화하는 영혼들을 보여주고자 합니다. 이 사람을 기꺼이 맞아주시오. 이 사람은 자유를 찾아가고 있소. 자유를 알기 위해 삶을 포기한 당신이니 잘 아실 것이오."

"그럼 가라! 이 자를 미끈한 갈대로 띠를 매어주고 얼굴을 씻어 모든 때가 말끔히 가시도록 해주어라! 지옥의 안개로 가려진 눈으로는 연옥을 지키는 문지기 천사 앞으로 갈 수 없을 것이다. 이 조그만 섬 주변 가장자리, 물결이 부딪히는 가장 낮은 곳에는 부드러운 흙 위에 갈대가 자라고 있지. 갈대 외에는 어떤 초목도 생명을 유지할 수 없어. 잎을 피우거나 단단해지면 파도에 굽히지 못하고 부러질 것이기 때문이야. 여기는 그러한 겸손으로 자기 죄를 뉘우치는 곳이다. 이 사람이 갈대로 띠를 매고 죄를 씻은 후에는 다시는 이곳으로 돌아오지 못하게 하라! 벌써 태양이 떴다. 태양은 산 위로 솟아오르며 올라가기 쉬운 길을 너희에게 보여줄 것이다."

그는 사라졌다. 나는 길잡이에게서 눈을 떼지 못한 채 아무 말 없이 일어나 그에게 다가섰다.

"내 뒤를 따라와라! 우리가 있는 이곳 바닥이 해변으로 기울어져 있으니 뒤로 돌아서 가자."

여명은 사라져가는 새벽녘의 어슴푸레함을 압도하고 있었다. 멀리서 바다가 가볍게 일렁거렸다. 잃었던 올바른 길을 다시 찾아나선 사람이 헛걸음을 보상이라도 하듯 우리는 아무도 없는 벌판을 바쁜 걸음으로 걸어갔다. 이슬이 태양과 겨루어도

새로운 세계 연옥
기나긴 여정 끝에 드디어 부드러운 빛을 맞이한 단테, 새로운 세계는 그에게 안정을 가져다준다. 시인은 죽음의 공포를 뒤에 두고 희열 속에 빠져든다. 베르길리우스는 이슬로 시인의 얼굴을 씻어준다. 윌리엄 블레이크 작.

별로 증발되지 않는 응달에 이르렀을 때, 스승님은 너른 풀밭 위에 두 손을 가볍게 내려놓으셨다. 나는 그 뜻을 깨닫고 눈물 젖은 얼굴을 그분께 돌렸다. 그는 지옥의 안개에 감추어졌던 내 얼굴의 원래 빛깔을 말끔히 회복시켜주셨다. 우리는 아무도 없는 해안에 도착했다. 그 앞 바다는 아무도 항해한 적도, 얘기한 적도 없는 곳이었다. 카토가 바란 대로 스승님은 내게 띠를 매어주셨다. 놀랍게도 스승이 그 겸손한 식물(갈대)을 꺾자 식물은 곧바로 다시 솟아올랐다.

2곡 〉〉

태양은 이제 수평선을 건드리며 떠오르고 있었다. 아침이 다가올 때 화성이 자욱한 안개를 뚫고 붉은빛을 태양 위 서쪽으로 가만히 비추는 것처럼, 한 번 더 보고픈 한 줄기 빛이 나타났다. 빛은 빠르게 바다를 건너오고 있었다. 어떠한 비행도 그에 비할 수 없었다. 처음에는 그저 하얗던 것이 날개를 단 천사의 모습을 드러냈다.

 "무릎을 꿇어라! 하느님의 천사이시다. 손을 모아라. 지금부터 넌 이 같은 하느님의 사절들을 계속 볼 것이다. 인간은 돛대와 노가 있어야 물을 건너지만, 천사는 두 언덕 사이를 오갈 때 날개 이외에 어떤 돛대나 노를 바라지 않는다. 날개를 하늘 높이 세우고 영원한 깃털을 펼치며 바람을 끌어안고 있는 그분의 모습이 보이느냐!"

 그 성스러운 새(천사)는 우리를 향해 다가올수록 더 빛났다. 눈을 뜰 수가 없어 나는 아래를 내려다보았다. 천사가 해안까지 타고 온 배는 어떠한 물도 집어삼키지 못할 만큼 날렵하고 가벼웠다. 하늘나라에서 온 천사가 고물에서 있었는데, 몸에 축복이 새겨져 있는 듯 보였다. 수백의 영혼들이 배 안에 앉아 있었다. "이스라엘이 이집트에서 나올 때"로 시작하는 시편의 구절을 모두 한 목소리로 노래 불렀다.

우리는 그들을 향해 성스러운 십자가 성호를 그었다. 영혼들은 모두 물가에 내렸다. 그러자 천사는 올 때처럼 빠르게 돌아갔다. 영혼들은 새로운 것을 경험하는 사람들처럼 주위를 이리저리 둘러보았다. 태양은 빛의 화살로 염소자리 별들을 중천에서 밀어내고, 하늘 전체에 한낮의 빛줄기를 쏘아내고 있었다. 영혼들은 우리가 있는 곳을 바라보더니 우리를 불렀다.

"혹시 아신다면 산으로 오르는 길을 가르쳐 주시오."

베르길리우스가 대답했다.

"당신들 눈에는 우리가 이곳을 잘 아는 듯 보이겠지만, 우리도 당신들과 같은 순례자요. 다만 다른 길을 거쳐 조금 먼저 이곳에 왔을 뿐이오. 거칠고 험했던 그 길에 비하면 지금부터의 오르막길은 장난 같네요."

영혼들은 내가 숨쉬는 것을 보더니 아직 살아 있음을 눈치 채고 새파랗게 질린 얼굴로 놀라워했다. 그들 가운데 하나가 앞으로 나서서 커다란 애정을 표하며 나를 껴안으려 했다. 나는 그녀가 누구인지 알아보았다.

"오, 카셀라! 당신은 죽은 지 오래되었는데, 왜 이제야 여기에 도착한 거요?"

"천사께서 여러 번 나의 연옥행을 거부했어요. 그러나 그것은 옳으신 뜻을 따르는 것이었어요. 어쨌든 천사는 특별히 석 달(성년聖年이 선포된 첫

천사
도레는 여러 가지 빛을 묘사하여 천사가 오기 전의 분위기를 보여주고 있다. 천사는 장엄하고 두 손으로 하늘을 향해 환호하는 모습을 하고 있다. 구스타브 도레 작.

날인 1299년 성탄절에서 1300년 4월 10일 오늘까지) 동안 이곳에 들어오고 싶은 자들을 모두 받아들였어요."

"당신의 사랑스러운 노래는 내 모든 열망을 잠재우곤 했지요. 혹시 이곳의 새로운 법이 당신이 노래하던 기억을 빼앗지 않았다면, 육신을 걸치고 이곳까지 오느라 고생한 내 영혼을 위로해주시오!"

"내 마음에 속삭이는 사랑" 하며 그녀가 부드럽게 노래하기 시작했다. 다른 어떤 것도 우리 마음을 방해하지 못하는 듯, 우리는 모두 우두커니 노래에 정신이 팔려 있었다. 그때 근엄한 노인(카토)이 소리 높여 외쳤다.

"이게 무슨 일이냐! 굼뜬 영혼들아! 어찌 게으름을 피우며 여기 서 있는 거냐? 어서 산으로 달려 올라가 너희 허물을 벗어버려라. 그렇지 않으면 하느님께서 당장 나타나시리라."

새로 온 무리는 노래를 멈추고, 어디로 가야 할지 모르는 사람들처럼 황망하게 산으로 향했다. 우리도 그에 못지않게 빨리 그곳을 떠났다.

연옥문 밖에서 머물러야 하는 영혼
연옥의 정죄산 밑에는 이승에서 신앙 문제로 파문당한 자들의 영혼이 누워 있다. 이자들은 죽기 전에 복권되었더라도 그 파문당한 기간의 삼십 배 동안 연옥문 밖의 산기슭에 머물러 있어야 한다. 보티첼리, 1495년경 작.

3곡 〉〉

갑자기 도망친 그들은 벌판으로 흩어져버렸다. 우리는 이성理性이 이끄는 대로 산으로 향했다.

나는 눈을 들어 바다 위에서 하늘의 높은 곳을 향해 솟아오른 산을 바라보았다. 우리 뒤에서 붉게 타오르던 태양은 내 몸이 그 빛줄기를 막았기 때문에, 내 앞의 바닥에서 부서지며 인간의 형상(그림자)을 만들어냈다. 나는 오직 내 앞에만 그림자가 드리워진 것을 보고 혹시 혼자 남은 것이 아닌가 두려워 재빨리 옆을 돌아보았다. 나의 위안이신 그분이 나를 보시며 말했다.

"왜 아직도 경계를 하느냐? 내가 너와 함께 있으며 널 인도하지 않느냐? 내 육신은 브린디시에서 나폴리로 옮겨져 묻혔다. 그래서 지금 내 앞에는 그림자가 없지만, 놀랄 필요는 없다. 하늘을 생각해봐라. 어떤 하늘도 다른 하늘의 빛을 가리지 않는다. 삼위일체를 하나의 존재 안에 내포하는 무한자. 그를 인간 정신이 이해할 수 있다는 희망은 미친 짓이지. 인간이 이성으로 우주의 본질까지 꿰뚫으려 해선 안 된다. 그저 결과로 알려지는 사실을 아는 것으로 만족해야 한다. 인간이 모든 것을 안다면 마리아께서 그리스도를 낳을 필요도 없었겠지."

그분이 고개를 숙이고 어느 쪽으로 올라갈지 헤아리고 있는 동안 나는 눈을 들어 바위 비탈을 올려다보았다. 그때 왼쪽에서 한 무리의 망령이 나타났다. 그들은 우리를 향해 다가왔지만, 거의 다가오는 것처럼 보이지 않을 만큼 아주 느렸다.

"스승님! 저길 보세요! 스승께서 모르는 길을 저 사람들이 알고 있을 것 같습니다."

"저들이 천천히 움직이니 우리가 저리로 가자. 사랑하는 아들아! 희망을 다시 다져라."

우리는 그들에게 천 발자국을 갔지만, 돌팔매질 잘하는 자가 돌을 던지면 겨우 닿을 정도나 떨어져 있었다. 그들은 갑자기 삐죽삐죽 솟은 바위에 몸을 웅크리고 달라붙어 미동 없이 의심스러운 눈초리로 우리를 응시하고 있었다. 스승님이 말했다.

"당신들은 생을 잘 끝맺은 선택된 영혼들입니다. 우리가 오를 만한 비탈이 어디 있는지, 당신들 모두를 기다리는 평화의 이름으로 알려주시오. 사람은 많이 배울수록 시간 낭비를 싫어하게 되는 것 아니겠소. 당신들이 묻기 전에 내가 말해주겠소. 여러분이 보시는 이 형상은 인간의 육신이오. 그러나 놀랄 것 없소. 하늘의 허락 없이 이 벽을 넘으려는 것은 아니니까 말이오."

그들 가운데 하나가 내게 말했다.

"당신이 누구건 간에 당신이 온 길을 돌이켜 생각해보시오. 저 세상에서 혹시 나를 본 적 없는지를!"

나는 그의 얼굴을 자세히 보았다. 금발에 고귀하고 우아한 모습이었다. 한쪽 눈썹에는 칼자국이 나 있었다. 나는 전에 본 적 없다고 겸손하게 말했다. 그러자 그가 "이걸 보시오" 하며 가슴 위의 상처를 보여주고 웃음을 지으며 말을 이었다.

"내 이름은 만프레디, 코스탄차 황후의 손자요. 당신께 부탁드리니, 세상으로 돌아가거든 시칠리아와 아라곤의 명예를 낳아준 왕들의 어머니와 나의 사랑스러운 딸에게 가서 떠도는 소문이 무엇이든 간에 사실을 말해주시오. 내가 지은 죄는 끔찍했지만, 한없는 그분의 자비는 구하고자 하는 어떤 사람도 받아들이신다오. 나를 사로잡으러 클레멘스 교황이 보낸 코센차의 목자(코센차는 이탈리아 남부의 도시, 목자는 당시 그곳의 주교를 가리킴)가 그때 하느님의 책에 쓰인 말들을 이해했더라면, 내 육신의 뼈는 원래 있던 곳에 아직 있을 것이오. 그곳은 내가 전투를 벌인 베네벤토 근처의 다리 어귀인데, 내 육신은 병사들이 던져 준 돌무더기 아래 보호받고 있었소. 그러나 코센차의 목자가 빛이 들지 않는 성 밖으로 옮겼소. 그래서 땅에 묻히지도 못한 채 베르데 강변에서 비에 흠뻑 젖어 바람에 흩어져 날리고 있소. 성스러운 교회를 능멸하던 사람은 삶의 끝에서 회개해도, 죄를 저지른 시간의 삼십 배를 이 산비탈에서 머물러야 합니다. 성스러운 기도가 그런 율법이 정한 기간을 단축시킨다면 혹시 모를까요. 내가 여기 있다는 것을 코스탄차 황후께 말씀해주신다면, 그리고 내가 이렇게 산 위로 올라 죄를 정화하지 못하고 이곳 산기슭에 머물러 있어야 하는 이유를 설명해주어 그분이 나를 위해 성스러운 기도를 하게 해주신다면, 아주 기쁠 겁니다. 여기서는 세상에 있는 자들을 통해 얻는 것이 아주 많습니다."

4곡 〉〉

우리의 감각이 기쁨이나 고통에 사로잡혀 있을 때 우리의 영혼은 둘 중 하나의 감각에 쏠려 다른 감각에는 무뎌진다. 그래서 어떤 것을 보거나 들으며 우리의 영혼이 완전히 사로잡힐 때 시간이 흘러도 무슨 일이 일어났는지 알지 못한다. 시간을 알아차리는 감각과 영혼을 지배하

험난한 산길
그림 속의 두 인물의 형체는 간단하지만 가파른 바윗길을 오르는 고단함과 휴식의 엄숙함을 잘 드러내고 있다. 충분한 휴식 뒤에 그들은 매일 전진한다. 피사 필사본, 1385년경.

는 감각은 서로 다르기 때문이다. 만프레디가 하는 말을 들으며 놀라고 있는 동안 태양은 무려 오십 도나 떠올랐지만, 나는 그 사실을 의식하지 못하고 있었던 것이다. 어느 순간 영혼들이 한 목소리로 외쳤다.

"여기 당신들이 찾는 것이 있소!"

우리는 바위가 부서져 생긴 틈 사이로 올라갔다. 험준한 벼랑들이 양쪽에서 우리를 죄었고 울퉁불퉁한 바닥은 우리의 손과 발을 모두 원했다. 그 좁은 벼랑 사이를 통과하자 위로는 높은 절벽이, 아래로는 비탈이 탁 트여 있었다.

"스승님! 여기서는 어디로 가야 하지요?"

"한 발도 뒤로 물러서지 마라. 더 경험 많은 길잡이가 나타날 때까지 내 뒤에 붙어서 산을 계속 올라가야 한다."

꼭대기는 너무 높아서 시선조차 닿지 못했고 비탈은 가파르게 솟아 있었다. 그 가파름은 사십오 도가 넘는 듯했다. 다시 말을 꺼냈을 때 나는 이미 지쳐 있었다.

"자상한 아버지! 몸을 돌려 날 좀 보세요! 당신이 걸음을 늦추지 않는다면 여기서 날 잃어버릴 겁니다."

"나의 아들아! 저기까지만 올라가자!"

그는 그리 멀지 않은 바위 턱을 가리켰다. 바위 턱은 산의 비탈을 두르며 길을 이루고 있었다. 그 말은 큰 격려가 되었다. 나는 힘을 내 그의 뒤를 따라 기어올랐고 마침내 바위 턱을 발아래 두게 되었다. 거기서 우리는 동쪽을 바라보고 주저앉아 올라왔던 곳을 내려다보았다. 되돌아보는 것은 마음을 들뜨게 만들곤 한다. 나는 멀리 해안을 굽어보다가 시선을 들었다. 놀랍게도 태양이 북반구에서와 달리 우리 왼쪽에서 빛나고 있었다. 우리와 북쪽 사이로 들어오는 빛의 수레를 관찰하며 내가 어리둥절해하는 것을 시인은 잘 알고 있는 듯했다.

"빛을 아래 위로 비추어내는 거울(태양)이 쌍둥이자리에 가 있다면, 황

도대가 북쪽에 있는 큰곰자리와 작은곰자리에 더 가깝게 도는 것을 볼 수 있을 것이다. 태양이 다니던 길에서 벗어나지 않는다면 말이지. 어떻게 되는 것인지 이해하고 싶다면, 예루살렘과 이 정죄산이 서로 다른 반구에 있으면서 하나의 지평선을 공유하고 있다고 상상해봐라. 파에톤의 전차(태양)는 고도를 유지 못하고 궤도를 벗어났다. 하지만 원래의 궤도는 이 정죄산에서는 이쪽으로, 저 시온의 산에서는 저쪽으로 지나감을 잘 생각해보면 알 수 있을 것이다."

"스승님! 스승님 말씀이 맞습니다. 그 점이 언제나 절 괴롭혔는데, 이제야 분명히 이해하겠습니다. 하늘의 운행 궤도에서 천문학자들이 적도라고 부르는 것은 언제나 겨울과 태양 사이에 놓입니다. 당신이 설명하신 바로 그 이유 때문에 헤브라이 사람들은 적도를 남쪽에서 보았고, 우리가 지금 서 있는 이곳에서는 북쪽으로 멀리 떨어져 있는 것이지요. 그런데 얼마나 더 올라가야 하는지 말씀해주세요. 산꼭대기는 내 눈이 닿을 수 없을 만큼 높습니다."

"이 산은 다른 산과 다르다. 시작할 때 가장 힘들고 오를수록 더 쉬워진단다. 오르는 일이 배가 강을 따라 떠내려가듯 수월해지면 길의 끝에 도달할 것이다. 거기서 마침내 휴식을 기대할 수 있을 거야."

말을 마치기가 무섭게 멀지 않은 곳에서 목소리가 들려왔다.

연옥에 오르다
연옥의 가파른 산기슭을 그리고 있다. 베르길리우스는 여기는 가파르지만 조금 더 올라가면 평탄하다고 단테에게 이른다. 여기에는 죄를 지었을 때, 처음에는 힘들지만 회개하고 속죄한다면 고통이 얼마간 해소된다는 뜻이 내포되어 있다. 윌리엄 블레이크 작.

게으른 자들
벨락콰는 퍽 피로한 듯 무릎을 끌어안고 앉아서 두 무릎 사이에 머리를 틀어박고 있다. 그는 단테를 보고 자신은 위로 올라간들 소용이 없다고 한다. 연옥의 입구를 지키는 자가 생전에 살았던 만큼의 시간을 기다려야 통과시켜준다고 말했기 때문이다. 존 플랙스먼, 1793년 작.

"넌 아마 얼마 안 가 주저앉고 싶을걸!"

우리는 목소리가 들려온 곳으로 몸을 돌렸다. 우리 왼쪽에 거대한 바위가 보였다. 우리 모두 미처 보지 못한 것이었다. 그리로 다가가자 바위 뒤 그늘 속에 숨어 몸을 비틀며 게으름을 피우는 사람들이 보였다. 그들 중 하나는 무척 피곤해보였다. 무릎을 두손으로 감싸고 앉아 얼굴을 파묻고 있었다.

"스승님! 저자를 보세요! 게으름이 제 누이라고 할 만큼 나태한 모습이네요."

그러자 그 영혼이 머리를 돌려 우리를 보고 말했다.

"당신이 그렇게 원기왕성하다면 뛰어 올라가시구려!"

그때서야 나는 이 영혼이 누구인지 알았다.

"벨락콰! 당신의 운명에 대해 이제 걱정하지 않겠소. 그런데 왜 이렇게 앉아만 있는 거요? 길잡이를 기다리는 게요? 아니면 그저 오래된 습성이오?"

"형제여! 올라간들 무슨 소용인가? 문 앞에 앉아 있는 하느님의 천사가 내가 들어가 참회하는 것을 막을 텐데. 내가 살아 있었을 때 마지막까지 회개를 계속 미뤘기 때문에 그 횟수만큼 하늘이 내 주위를 돌아야만 합니다. 누군가 기도를 해주면 이곳에서 보내는 시간을 단축할 수 있겠지요. 은총이 가득한 마음에서 나오는 기도 말입니다. 나머지는 쓸데없어요. 하늘에서 들어주지도 않는걸요."

시인은 벌써 산을 오르기 시작한 뒤였다.

"어서 가자. 봐라. 태양이 하늘의 가장 높은 지점에 이르렀고, 밤은 서쪽 해변에서 모로코의 모래에 발을 딛는구나."

5곡》

나는 게으른 영혼들을 떠나서 길잡이의 발자국을 따라가고 있었다. 그때 뒤에 있는 영혼들 중 하나가 손으로 가리키며 소리쳤다.

"저걸 좀 봐! 뒤따라가는 영혼 왼쪽에 빛이 들지 않아! 살아 있는 사람처럼 걷고 있어!"

이 말을 듣고 몸을 돌리자 내 형상과 부서진 햇빛을 놀라운 눈으로 바라보는 영혼들이 보였다. 스승님이 나를 꾸짖었다.

"무엇에 관심을 빼앗겨 걸음을 늦추고 있느냐! 그들이 재잘거리는 소리에 뭘 그렇게 신경을 쓰느냐! 내 뒤를 따르라! 떠들도록 내버려두어라! 바람이 불어쳐도 끝자락조차 흔들리지 않는 탑처럼 굳건해라! 사람이란 생각에 생각을 하다 보면 원래 목표를 잃게 마련이야."

"지금 갑니다"라는 말 외에 무슨 말을 할 수 있었겠는가? 나는 그렇게 말하고 용서를 비는 사람의 낯빛으로 멀뚱히 서 있었다.

그때 산허리를 돌아 우리에게 다가오는 무리가 보였다. 그들은 "나를 불쌍히 여기소서"를 번갈아가며 노래하고 있었다. 그들은 빛이 내

죽기 직전에 죄를 뉘우친 자들
폭력을 일삼던 자, 죄를 짓고 후회하지 않는 자들이 두 여행자의 앞에 나타났다. 이자들은 단테와 베르길리우스에게 자신들을 위해 기도해줄 것을 부탁한다. 그러나 두 여행자는 가던 길을 재촉한다. 윌리엄 블레이크 작.

몸을 통과하지 않는다는 것을 알아채고 부르던 노래를 "오오" 하는 길고도 지친 놀라움의 소리로 바꾸었다. 그 중 둘이 사자使者처럼 앞으로 나서더니 물었다.

"당신들이 어떤 상태에 있는지 알려주시오!"

"물러가서 당신들을 보낸 무리에게 일러주시오. 이자의 몸은 진짜 살로 이루어져 있다고 말이오. 이자의 그림자를 보고 얼이 빠진 채 서 있는 것이라면 그것으로 대답은 충분할 거요. 이자에게 존경을 바치는 것이 좋을 것이오."

고요한 대기를 뚫고 밤을 가르는 유성이나 8월의 구름 낀 하늘에 번쩍이는 번개조차 앞으로 나섰던 그 둘처럼 빠르지는 않았다. 그들은 재빨리 무리로 돌아갔다. 그러더니 곧바로 몸을 돌려 다른 자들과 함께 마치 거대한 군마들이 엉킨 듯 우리 쪽으로 돌진해왔다.

"우리 쪽으로 달려오는 저 영혼들을 봐라! 각자가 네게 청할 것이 있을 거야. 그러나 얘기를 듣더라도 걸음을 멈추지 말아야 한다."

"타고난 육신을 간직하고 은총을 향해 가는 영혼이여! 잠시 걸음을 멈추시오. 우리 중 누군가를 알아 그 사람 소식을 저 세상에 전해줄 수 있을지 모르겠소! 기다리시오! 어딜 가는 거요! 제발 멈추시오! 우리는 모두 폭력에 의한 죽음을 맞아 최후의 시간까지 죄인으로 살았소. 그러나 삶을 떠날 때 하늘의 빛이 우리에게 죄를 깨우치게 하여 스스로 뉘우치고, 우리를 죽인 자들을 용서하며 하느님과 화평하며 죽음을 맞았소. 하느님은 우리 마음으로 하여금 당신의 성스러운 모습을 갈망하도록 하셨지요."

"당신들 얼굴을 보고 있지만 한 사람도 알아볼 수가 없어요. 축복을 받아 태어난 영혼들이니 내가 할 수 있는 것이 무엇인지 말해주시오. 그렇게 하리다. 이 길잡이를 따라 이 세상에서 저 세상으로 찾아다니는 평화의 이름으로 그렇게 하겠소."

그러자 한 영혼이 말했다.

"무력이 당신 의지를 꺾지 않는다면, 맹세할 것도 없이 당신이 한 말을 스스로 지키리라는 걸 알고 있소. 그래서 내가 먼저 나서서 이렇게 청하려 하오. 당신이 로마냐와 카를로 지방 사이의 땅을 여행한다면 파노에 있는 영혼들에게 나를 위해 기도해달라고 부탁해주시오. 그러면 내 죄가 곧 씻겨지기 시작할 것이오. 나는 파노 출신이지만, 내가 가장 안전하다고 생각한 안테노라의 땅에서 깊은 상처를 입었소. 내 생명의 피가 흘러나오는 것을 보았소. 나를 죽인 것은 아초 데스테. 인간의 이성을 훨씬 넘어선 그의 분노가 내게 밀어닥쳤소. 그들이 나를 오리아코에서 습격했을 때 미라로 도망을 갔더라면 아직 살아 숨쉬는 이들과 함께 있을 것을. 대신 난 늪으로 달아났소. 억새풀이 나를 휘감아 넘어졌지요. 난 내 동맥에서 나온 피가 그곳을 가득 채우는 것을 지켜보았소."

이어서 다른 영혼이 말했다.

"저 높은 산으로 당신을 이끄는 소망이 이루어진다면, 그 어진 자비로 내 소원을 이루도록 도와주시오! 나는 몬테펠트로 출신으로, 부온콘테라고 합니다. 내 아내 조반나도, 다른 사람들도 날 돌보지 않아 저들과 함께 고개를 숙이고 이렇게 가고 있다오."

"그 어떤 힘, 그 어떤 운명이 당신을 캄팔디노에서 멀리 떨어진 곳으로 보내어 아무도 당신이 묻힌 곳을 찾을 수 없도록 만들었나요?"

"에르모 수도원보다 더 위에서 시작되는 아르키아노 강은 아펜니노 산에서 발원해서 아르키아노의 발치를 스쳐지나지요. 거기를 지나면 아르노 강이라는 이름이 붙는데, 그곳에서 나는 목에 구멍이 난 채 바닥에 피를 뿌리며 맨발로 도망치게 되었소. 그곳에서 나는 눈이 멀었고 말도 할 수 없었소. 죽어가면서 마리아의 이름을 중얼거렸소. 이 때문에 하느님의 천사가 나를 데려가자 지옥의 악마는 울부짖었지요. '하늘에서 온 자여! 왜 내 것을 훔치는가? 당신은 그 자가 흘린 한 방울의 눈물 때문에 그를 내게서 빼앗았지만, 그 자의 육신은 내가 가져가겠소!'"

6곡〉〉

"나의 빛이신 스승님! 당신의 시 《아이네이스》의 어디선가 분명 기도가 하늘의 율법을 꺾을 수는 없다고 하신 것을 보았습니다. 그런데 이 영혼들은 쉼 없이 이렇게 내게 기도해달라고 말합니다. 기도가 하늘의 율법을 꺾을 수 있다는 생각은 저들의 쓸데없는 망상은 아닌지요? 혹 제가 스승님 말씀을 잘못 기억하고 있는지요?"

"내가 그렇게 말한 것은 맞다. 그러나 잘 생각해보면 저들의 희망도 헛된 것은 아닐 것이야. 산 자들이 죽은 자들을 위해 하느님께 간구하는 사랑의 열기가 죽은 죄인들이 받아야 하는 하느님의 심판에 어느 순간 영향을 준다 해도, 하느님의 지고한 정의는 결코 사그라지지 않

기도해달라고 부탁하는 영혼들
수많은 영혼들이 단테를 보고 자신을 위해 기도해줄 것을 부탁한다. 하지만 그림에서 보다시피 베르길리우스는 뒤돌아서서 가는 길을 재촉하고 있다. 베네치아 필사본, 14세기 말.

을 것이네. 내가 이런 생각을 다짐하는 것은, 그 어떤 기도라도 하느님께 닿지 않는다면 죄를 씻을 수 없기 때문이야. 너무 깊은 의심에 갇히지 말아야 해. 진실과 지성 사이의 빛이신 베아트리체께서 너에게 분명히 말씀하실 때까지 기다려야 한다. 그분은 이 산의 정상에 나타나 축복을 내리며 웃음을 지으실 거네."

"선생님! 더 서두르시지요! 전 아까처럼 피곤하지 않습니다. 보세요! 산이 이제 그림자를 드리웁니다."

"날이 저물기 전까지 우리는 가능한 한 높이 올라가야 해. 그러나 세상은 네 생각대로 돌아가지 않아. 지금은 태양이 비탈에 가려져서 네가 그림자를 드리우지 못하게 하지만, 네가 정상에 도착하기 전에 태양은 떠오를 것이다. 저쪽에 혼자 외롭게 앉아 우리를 쳐다보는 영혼을 봐라. 그자가 우리에게 지름길을 가르쳐줄 것이야."

롬바르디아 출신의 영혼은 도도한 태도를 뽐내고 있었다. 그 침착한 눈에서는 당당함이 엿보였다. 우리가 그냥 지나가도 말 한 마디 없이 쳐다보기만 할 뿐이었다. 베르길리우스가 그에게 다가가 가장 좋은 오르막길이 어디에 있는지 가르쳐달라고 부탁했지만, 대꾸조차 없었다. 대신 우리가 어디서 태어났고 어떻게 살았는지를 물었다. 친절하신 길잡이가 "만토바" 하면서 대답하려 하자, 자기 생각에만 골똘하던 그 영혼이 비로소 앉은 자리에서 일어나며 말했다.

"만토바 사람이군요. 나는 당신과 동향이오. 소르델로라고 합니다."

그들은 서로의 목을 끌어안았다. 서로 얼싸안으며 법석을 떠는 모습에서 나는 새삼 이탈리아가 감상적인 나라라는 생각이 들었다.

지금 이탈리아에서 살고 있는 자들은 전쟁만 일삼고, 같은 성벽과 해자에 둘러싸여 사는 자들도 서로를 물어뜯기에 바쁘다. 가엾은 이탈리아! 이탈리아 내에 평화로운 곳이 한 군데라도 있는지, 해안 어디를 둘러보아도, 중심부를 찾아보아도 도무지 눈에 뜨이지 않는다. 성직자들이 고삐를 쥐고 있기 때문에 야수처럼 변해버린 이탈리아는 아무리 박차를 가해도 똑바로 나아가질 않고 너무나도 거칠어졌다.

    지존하신 예수님! 제가 이렇게 말해도 좋은지요? 당신은 우리를 위해 이 땅에서 십자가에 못 박히셨는데, 그 의로운 눈길을 정녕 다른 곳으로 돌리셨나요? 이탈리아의 모든 도시들은 폭군으로 그득합니다. 피렌체여! 이런 혼란에서 벗어나 있다고 착각한 채 그 혼란을 바라보며

소르델로
지옥을 벗어난 두 여행자는 이탈리아의 저명한 시인 소르델로를 만나 길을 묻는다. 그는 베르길리우스와 동향인 것을 알고는 스승을 얼싸안는다. 구스타브 도레 작.

연옥 157

행복한가! 그게 다 사리분별을 할 줄 아는 잘난 시민들 덕분이겠지. 피렌체가 이룬 제도는 극히 간교하여 10월에 자아낸 법률이 11월을 넘기지 못해 부스러기로 변해간다. 피렌체의 화폐와 관습, 법과 직책이 얼마나 바뀌었는지, 그래서 시민들이 또 얼마나 휘둘렸는지! 피렌체가 돌이켜 진실을 본다면 알리라. 편안한 침대 위에서도 쉬지 못하고 고통을 덜려 애쓰는 병든 여자와 같다는 것을 알게 될 텐데, 답답하기 짝이 없다.

7곡》

그 두 사람은 들뜬 포옹을 여러 번 반복하였다. 소르델로가 뒤로 물러서서 말했다.

"그런데 당신 둘은 누굽니까?"

"내 **뼈**는 옥타비아누스 황제에 의해 묻혔소. 그것은 하느님께 올라갈 자격을 지닌 영혼들이 하느님의 은총을 입어 이 산으로 인도되기 전의 일이지요. 나는 베르길리우스입니다. 내가 천국에 가지 못한 이유는, 죄는 짓지 않았으나 신앙이 없었기 때문이오."

이것이 길잡이가 그 영혼에게 한 대답이었다. 갑작스럽게 믿기 힘든 어떤 것을 목격한 사람이 처음에는 믿다가 금방 의심하며 "그렇지! 그게 아냐!"를 반복하듯이, 소르델로도 그러했다. 소르델로는 고개를 숙이더니 이번에는 봉신이 군주에게 하듯 나의 스승을 공손하게 껴안았다.

"선생님은 라틴 민족의 영광입니다. 당신은 라틴 어의 힘을 증명한, 내 고국의 영원한 모범입니다. 무슨 한 일이 있다고 내게 이런 행운이 오는지 모르겠군요. 내가 선생님 말씀을 들을 자격이 있는지 모르나, 선생님이 지옥의 어느 구역에서 오시는지 말씀해주세요."

"고통스러운 왕국(지옥)의 모든 구역들을 지나 이곳에 왔소. 하늘의 힘

왕과 두 천사를 만나다
소르델로는 베르길리우스와 단테를 이끌고 왕이 머무는 곳으로 간다. 그곳에는 생전에 권력에 집착했던 왕과 귀족들이 머물러 있다. 윌리엄 블레이크 작.

이 이 길을 보여주어 그 도움으로 왔소. 저 밑에는 어둠으로 인해 슬픔이 깔리는 곳이 있소. 거기서는 고통의 비명은 들리지 않고 희망을 잃은 한숨소리만이 들리지요. 난 태어날 때부터 지닌 죄(원죄)가 씻겨지기도 전에 죽은 순수한 어린 영혼들과 함께 그곳에 있어요. 또 세 가지의 신성한 덕(믿음, 희망, 사랑)은 입지 못했지만 다른 덕은 다 알고 실행한 사람들과 함께 있어요. 그런데 우리가 어떻게 하면 연옥이 시작되는 곳에 빨리 도달할 수 있는지요?"

"우리에게는 일정한 자리가 없어서, 이곳저곳으로, 또 위로 아래로 자유로이 다닐 수 있습니다. 내가 오를 수 있는 데까지 안내해드리겠습니다. 그러나 보시다시피 날이 저물고 있어요. 밤에는 오르지 못하게 되어 있기 때문에 쉴 만한 곳을 찾아야 합니다."

"무슨 말이오? 밤에 오르면 누가 막는다는 것입니까? 아니면 그렇게 할 만한 힘이 없는 겁니까?"

그러자 선한 소르델로가 바닥에 손가락으로 금을 긋고 대답했다.

"보세요! 해가 지고 나면 이 금을 넘어서 한 발자국도 갈 수 없습니다. 밤의 어둠을 제외하고는 아무것도 우리가 올라가는 것을 막을 수 없습니다. 다만 이 어둠은 의지를 약하게 만들어버리지요. 물론 우리는 비탈 아래로 내려갈 수 있습니다. 지평선이 낮을 가두고 있는 한 우리가 원하는 대로 산 주위를 돌아다닐 수도 있습니다."

스승님께서는 이를 듣고 놀라며 대답했다.

"그렇다면 당신이 말한 곳으로 우리를 데려다주시오. 즐겁게 쉴 곳을 찾게 말이오."

그곳을 떠난 지 얼마 되지 않아 산비탈의 움푹 꺼진 곳이 보였다. 계곡처럼 우묵한 곳이었다. 소르델로가 말했다.

"산이 깎여 골짜기를 이룬 곳까지 갑시다. 거기서 새날이 올 때까지 기다립시다."

그렇게 가파르지 않은 구부러진 길은 움푹 꺼진 곳의 한복판으로 이어지고 있었다. 황금과 순은, 양홍洋紅, 백연, 푸른색과 갈색, 그리고 녹색의 에메랄드가 조각나서 현란하게 반짝거리며 말갛게 빛나는 것을 생각해보라. 그러나 그 움푹 꺼진 분지를 물들인 형형색색의 풀과 꽃들은 그 모든 것을 초월한 아름다움을 뽐내고 있었다. 자연은 이곳을 색색으로 물들이고 천만가지 향기로 그윽하게 감싸면서 완전히 새롭고 알 수 없는 곳으로 만들었다. 수많은 영혼들이 잔디와 꽃밭 위에 앉아서 성모에게 바치는 노래를 부르고 있었는데, 밖에서는 움푹 팬 골 때문에 그 모습이 보이지 않았다. 우리를 안내한 만토바 사람이 말했다.

"해가 둥지로 들어가기 전에 저 영혼들이 있는 곳까지 내려가자고 하지 마세요. 그리로 내려가 그들과 휩싸이는 것보다 산 위에 머무는 것이 모두의 행동과 얼굴을 더 쉽게 볼 수 있소. 합스부르크가의 루돌프 1세는 가장 높은 곳에 앉았지만 해야 할 일을 하지 않은 사람이었소. 신성로마제국의 황제가 되었지만 로마에 와서 대관식을 거행하지 않았소. 다른 사람들은 다 소리 모아 노래를 부르는데 외면하고 있는 자가 그요. 그는 상처 입은 이탈리아를 치료할 수 있었건만 죽음에 이르게 했소. 이탈리아가 다시 살아나기에는 긴 시간이 걸릴 겁니다. 그를 위로하는 듯한 사람은 몰다우 강에서 엘베 강, 또 바다로 흘러가는 강물이 거치는 땅을 모두 통치했던 오토카르입니다. 아들 벤체슬라우가 나이 들어서도 사치스럽고 게으르기만 했던 데 비해 그는 갓난아이일 때부터 존경을 받았지요. 저걸 좀 보시오! 필리프 3세가 가슴을 치고 있군요. 헨리 왕은 손바닥으로 턱을 괴고 한숨만 쉬고 있네요. 이들은 프랑스의 불행인 필리프 4세의 아버지와 그에게 딸을 시집보낸 장인입니다. 이들은 필리프 4세의 부덕하고 썩은 삶을 알고 있기에 가슴을 쥐어짜는 고통을 느끼는 것이오. 아주 건장해 보이는 영혼은 아라곤의 피에트로 3세입니다. 피에트로 3세는 온갖 덕으로 치장하고 있네요. 그 뒤에 앉은 젊은이가 피에트로 3세의 아들 알폰소 3세인데 왕위를 이어받았더라면 그 덕이 아버지의 뒤를 이었을 테지만 아깝게도 젊은 나이에 죽고 말았지요. 다른 아들인 쟈코모와 페데리코가 계속 왕위를 이어받았지만 그만한 위업은 이루지 못했소. 인간의 덕성이 대대로 이어지기는 쉽지 않습니다. 이는 하느님의 선물이므로, 우리는 단지 하느님이 주시기만을 바랄 수 있기 때문이지요. 저쪽에 혼자 앉아 있는 영국의 왕 헨리를 보시오. 그는 소박한 생활을 한 왕으로, 그 가지에서 자기보다 더 나은 열매를 맺고 있다오. 제일 낮은 곳에 앉아서 다른 사람들을 올려다보고 있는 사람은 몬페라토와 카나베제를 다스린 굴리엘모 후작인데, 그가 알렉산드리아와 벌인 전쟁으로 자기 영토가 초토화된 적이 있지요."

8곡〉〉

그때는 항해가의 머리에 집 생각이 가득하고 마음에는 남겨두고 떠나온 사랑하는 사람들에 대한 그리움이 일게 되는 그런 시간이었다. 처음 길을 나선 순례자가 사랑 때문에 괴로워하는 시간이었다. 순례자는 멀리서 들려오는 만종 소리에 저물어가는 하루가 마냥 슬프기만 하다. 오래 이어지는 얘기를 나는 더 이상 듣지 않았다. 대신 서 있던 어떤 한 영혼을 바라보았다. 그는 두 손을 쳐들고 기도하듯이 손바닥을 모았다. 그의 시선은 동쪽에 박혀 있었는데, 마치 "나는 나의 주님 외에 다른 것을 생각하지 않는다"라고 말하는 듯했다.

"테 루치스 안테(그 날이 오기 전에)."

그의 입에서 아주 경건하고 듣기 좋은 멜로디가 흘러나왔다. 다른 영혼들도 그를 따라 천국의 하늘에 눈을 고정시킨 채 화음을 맞춰가며 경건하게 노래를 끝까지 불렀다. 그 고귀한 영혼들은 조용히 하늘을 쳐다보며 뭔가를 기다리는 듯했다. 얼굴은 창백했고 유순해보였다. 뱀의 유혹을 두려워하며 오랫동안 천사를 기다렸던 탓이었다. 불로 달구어진 두 자루의 칼을 들고 두 천사가 높은 곳에서 내려오는 것이 보였다. 천사들의 금발은 쉽게 눈에 띄었으나 얼굴에서 퍼져 나오는 빛은 감당하기 힘들 만큼 눈부셨다. 소르델로가 말했다.

"저 두 천사는 이 계곡에 있는 뱀으로부터 우리를 지켜주려고 마리아의 품에서 왔지요. 곧 뱀이 올 테니 보게 될 것이오."

어디서 뱀이 나타날지 알 수 없어 두리번거리다가 두려움을 견디지 못하고 믿음직스러운 어깨에 바싹 다가섰다. 소르델로가 다시 말했다.

"이제 저 아래 고귀한 망령들에게 가서 얘기를 나눠봅시다. 그들이 매우 기뻐할 거요."

아래편에 이르렀다고 생각된 것은 겨우 세 발자국 옮겼을 때였다. 나를 뚫어져라 쳐다보는 망령 하나를 보았다. 내 얼굴을 알아보려 애쓰는 듯했다. 그는 내가 속한 궬피 당 수령 니노였다. 그가 저주받은 자들 사이에 있지 않다는 것을 알고서 내가 얼마나 좋아했던가! 우리 사이에서는 덕담이 오고갔다.

"정처 없이 흐르는 물을 건너 이 정죄산 기슭까지 얼마나 오래 여행을 했소?"

"슬픈 지옥을 지나 오늘 아침에 이곳에 왔소. 나는 아직 첫 번째 삶에 있지만 이 길을 따라서 다른 삶을 얻으려는 희망을 갖고 있소."

니노와 소르델로가 내 말을 듣고 흠칫 물러났다. 놀라고 있었다. 들은 것을 믿지 못하는 듯했다. 니노는 나를 보고 말했다.

"하느님이 당신에게 보여주신 은총의 이름으로 부탁드리오. 당신이 다시 거대한 물결을 건널 때, 내 딸 조반나에게 날 위해 기도해달라고 말해주시오. 그 애의 엄마는 나를 더 이상 사랑하지 않소. 그녀는 내가 죽자마자 과부의 상징인 흰색 너울을 벗어버렸소. 나는 그녀에게서 쉽사리 배울 수 있었다오. 눈과 손길이 여자의 심장을 계속 뛰게 만들지 않는다면, 여자의 심장에서 사랑의 불꽃은 그리 오래 타오르지 않는다는 것을. 밀라노 인을 전쟁으로 몰아넣은 밀라노의 비스콘티 가문이 내 아내를 재혼시켜 데려갔으나 이내 권력을 잃었소. 그러니 권력을 유지하던 피사의 비스콘티 가문이 누리는 만큼 오래도록 내 아내의 무덤을 아름답게 지키지는 못할 것이오."

길잡이가 입을 열었다.

"아들아! 무얼 그렇게 바라보는가?"

"저 세 개의 타오르는 불꽃이 이곳 남극을 온통 환하게 비추고 있습니다."

"오늘 아침에 네가 보았던 네 개의 밝은 별들이 이제 산 아래로 저물고, 그 자리에 네가 보고 있는 저 별들이

뱀을 쫓아내는 두 천사
천사는 계곡에 있는 뱀으로부터 영혼들을 지켜주고 있다.

연옥 163

떠올랐구나."

그러나 소르델로는 스승님의 팔을 끌면서 말했다.

"저기 우리의 원수를 보시오!"

그는 손가락을 들어 우리가 볼 곳을 가리켰다. 작은 계곡을 따라 열린 곳에 뱀 한 마리가 있었는데, 아마도 이브에게 쓴 과일을 준 그놈일 것이었다. 그 뱀은 풀과 꽃 사이로 몸을 비틀어 꿈틀거리면서 흉측한 긴 끈처럼 기어왔다. 성스러운 매들이 어떻게 날아올랐는지 보지 못해 말할 수는 없지만, 두 마리 매가 날아 내려오는 것은 분명하게 보였다. 푸른 날개가 공기를 가르는 소리가 들렸는지 뱀은 줄행랑을 쳤고, 주위를 돌던 천사들도 자기 자리로 날아 돌아갔다.

9곡 〉〉

옛날 트로이의 왕 티토노스의 정부 아우로라가 달콤한 제 애인 품에서 벗어나 동쪽 발코니에 창백한 모습을 드러냈다. 그녀의 이마는 보석으로 반짝거렸다. 보석들은 꼬리로 사람을 후려치는 냉혈 짐승의 형상이었다. 우리가 있던 자리에 이제 밤이 드리워졌다. 아담의 육신의 무게를 지닌 나는 잠에 휩싸여서 우리 다섯이 앉아 있던 풀밭에 넓죽이 엎어졌다.✣

먼동이 터오면서 제비가 옛날의 아픔을 기억하듯 구슬프게 노래를 부르기 시작할 때, 그리고 우리 마음이 생각의 그물에서 빠져나와 육신에 사로잡혀 그 꿈속에서 제 멋대로 예언자가 될 때, 나는 꿈을 꾸었다. 하늘에 떠도는 금빛 깃의 독수리 한 마리가 보이는 듯했다. 독수리는 날개를 쭉 펴고 강하할 준비를 하는 것 같았다. 나는 생각했다.

"이곳이 독수리가 날개를 퍼덕이는 유일한 곳이 아닐까? 아마 여기 말고 다른 데서는 먹이를 잡아챌 생각을 하지 않는가 보다."

✣ 새벽의 여신 에오스와 전갈자리의 별들은 지금 시간이 새벽임을 나타낸다. 그런데 바로 이어 전날 밤에 대해 말한다. 이 두 시간대를 동시에 언급하는 것은 시간을 이중적으로 가리키는 것이다. 즉, 연옥의 밤 9시에는 이탈리아의 새벽 6시와 일치한다. 말하자면 등장인물 단테는 연옥에 있으나 작가 단테는 이탈리아에 있다. 동시에 두 공간에 존재하면서 단테는 여행을 하던 과거와 그를 기억하는 현재를 교차시키고 있다.

꿈속에서 독수리는 잠시 선회하더니 번개가 내리치듯 무섭게 내려와 나를 움켜쥐고 불타오르는 하늘로 치솟았다. 거기서 새와 나는 둘다 불에 타는 것 같았다. 그 불의 열기가 너무나도 생생하고 강렬해 잠에서 깨어나고 말았다. 곁에는 나의 위안이 되시는 분이 계셨을 뿐 아무도 없었다. 완연한 낮이었다. 높이 솟은 태양 아래 바다가 펼쳐져 있었다.

"무서워하지 말고 마음을 다스려라. 우리는 우리 길을 잘 가고 있지 않느냐! 뒤처지지 말고 네가 가진 힘을 다해 앞으로 나아가라. 너는 이제 연옥에 도착했다. 그곳을 빙 둘러싼 오르막길이 놓인 비탈이 보이느냐? 벌어진 틈이 보일 텐데, 그곳이 문이다. 조금 전 날이 밝기 전

루치아, 단테를 데려가다
화가는 루치아가 잠든 단테를 품에 안고 연옥의 문으로 날아가는 모습을 생동감 있게 그리고 있다. 그녀는 단테를 지키는 수호천사이고 하나님의 은총을 상징하기도 한다. 윌리엄 블레이크 작.

저 아래 형형색색의 꽃 위에서 너의 영혼이 육신 안에서 잠들어 있는 동안, 한 여인이 왔다. 그분은 '나는 루치아입니다. 이리로 오셔서 이 잠들어 있는 사람을 데려가게 해주세요. 그의 갈 길에 속도가 붙으면 좋겠어요'라고 하더구나. 소르델로와 다른 영혼들은 그곳에 남았다. 날이 밝자 루치아가 널 품에 안아 이곳으로 데려왔어. 나는 그녀를 따라왔지. 그녀가 널 내려놓기 전에 사랑스러운 눈으로 내게 저 열린 입구를 보여주었다. 그리고 떠났지. 그녀가 가면서 너의 잠도 같이 데리고 갔구나."

진실이 드러나면서 처음에는 당황하다가 확신을 갖게 되고, 두려움이 믿음으로 바뀌는 것을 느끼는 사람처럼, 나에게 꼭 그런 변화가 일어났다. 길잡이는 내가 걱정을 벗어버린 것을 보자 비탈을 따라 높은 곳으로 올랐다. 나는 그 뒤를 따랐다. 이제 내가 말하려는 것을 재주를 한껏 부려서 아주 인상적으로 다루고자 한다. 우리는 꼭대기를 향해 나아가 내가 문이라고 여겼던 곳에 도달했다. 그것은 처음에는 그저 갈라진 틈으로 보였다. 그곳에 다다르자 문으로 이어지는 세 개의 계단이 놓여 있었다. 각각 다른 색깔을 띠고 있었다. 아무 말도 없이 그곳을 지키고 서 있는 문지기의 형상이 보였다. 그쪽으로 천천히 눈길을 돌리자 그가 가장 높은 계단 위에 앉아 있는 것이 보였다. 그의 얼굴은 감당할 수 없을 만큼 눈부셨다. 손에 칼을 뽑아들고서 우리를 향해 번쩍였기에 어떻게든 보려고 애썼지만 볼 수가 없었다. 그가 외쳤다.

"그 자리에서 말하라! 원하는 게 뭐냐? 너희들의 길잡이는 어디 있느냐? 이곳에 오는 것이 너희에게 좋지 않을 수도 있으니 조심하라!"

나의 길잡이가 대답했다.

"이 일들을 잘 알고 있는 하늘에서 보내신 여인께서 내게 이곳에 가야 한다고 말했소."

문지기의 음성이 친절하게 바뀌었다.

P자를 쓰자 열리는 연옥문
한 천사가 칼끝으로 단테의 이마에 일곱 개나 되는 P자를 쓰고 금열쇠와 은열쇠를 꺼내 돌리니 연옥문이 열린다. 단테는 세 개의 계단에서 자신이 범한 일곱 가지 죄를 회개해야 함을 깨닫는다.

"그분이 너희 앞길을 인도할 것이다. 계단으로 올라오너라."

우리는 그리로 갔다. 첫 번째 계단은 흰 대리석이었다. 거울처럼 반들반들하게 닦여져 있어 나를 있는 그대로 비춰주었다. 두 번째 계단은 흑자색보다 더 검게 물들여진, 불에 그슬린 거친 돌들이 위로 아래로 옆으로 갈라져 있었다. 세 번째 계단은 맨 위에 무겁게 놓여 있었는데, 이글거리는 불꽃과 같은 것이 핏줄에서 터져 나오는 피처럼 보였다. 바로 그 위에 하느님의 천사가 양쪽 발을 디디고 다이아몬드처럼 보이는 문턱 위에 앉아 있었다. 길잡이가 나를 세 개의 계단 위로 안내하면서 말했다.✣

"자물쇠를 열어달라고 아주 정중하게 요청하여라!"

나는 거룩한 발 앞에 경건히 엎드려 자비의 이름으로 들여보내달라고 간청했다. 무엇보다 나는 가슴을 세 번 두드렸다. 그러자 그는 칼로 내 이마에 일곱 개의 P✣✣자를 그려넣었다.

"들어가거든 이 상처를 씻어버려라!"

그의 옷은 파헤쳐져 말라버린 흙이나 재의 색깔을 띠고 있었다. 옷 속에서 그는 열쇠를 두 개 꺼냈다. 각각 금과 은으로 되어 있었다. 그

✣ 세 개의 계단은 회개의 세 가지 요소를 상징한다. 첫 번째 계단은 자신의 죄를 비추는 맑은 양심을, 두 번째 계단은 죄의 고백을, 세 번째 계단은 죄의 형벌을 달게 받으려는 의지를 상징한다.

✣✣ P는 이탈리아 어로 peccato(죄)의 첫 글자로, 연옥의 일곱 비탈에서 정죄해야 하는 주요한 죄를 가리킨다. 오만, 시기, 분노, 태만, 인색과 낭비, 탐식, 애욕으로, 이들은 비탈을 지나가면서 하나하나 씻겨지고, 그에 따라 이마에 새겨진 'P' 자도 사라진다.

는 먼저 하얀 것을, 그러고 나서 노란 것을 문에 갖다 댔다. 그러자 문은 내 소망에 응답했다.

"이 두 개의 열쇠 중 어느 하나가 자물쇠 안에서 제대로 돌아가지 않으면 이 길은 결코 열리지 않아. 금열쇠가 더 귀중하지만, 은열쇠는 문을 열기 위한 지혜와 기술을 우리에게 요구한다. 잠금 장치를 풀어주는 것이 바로 그것이기 때문이야. 나는 이 열쇠를 성 베드로에게서 받았다. 그분은 '너의 발 앞에 엎드리는 사람에게 잘못 열더라도 잠가 두지는 말라' 라고 말씀하셨다."

그가 거룩한 문을 뒤로 밀어 열면서 우리에게 계속 말했다.

"들어가라! 그러나 뒤를 돌아보는 사람은 밖으로 다시 나와야 한다."

그 성스러운 문의 무거운 쇠붙이 굴대가 끼이익 소리를 내며 천천히 돌아갔다. 문이 돌아가는 동안 나는 몸을 안쪽으로 기울였다. "테 데움 라우다무스(천주여, 당신을 찬미합니다)"라고 하는 목소리가 감미롭게 들리는 듯했기 때문이다. 이 조화로운 소리는 교회에서 사람들이 오르간 연주에 맞춰 부르는 노래를 떠올리게 했다. 말이 때때로 들리다 사라지다 했다.

10곡》

우리가 지나온 문은 잘못된 사랑으로 말미암아 그릇된 길을 바른 길로 여기는 영혼들에게는 영원히 닫혀 있을 것이다. 그 문턱을 지났을 때 나는 문이 다시 닫히는 소리를 들었다. 다행히 나는 앞만 보면서 계속 나아갔다. 우리는 지그재그로 바위를 관통하는 길을 따라 좁은 틈 사이로 기어올라갔다. 길은 파도처럼 오락가락 이리저리 이어졌다.

이지러지는 달이 다시 잠들기 위해 제 잠자리로 돌아오기 훨씬 전에 바늘구멍과 같은 틈 사이를 빠져나왔다. 우리가 자유로워졌을 때 우리는 좁은 산마루 위에 올라 있었다. 정죄산이 약간 뒤로 물러앉은 듯 보였다. 우리는 사막의 길보다 더 외로운 그 산마루 위에 멈춰 섰다. 나는 피곤했다. 우리는 길에 대해 확신이 없었다.

허공이 매달려 있는 산마루의 가장자리부터 위로 곧바로 치솟은 벼랑의 발치까지는 세 사람이 몸을 뉘일 만했다. 벼랑은 하얀 대리석으로 되어 있었다. 그리스의 유명한 조각가 폴리클레이토스뿐만 아니라 자연마저 무색할 만큼 찬란한 조각이 되어 있었다. 오랜 세월 눈물로 고대하던 평화를 이 땅에 전파하려 내려온 천사는 과거의 금기를 깨고 하늘을 열어 살아 있는 형상으로 우리 눈앞에 나타났다. 그것은 침묵을 지키는 형상으로 여겨지지 않을 만큼 거룩한 모습으로 새겨져 있었다.

성모 마리아의 형상에는 "이 몸은 하느님의 종입니다"라는 말이 새겨져 있었다. 그 말이 들려오는 듯했다. 친절하신 스승님이 자기 왼편에 있는 내게 말했다.

"다른 쪽도 보는 것이 좋지 않겠느냐?"

나는 눈을 돌려 마리아의 형상을 지나 베르길리우스가 서 있던 곳을 바라보았다. 거기에는 다른 이야기가 새겨져 있었다. 이를 자세히 보고 싶어서 베르길리우스의 앞을 가로질러 가까이 다가섰다. 그 대리석 벼랑에 새겨져 있는 것은 성궤를 끌고 있는 수레와 황소였다. 능력을 넘어서지 말라는 경고였다. 그 앞에는 일곱 개의 합창대가 나의 눈과 귀를 시험하며 움직이고 있었다. 눈이 "아냐! 조각일 뿐이야!"라고 말하면 귀는 "진짜야! 정말로 노래하는데!"라고 말했다.

성궤를 앞에 놓고 시편을 쓴 다윗 왕이 겸손하게 춤추는 모습은 왕답게 보이기도 했고, 왕답지 않게도 보였다. 다른 면에는 다윗이 춤추는 것을 싫어한 그의 아내 미갈의 모습이 대궐의 창문과 함께 그려져 있었는데, 기분을 상한 듯한 슬픈 표정이었다. 미갈의 뒤로 희미하게 비치는 다른 이야기를 가까이 들여다보려고 나는 서 있던 자리에서 발

찬란한 조각
대리석 벼랑에는 동정녀 마리아에게 수태를 알린 천사, 죽은 아들의 원수를 갚아달라고 탄원하는 과부의 비통해 하는 모습, 춤추는 다윗왕도 조각되어 있다. 구스타브 도레 작.

을 옮겼다. 거기에는 로마의 황제가 누린 위대한 영광의 이야기가 새겨져 있었다. 그 황제의 덕으로 그레고리우스는 가장 위대한 싸움을 승리로 이끌었다. 그 로마의 황제란 트라야누스를 두고 한 말인데, 그의 재갈 물린 말 옆에 울고 있는 불쌍한 과부 하나가 새겨져 있었다. 그의 주위에는 기사들이 가득했으며, 그들의 머리 위에는 금독수리가 새겨진 로마의 깃발들이 바람에 펄럭이고 있었다. 불쌍한 과부가 이렇게 말하고 있는 것 같았다.

"폐하! 죽은 제 아들의 원수를 갚아주십시오. 죽은 아들을 생각하면 가슴이 미어집니다."

트라야누스 황제가 "내가 돌아올 때까지 기다려라!" 하자 여자는 고통스러워 하며 재촉하기를, "하지만 돌아오시지 않으면 어떻게 하오리까?"라고 말하니, 황제가 대답한다.

"내 뒤를 잇는 자가 나를 위해 그것을 할 것이다."

다시 여자가 "어떻게 폐하께서 다른 사람을 빌어 폐하의 자리를 잇게 하실 수 있습니까?"라고 하자, 황제가 "그렇다면 걱정을 접어라. 떠나기 전에 네 아들의 원수를 갚아 주마. 정의가 그렇게 하고자 하고 연민이 나를 붙드는구나" 하고 대답하는 듯했다.

이야기를 볼 수 있게 하는 이런 예술품은, 어떤 것도 새롭지 않은 하느님께는 낯익은 것이겠지만, 이 세상에서 그런 것을 모르고 산 우리에게는 참으로 이상했다. 이토록 지극한 겸손이 펼쳐져 있는 광경에 기뻐하며 서 있는 동안 시인이 내게 속삭였다.

"저쪽을 봐라! 오만의 죄를 지은 영혼들이 참으로 느리게 움직이는구나. 그들이 우리를 계단으로 이끌 것이다."

내 눈은 벼랑에 새겨진, 하느님을 찬미하는 광경에 쏠려 있었다. 하지만 스승님이 가리키는 쪽으로 시선을 돌리는 데는 느리지 않았다. 언제나 눈은 새로운 광경을 열심히 좇아가므로. 어쨌든 우리는, 하느님께서 어떻게 죄를 갚기를 원하시는지 귀 기울여야 하며, 참회하는 마음을 버리지 말아야 한다는 생각이 들었다. 무슨 벌을 받을지를 생각하지 말고, 벌을 받은 후 최후에 오는 것에 대해 생각해야 할 것이다. 벌이 아무리 중해도 최후의 심판을 넘어설 수는 없다.

"스승님! 우리를 향해 움직이는 저들은 영혼 같지 않습니다. 저것이 무엇인지 눈이 어지러워 알 수가 없습니다."

"형벌이 무거워 몸을 바닥을 향해 구부리고 있다. 나도 그들을 처음 보았을 때 무엇인지 잘 몰랐다. 구석구석 잘 살펴보아라! 바위를 이고 움직이는 저들이 보이느냐? 하나하나가 가슴을 치며 후회하는 것이 보이느냐?"

오만한 그리스도인들은 가엾게도 지쳐 있었다. 마음의 눈은 병들었고, 자신을 뒤로 끌어당기는 지상의 무게에 아직도 잡혀 있다.

우리는 구더기들이다. 최후의 심판을 향해 온전히 날아가는 천사 같은 나비가 될 구더기들인 것이다. 아직 완전히 성장하지 못한, 결점투성이의 미완의 구더기에 지나지 않건만, 그들은 마음만은 그렇게 높이 세우고 있었다. 때로 우리는 지붕이나 천장을 받치는 기둥에 새겨진 인간 형상이 무릎에 제 가슴을 의지하고 있는 것을 본다. 이는 보는 사람에게 생생한 괴로움을 일으키니, 저 영혼들이 보인 모습도 그러했다. 등에 진 무게에 따라서 그들 중 어떤 이들은 더 눌려 있고 어떤 이들은 덜 눌려 있는데, 그들 중 가장 인내가 강한 자도 "더 못하겠다!"고 말하며 울먹이는 듯했다.

11곡 〉〉

영혼들은 무게에 짓눌려 몸을 구부린 채 느리게 움직이면서, 그들 자신과 우리의 안녕을 위해 기도하고 있었다. 그들은 괴로움으로 지친 몸을 이끌고 첫 번째 고리를 오르면서 속세의 죄를 씻고 있었다. 우리는 그들이 이 세상에서 가져간 때를 씻어내도록 도와야 한다. 그래야 그들은 가볍고 순수하게 별의 운행 속으로 오를 수 있을 것이다.

"연민과 정의가 당신들을 무거운 짐에서 자유롭게 하길 빕니다. 그래서 당신들이 날개를 펼치고, 바라는 곳으로 높이 날아오르기를. 가르쳐주시오. 계단으로 가는 지름길을 어떻게 찾을 수 있는지. 혹시 길

교만의 죄값을 치르는 영혼들
단테와 베르길리우스는 연옥의 첫 번째 고리에서 교만의 죗값을 치르기 위해 무거운 바위를 짊어진 영혼들을 만난다. 이들은 자신들이 다른 사람들에 비해 뛰어나다고 생각했지만 지금은 자기의 죄를 씻기 위해 무거운 바위를 짊어지고 있다. 이탈리아 필사본, 1365년경.

이 여럿이라면 덜 험준한 길을 일러주시오. 나와 함께 가는 이 사람은 아직 아담의 육신을 걸치고 있어서 자기 의지와는 달리, 올라가는 것이 더디구려.”

 “우리와 함께 오른편 언덕을 따라가시오. 그러면 살아 있는 사람도 오를 수 있는 길을 발견할 것이오. 나의 오만한 목덜미를 짓누르고, 얼굴을 바닥으로 숙이게 만드는 이 돌이 방해하지 않는다면, 아직 살아 있는 이름 모를 이 사람이 혹시 내가 아는 사람이 아닌지 올려다보고서 짐을 진 등으로 동정을 구하고 싶습니다. 나는 이탈리아 사람이었소. 위대한 토스카나 사람인 굴리엘모 알도브란데스코의 아들이었지요. 그 이름을 들어보았는지 모르겠구려. 고귀한 업적을 쌓은 오랜 가문으로 나는 극도로 거만해져서 우리 모두의 어머니인 이브를 잊어버릴 정도였소. 나는 모든 사람을 깔보았고 끝내 그것 때문에 죽었지요. 시에나 사람이라면 누구나 다 아는 바요. 우리 가문이 다스리던 콤파냐티코의 아이들조차도 모두 알거요. 내 이름은 옴베르토요. 오만의 죄는 나 하나만 황폐하게 한 것이 아니라 집안 모두를 재앙에 빠뜨렸소. 그래서 내 살아 있는 동안에는 거부했던 이 무게를 하느님께서 만족하시는 날까지 죽은 자들 가운데서 참고 견디고 있소."

나는 그의 말을 들으며 머리를 낮게 숙였다. 앞서 말한 사람이 아닌 다른 누군가가 무거운 짐 아래서 몸을 비틀어보더니 나를 알아보고는 소리쳤다. 그의 눈은 계속 나에게 고정되어 있었다. 나는 몸을 구부린 채 그들과 함께 움직이고 있었다. 내가 먼저 말했다.

" 아니, 당신은 분명, 굽비오의 자랑이자, 파리에서 '세밀화' 라 불리는 예술의 대가인 오데리시가 아니오!"

"볼로냐의 프란코가 그린 그림이 더 생생하니 영예는 프란코의 것입니다. 나는 그보다 훨씬 못하지요. 나는 살아 있는 동안 특출하고 싶은 욕망뿐이어서 프란코에게 그리 친절하지 못했어요. 오만의 대가를 여기서 이렇게 치르고 있지만, 내가 죄를 짓는 동안에 그나마 하느님께 향하지 않았더라면 여기 있지도 못했을 것이오. 인간의 능력은 공허한 영광일 뿐이오. 움튼 싹이 이어지는 계절에서 성장하지 못한다면 그 가지 끝에서 얼마나 허망하게 져버리는지! 당신들 세상의 명성은 그렇게 풀잎처럼 왔다가 가는 것이니, 세상에서 풀잎을 자라게 하는 그분이 거둬 가실 것이오."

12곡〉〉

멍에를 진 황소처럼 짐을 진 영혼(오데리시)과 나는 스승님이 허락하실 때까지 나란히 걸어갔다. 이윽고 스승님이 이렇게 말했다.

"이제 그에게서 떠나자. 여기서는 각자 자기 배에 돛을 펼치고, 있는 힘을 다해 노를 저어나가야 한다."

그 말을 듣고 나는 몸을 세웠으나 마음은 겸손하고 넉넉했다. 우리의 발걸음은 가벼웠다.

아라크네
단테는 교만에 대해 벌을 내리는 예를 성서와 그리스 신화에서 취하고 있다. 아라크네(리디아의 베 짜는 여인)는 교만했던 벌로 거미로 변했다. 구스타브 도레 작.

 "아래를 봐라! 네가 발 디디고 있는 돌바닥을 보라. 그러면 기분이 좋아지고, 갈 길이 더 쉬워질 거야."
 산이 깎여 길이 된 이곳에 조각을 새긴 솜씨는 눈물을 자아낼 만큼 절묘해보였다.
 니오베! 난 그 비통한 눈을 보았다. 그녀는 일곱 아들과 일곱 딸의 시체들 사이에서, 길 위에 새겨진 자기 형상을 보고 눈물을 흘렸다.

사울! 자기 칼로 자결하여 길보아 산 위에 죽은 채 누워 있는 줄 알았는데 거기에 내 눈앞에 나타났다. 그가 죽은 이후로 길보아 산에는 비도 이슬도 내리지 않았다.

미친 아라크네! 미네르바와 길쌈 경쟁을 벌이다 거미로 변한 운명. 그 운명을 결정한 찢어진 걸작품을 내려다보며 슬퍼했던 그녀를 거기서 볼 수 있었다. 그 어떤 대가의 붓이 이런 형상들과 명암을 묘사할 수 있겠는가? 죽은 자는 죽은 듯, 산 자는 산 듯 보였다.

"이제 고개를 들어라! 그렇게 생각에 잠겨 허비할 시간이 없다. 저쪽을 봐라! 천사가 오지 않느냐! 벌써 낮의 반이 지나가고 있다. 얼굴과 자세에 경건함을 담아서 천사가 즐거이 우리를 도울 수 있도록 하여라. 오늘이 다시는 오지 않을 것임을 생각해라!"

나는 시간을 허비하지 말라는 그분의 충고에 이미 익숙해 있었다. 흰 옷을 입은 천사가 더 가까이 왔다. 그의 얼굴은 반짝이는 새벽별처럼 빛나고 있었다. 그는 팔을 넓게 벌리고 날개를 펼쳤다.

"이리 오너라! 계단이 가까웠다. 이제 더 쉽게 오르게 될 것이다."

천사가 바위가 부서진 곳으로 우리를 이끌었다. 거기서 날개로 내 이마에 새겨진 P자 하나를 지웠다.

어느덧 우리는 거룩한 계단을 오르고 있었다. 이전에 평지에 있었을 때보다 몸이 한층 가벼운 느낌이 들었다.

"스승님! 무슨 무거운 것이 내게서 없어졌습니까? 계속 올라도 힘겹지가 않습니다."

"네 이마 위에 아직 남아 있는 희미한 P자들이 첫 번째 P처럼 완전히 지워질 때 너의 발길은 선한 희망과 함께 가벼워질 것이다. 오르는 길이 무겁게 느껴지지 않을 것이고 오히려 즐거워질 것이다."

나의 오른손은 열쇠를 지니고 있던 천사가 내 이마에 새긴 일곱 개의 P자 중에서 여섯 개를 찾아냈다. 이를 지켜보던 스승님은 미소를 지으셨다.

13곡 >>

우리는 계단 맨 꼭대기에 서 있었다. 우리는 오르는 사람의 죄를 씻겨주는 산의 두 번째 고리를 보았다. 그곳에는 영혼도, 조각의 흔적도 없었다. 우리는 이미 그 고리를 따라서 걷고 있었다. 세상에서는 일 마일이나 됐을 법한 거리를 선한 의지로 아주 빠르게 지나갔다.

그때 보이지 않았지만 영혼들이 우리를 향하여 날아오면서 사랑의 향연에 정중히 초대하는 말이 들려왔다. 날아오던 첫 번째 목소리가 우리를 지나치면서 크고 확연한 소리로 "그들에게는 술이 없었네"라고 노래했다. 우리는 그들 뒤로 남는 울림만 들을 수 있었다. 그 소리가 멀어져서 사라지기 전에 또 다른 소리가 들려왔다. "내가 오레스테스✝다!" 그리고 그 목소리도 휙 지나갔다. 내가 말했다.

"오, 아버지! 이게 무슨 소리입니까?"

이렇게 묻자 곧이어 세 번째 소리가 지나쳤다.

"너희에게 해를 끼친 자를 사랑하라!"

그러자 스승님이 말했다.

"이 고리는 질투의 죄를 응징하지. 그렇기에 여기서 사용되는 채찍은 질투를 잠재우는 사랑에서 나오는 것이다. 용서의 길목에 다다르기 전에 너는 그 소리를 아주 쉽게 들을 것이라고 여겨지는구나. 이제 앞을 봐라. 잘 보면 저쪽에 사람들이 절벽에 등을 기대고 늘어서 있는 것이 보일 것이야."

나는 눈을 커다랗게 뜨고 앞을 바라보았다. 과연 그들이 기대 선 바위와 같은 색깔의 망토를 두른 한 무리의 망령들이 보였다. 우리가 그들에게로 다가서는 동안 외치는 소리가 들려왔다.

✝ 아가멤논의 아들이며 필라데스의 절친한 친구였다. 필라데스와 함께 아버지를 살해한 아이기토스에게 복수를 하러 갔다가 오히려 사로잡혔다. 그러자 필라데스가 오레스테스처럼 행동하면서 대신 벌을 받으려 했다.

질투의 죄를 지은 자
눈꺼풀이 철사로 꿰매져 있는 질투의 죄를 지은 자들의 모습이다. 모두 장님이므로 하나님의 빛을 우러러 볼 수 없다. 이탈리아 필사본, 1385년경.

"마리아여! 우리를 위해 기도하소서!"
"미카엘이여! 베드로여! 모든 성인들이시여!"

그들이 견디고 있는 고통이 눈에 들어올 정도로 가까이 다가갔을 때 나의 눈에서는 고통의 눈물이 쥐어짜듯 흘러내렸다. 그들의 망토는 조악하기 짝이 없어 보였다. 한 사람의 머리는 다른 사람의 어깨에 의지하였고 모두가 절벽에 기대어 있었다. 그 모습은 축일에 교회 문 앞에서 먹을 것을 구걸하는 장님들을 떠오르게 했다. 마치 새로 포획된 야생의 매처럼 이 망령들의 눈썹은 철사로 꿰매어졌기 때문이었. 그들을 따라 걸으면서 나를 볼 수 없는 그들을 둘러보았다. 뭔가 잘못되어 간다는 느낌이었다. 나는 현명한 길잡이에게 몸을 돌렸다. 그분은 나의 침묵이 뜻하는 바를 알아차리고 묻기도 전에 그들에게 말을 붙여보라고 허락하셨다.

나는 그들에게 말했다.

"언젠가 당신들도 하늘의 빛을 볼 것으로 확신합니다. 그것이 당신들이 바라는 유일한 목표겠지요. 하느님의 은총이 당신들의 의식을 가리고 있는 너울을 곧 거두어주시길 빕니다. 그래서 기억의 흐름이 죄를 잊고 깨끗하게 흘러가도록 해주시길 빕니다. 당신들 가운데 이탈리아에서 온 분이 있는지요? 나에게는 중요한 일입니다."

"형제여! 여기 있는 모든 망령들은 참다운 도시의 시민들이오. 당신 얘기는 이탈리아에서 순례자였던 망령이 있느냐는 말입니까?"

이 대답은 조금 앞 쪽에서 나온 듯했다. 그래서 영혼들이 내 말을 확실하게 들을 수 있는 곳으로 걸음을 옮겼다. 그들 가운데서 뭔가를 기다리는 여자의 망령이 눈에 띄었다. 턱을 쳐들고서 장님이 뭔가를 찾는 모습을 하고 있었다. 내가 말했다.

"당신은 위로 오르고자 몸을 가누고 있군요. 당신이 내 말에 대답한 분이라면 당신의 고향과 이름을 알려주시오."

"나는 시에나 출신이에요. 이 망령들과 더불어 나의 죄스러운 삶을 눈물로 씻고 하느님께서 우리에게 임하시기를 간구하고 있어요. 나는 사피아(현명)라고 불렸지만 현명하지는 않았어요. 난 언제나 다른 사람이 비통해하는 것을 내가 지닌 행운보다 더 즐겼지요. 내 긴 인생의 내리막길에서 고향 사람들이 콜레 교외에서 전투를 벌였지요. 고향을 다스리던 조카의 행운을 심히 못마땅하게 여기고 있던 나는 그저 하느님께서 원하시는 대로 되게 해달라고 기도했어요. 우리 편은 패하여 고통스러운 발길로 들판에 흩어졌지요. 나는 추격하는 적들을 보았어요. 그리고 파도와 같은 맹렬한 희열에 사로잡혔어요. 나는 부끄러운 줄도 모르고 하느님께 외쳤지요. '나는 하느님이 두렵지 않아요. 겨울은 끝났으니까요!' 나는 그때 태양을 예고하는 검은 새였지요. 추우면 숨어 있다가 날씨가 좋아지려 하면 나타나서 다른 새들에게 재잘댔지요. 겨울이 끝났으니 하느님 따위가 다 뭐냐 하면서요. 삶이 끝나가도록 나는 하느님과 화평할 생각을 하지 않았어요. 마지막 순간 회개를 했지만 그것으로는 별 소용이 없었을 거예요. 그러나 거룩한 기도로 나를 기억해주고 나를 위해 자선을 베푼 피에르 페티나이오 덕분에 이렇게 이곳까지 오게 되었어요. 그런데 당신은 누구시기에 그렇게 열심히 물어보시는 거예요? 보이지는 않으니 추측을 해보건대, 당신 눈은 꿰매어지지 않은 것 같고 숨을 쉬는 듯하군요!"

"내 눈도 언젠가는 꿰매어질 것이오. 그러나 잠깐이겠지요. 내 눈은 질투의 죄를 거의 저지르지 않았기 때문이오. 내 영혼을 짓누르는 보다 큰 두려움은 방금 거쳐온 고리의 영혼들이 지은 죄였던 오만일 것이오. 그 영혼들이 지고 다니는 무게가 느껴진다오."

"당신을 우리에게 이끈 사람은 누구지요? 당신은 돌아갈 것이라고 생각하세요?"

"말씀하지 않고 계시는 이분이 나를 이곳까지 인도하셨소. 나는 살아 있는 사람이에요. 내가 세상으로 돌아가 당신을 위하여 사람들이 기도하도록 해주기를 청한다면 기꺼이 그렇게 하겠소."

"이 얼마나 놀라운 말씀인지! 하느님께서 당신을 사랑하신다는 증거예요! 그래요! 언제든 기도해주셔서 저를 도와주세요. 그리고 당신이 그렇게도 가고 싶어 하는 저 천국의 이름으로 바랍니다. 혹시 토스카나 땅에 가시거든 시에나에 사는 내 일가들에게 내 이름을 일깨워주세요. 그들은 작은 항구 도시 탈라모네에 아직도 미련을 두고 있지만, 그 헛된 희망 때문에 더 많은 것들을 잃게 될 거예요. 건조한 시에나로서는 물이 풍부한 디아나를 간직하는 것이 중요한데, 그마저 잃을지도 몰라요. 그뿐인가요! 제독들도 모든 것을 잃을 거예요!"

14곡 〉〉

"죽음이 날아들기도 전에 우리 산을 돌아다니는 이자는 누굴까? 눈을 제 맘대로 떴다가 감았다가 하네."

"누군지는 모르지만 보아하니 혼자는 아냐. 네가 더 가까이 있으니까 좀 물어보지 그래? 예의를 차려서 대답을 들을 수 있게 하라고!"

내 오른편에서 두 영혼이 서로 기대고 서서 나에 대해 얘기하고 있었다. 둘 중 하나가 말을 걸기 위해 고개를 들었다.

"아직도 몸에 담겨진 채 하늘을 향해 가고 있는 영혼이여! 하느님께서 내리신 자비로 우리를 위로해주시오. 당신은 어디서 왔으며 누구인가요? 당신은 지금까지 없었던 일을 바라는 만큼 우리를 참으로 놀랍게 만듭니다."

"토스카나 지방 한가운데를 흘러가는 팔테로나에서 시작한 작은 물줄기의 흐름이 백 마일도 채 되지 않는 곳, 피렌체에서 이 몸은 태어났소. 나의 이름은 아직 세상에 널리 알려지지 않았으니 내가 누구라고 말해도 소용없을 것이오."

"당신이 말하는 바를 내가 잘 헤아렸다면 그 작은 물줄기란 아르노 강을 말하는 것이군요."

먼저 말하던 자가 대답했다. 다른 영혼이 그에게 말했다.

"왜 저 사람은 강 이름을 숨기려 했을까? 마치 너무 무서워 말할 수 없다는 듯이 말이야."

"그 강물이 흘러내리는 곳에는 깨물기보다는 짖는 데 능한 강아지 같은 아레초 사람들이 살았는데, 그 꼴을 보기가 싫었던지 강물은 방향을 틀어버렸지. 주변에서 언제나 전쟁이 일어나는 저주받아 처참한 강물은 계속 흘러내려 강폭이 넓어지면서 강아지가 늑대에게 길을 내주는 꼴이었어. 늑대는 바로 피렌체 사람들을 의미하지. 그런 후에 굴곡이 많이 진 곳을 통과한 강물은 꾀가 많은 여우 같은 피사 사람들을 만나는데, 그들은 인간의 기술로 고안된 함정은 두려워하지 않았다고 하지. 내가 보니 당신 손자는 거친 물결을 막고 선 강둑 위에서 사냥꾼이 되어 늑대들을 부들부들 떨게 하는구나. 그는 늑대 고기를 산 채로 팔고 늑대를 늙은 짐승처럼 도륙해버렸지. 그렇게 당신 손자는 그들의 목숨을 빼앗으며 자신의 명예를 더럽혔어. 그가 피범벅이 된 채 그렇게 혼란에 빠진 늑대들의 도시 피렌체에서 나온 후로 피렌체는 천 년이 지나도 전처럼 융성하지 못하고 폐허가 되고 말거야."

뼈에 사무치는 재앙의 소식을 들으면 그 재앙이 어디에 닥친 것이든 듣는 자의 얼굴이 창백해지는 것처럼, 주의 깊게 듣고 있던 다른 영혼은 그 말뜻을 다 이해했다는 듯 괴롭고 슬픈 표정을 지었다. 한 사람의 말과 다른 사람의 표정을 보면서 나는 그들이 누구인지 알고 싶어졌다. 나는 정중히 그들의 이름을 물었다. 그러자 내게 먼저 말했던 영혼이 다시 말했다.

"당신은, 당신이 나에게 하고 싶지 않은 것을 내가 당신에게 해주기를 바라고 있군요. 그러나 하느님께서 당신에게 그렇게 두터운 자비를 비추고자 하셨으니, 내 인색하지 않겠소. 나는 귀도 델 두카였소. 나의 피는 언제나 질투로 부글부글 끓고 있었소. 혹시나 기뻐하는 사람들을 보면 그 기쁨에 창백해지는 내 얼굴을 볼 수 있었을 거요. 내가 뿌린 씨앗을 지금 이렇게 수확하고 있소. 나는 이제 말하기보다는 차라리 울고 싶소. 우리의 얘기가 내 마음을 슬프게 하기 때문이오."

우리만의 외로운 길을 걸어가고 있는데 갑자기 청천벽력 같은 소리가 위에서 우리를 덮쳐왔다.

"누구든 나를 만나면 나를 죽여라!"

그 소리는 느닷없이 구름이 찢어지고 나서 흩어지는 천둥소리처럼 우리를 지나쳐 굴러갔다. 귀가 회복되자 곧 두 번째 소리가 들려왔다. 지나간 천둥소리에 연이어 다시 꽝 때리는 소리가 들렸다.

"나는 돌이 된 아글라우로스✣다!"

나는 앞으로 나아가지 못하고 시인에게 가까이 다가섰다. 우리 주변은 다시 한 번 조용해졌다. 베르길리우스가 말했다.

"이것은 사람들이 자기 분수를 지키도록 만든 억센 재갈이었다. 그러나 사람들은 미끼에 걸려들어 낚시 바늘을 냉큼 물어 적대자의 꼬임에 넘어간다. 재갈이나 박차가 사람들에게는 헛된 것들이로구나. 하늘은 사람들 주위를 돌며 그 영원한 아름다움을 드러내면서 사람들을 부른다. 하지만 사람들은 바닥만 내려다보고 있다. 그래서 모든 것을 주관하시는 그분은 사람들에게 벌을 내리시는 것이다."

✣아테네의 왕 케크로포스의 딸로, 언니가 헤르메스의 사랑을 받는 것을 질투하다가 벌을 받아 돌로 변했다.

그림으로 보는
연옥의 구조

    단테는 아침에 거대한 산으로 이루어진 연옥에 도착한다. 지옥의 어둠에서 빛으로 나온 것이다. 연옥을 지키는 카토는 카이사르에게 굴복하지 않고 로마의 공화정이 종말에 이르는 것을 지켜보며 자결을 함으로써 치욕을 모면했던 인물로, 자유의 상징이다. 그래서 카토는 신앙을 갖지 않았고 자살했지만 지옥이 아닌 연옥에 와 있다. 그렇게 연옥은 의지가 가장 중요한 곳이다. 이 의지는 연옥의 산을 오르고 또 오르면서 죄를 씻고 마침내 빛으로 나아가고자 하는 의지를 가리킨다.

    연옥의 입구에는 두 개의 비탈이 단테를 기다린다. 첫 번째 비탈은 성스러운 교회를 능멸하다가 죽을 때 회개하고 뉘우친 자들이 죄를 저지른 시간의 삼십 배의 기간을 머무르는 곳이다. 두 번째 비탈은 게으른 나머지 회개를 미루던 영혼들이 그 미룬 횟수만큼 하늘이 주위를 도는 동안 머무르는 곳이다. 연옥에서는 시간이 중요하다. 산을 오르면서 죄를 씻고 구원을 얻는 곳이기 때문에 시간을 단축하고 빨리 올라가려는 열망이 넘치는 곳이다. 그 열망을 담아내는 기도, 특히 남이 해주는 기도는 죄를 씻는 데 가장 중요하다. 그래서 이곳의 영혼들은 기억되기를 원하고 단테가 만난 영혼들은 세상에 돌아가거든 자기를 아는 사람들에게 소식을 전해달라고 부탁한다.

    세 개의 계단을 올라 연옥 문에 이른 단테의 이마에, 그곳을 지키던 천사는 죄를 의미하는 P자 일곱 개를 새겨준다. 이곳을 지나 본격적인 연옥이 시작된다. 첫 번째 고리에는 오만의 죄를 지은 자들이 무거운 짐을 지고 느릿느릿 산을 오른다. 남을 깔보고 잘난 체하는 사람에게 남보다 앞서 나갈 수 없는 벌은 잔혹한 것이다. 두 번째 고리에 있는 시기와 질투의 죄를 지은 자들은 두 눈이 철사로 꿰매져 있어 하느님의 빛을 볼 수 없다. 세 번째 고리에는 쉽게 분노한 자들이 탁한 연기 속에서 죄를 씻고 있다. 네 번째 고리에는 태만한 자들이 한순간도 쉬지 못하고 떼 지어 달리고 있다. 미적지근한 사랑과 미루는 버릇을 지닌 자들이 여기에 해당된다. 다섯 번째 고리에는 인색한 자들과 낭비한 자들이 땅바닥에 뒹굴며 처절하게 울고 있다. 여섯 번째 고리에는 음식을 탐한 자들이 갈증과 허기에 괴로워하며 비쩍 말라비틀어진 몰골을 하고 정죄의 기도를 올린다. 일곱 번째 고리에는 애욕의 죄를 지은 자들이 불의 치유와 찬송의 음식으로 죄를 씻고 있다.

    이렇게 산을 오르면서 단테의 이마에 새겨진 P자는 하나하나 사라진다. 마침내 죄의 기억을 지우는 힘을 지닌 레테 강에 이르고 이어 선행의 기억을 회복시키는 에우노에 강에 몸을 적시면서 단테는 지상의 모든 죄를 씻고 순수한 존재로 다시 살아나 천국으로 오를 자유로운 의지를 갖는다. 이곳에서 베르길리우스는 길잡이로서의 역할을 다한다. 대신 베아트리체가 나타나 천국으로 인도한다. 베아트리체와 만나는 장면에서 단테는 교회의 타락을 거세게 비판한다. 단테 자신도 지순한 베아트리체 앞에서 어떤 죄책감에 시달리며 재회의 기쁨보다는 어머니를 마주한 죄 많은 어린애처럼 흐느낌과 경외로 베아트리체를 맞아들인다.

　연옥은 정죄와 희망의 왕국이다. 죄를 씻고 구원을 얻을 기회를 다시 한 번 가진 영혼들이 쉼 없이 기도하며 산을 오른다. 상승의 의미가 가장 피부에 와 닿는 곳이다. 지옥에서 베르길리우스는 연옥의 정죄산까지 오를 계단은 아직 많이 남았다고 말한다. 지옥에서 그들은 지구의 중심으로 내려갔으나 사실은 구원을 향해 올라갔다. 중력에 따라 하강했으나 사실은 하느님의 전체 세계에서는 상승한 것이다. 다만 지옥에서는 그 사실을 몰랐고 연옥에서는 상승의 의미를 비로소 깨달은 차이가 있다. 죄를 짓고 벌을 받는 것은 비슷하나, 죄와 죄의 씻음을 모르는 지옥과 그것을 절실하게 알고 추구하는 연옥은 서로 극명한 대비를 이룬다.

에덴 동산 단테와 베아트리체가 만난다
마텔다가 단테를 레테 강과 에우노에 강에 적신다.
은총의 천사
7고리 애욕의 죄를 진 자들이 정죄한다
단테가 연옥의 일곱 고리를 오르며 죄를 정죄할 때마다, 천사들이 나타나 그의 이마에 새겨진 일곱 개의 'P자'를 하나씩 지워준다.
절제의 천사
6고리 탐욕의 죄를 진 자들이 정죄한다
정의의 천사
5고리 인색·낭비한 자들이 정죄한다
배려의 천사
4고리 태만한 자들이 정죄한다
평화의 천사
3고리 분노한 자들이 정죄한다
관용의 천사
2고리 질투한 자들이 정죄한다
겸손의 천사
1고리 오만한 자들이 정죄한다

15곡〉〉

늦은 햇살이 우리 얼굴을 가득 비추고 있었다. 갑자기 그때까지 느꼈던 것보다 훨씬 더 밝은 빛이 이마를 때리는 것이 느껴졌다. 내 마음은 알 수 없는 그것에 당황하고 있었다. 나는 두 손을 눈 위로 들어 그 강렬한 빛을 막으려 차양을 만들었다. 나는 그 반사된 빛에 얻어맞은 느낌이 들었다. 그래서 시선을 옆으로 휙 돌렸다.

"스승님! 이게 무엇입니까? 밝은 빛에 제 눈을 가릴 방법이 없습니다. 빛이 우리 쪽으로 오고 있지요? 그렇지요?"

"네가 아직 하늘을 이루는 것에 적응을 못한 것뿐이니 너무 놀라지 마라! 우리를 오르게 하려는 것이다. 그런 것을 보았다고 해서 걱정할 것 없다. 자연이 너로 하여금 느끼도록 마련한 것이니 곧 즐거움이 될 것이다."

우리는 이제 축복받은 천사 앞에 섰다. 그는 기쁜 음성으로 말했다.

"이 길로 가면 아래의 계단들보다 덜 가파른 계단으로 이어질 것이다."

벌써 우리는 그를 지나쳐서 계단을 오르고 있었다. 그때 "자비를 베푸는 자들은 복되도다", "질투를 이긴 자여 즐거워하라!"라는 소리가 뒤에서 윙윙 울려왔다.

다음 고리에 이른 뒤, 나는 갑자기 어떤 황홀한 꿈에 사로잡힌 듯했다. 내가 본 것은 사람들로 가득 찬 어느 성전이었다. 입구에서 한 여자가 어머니처럼 부드러운 모습으로 울고 있었다. 예수가 열두 살 때 예루살렘의 한 성전에 부모와 함께 갔는데, 갑자기 사라져 마리아와 요셉이 찾았다. 그런데 예수는 성전에서 박사들과 교리를 논하고 있었다는 얘기가 떠올랐다. 그 광경은 나타날 때도 빠르더니 사라지기도 빨랐다. 또 다른 여자가 나타났다. 그녀의 뺨은 분노로 솟아나는 눈물로 얼룩져 있었다. 복수를 다짐하며 나오는 분노였다.

"페이시스트라토스✢여! 그 이름 때문에 신들이 싸웠고 모든 예술의

✢아테네의 왕으로, 용서의 상징으로 쓰였다. 어느 날 자신의 딸을 좋아하던 어느 청년이 많은 사람들 앞에서 딸을 껴안자 분노한 왕비는 그를 벌하기를 간청했다. 그러나 왕은 우리를 사랑하는 사람을 벌한다면 우리를 증오하는 사람은 어떻게 할 것이냐고 하면서 용서했다고 한다.

원천으로 빛나는 도시 아테네, 당신이 이 도시의 어른이라면 우리의 딸을 감히 껴안았던 저 무엄한 팔에 복수를 해야 합니다!"

그러고 나자 그 어른(페이시스트라토스)이 대답하는 것 같았다. 얼굴은 온화하고 말씨는 부드럽고 조용했다.

"우리를 사랑하는 자를 벌한다면 우리에게 해를 끼치는 자들은 어떻게 할 것인가?"

그 장면에 이어서 나는 증오로 불길로 이글거리는 사람들을 보았다.

"죽여라, 죽여!"

그들은 한 소리로 악을 쓰며 한 젊은이를 돌로 쳐 죽이고 있었다. 젊은이는 최초의 순교자 스테파노✝였다. 그의 무릎은 벌써 천천히 구부러지고 있었다. 죽음의 무게가 그를 땅에 뉘고 있었다. 그러나 눈은 여전히 천국의 문을 향하면서 하느님께 자기를 죽이는 자들을 용서해달라고 기도하고 있었다. 그의 얼굴에는 그들에 대한 연민이 가득했다.

마침내 나의 영혼이 현실에 눈을 떴을 때 나는 꿈이 현실은 아니었지만 잘못된 것도 아니라는 것을 깨달았다.

16곡 〉〉

나는 수많은 목소리를 들었다. "하느님의 어린양"으로 시작되는 기도는 같은 가사와 같은 가락이었고 완전한 조화를 연출해냈다.

"스승님! 이 소리는 망령들이 내는 것인가요?"

"맞다! 망령들이 분노의 죄를 씻고 있는 거란다."

그때 목소리가 들려왔다.

"당신은 누구기에 몸으로 우리의 연기를 헤치며 가는 겁니까? 당신은 아직 달력으로 시간을 세는 사람처럼 우리에 대해 말을 하고 있군요!"

스승님께서 나에게 말씀하셨다.

✝ 최초의 그리스도인 순교자로서 성난 군중들이 던진 돌에 맞아 죽어가면서도 박해자들을 용서해달라고 기도했다(사도행전 7장 54-60절).

"네가 대답해라! 여기서 저 위로 오를 수 있는지 물어보아라!"

내가 외쳤다.

"영혼을 깨끗이 씻어 아름답게 하여 하느님께 돌아가려는 당신이 나와 함께한다면 놀라운 얘기를 들려주겠소."

"허락되는 데까지 함께 가겠소. 연기 때문에 서로의 얼굴을 볼 수 없다 해도 서로의 말은 들을 수 있을 겁니다."

"나는 죽음을 맞아야 비로소 놓여날 육신에 아직 싸인 채 천국에 오르고 있습니다. 지옥의 고통을 통과해서 이곳까지 왔지요. 하느님께서 특별한 은총을 내리셔서 나는 세상 사람들로서는 생각도 못할 방법으로 그분의 궁정을 보게 될 것이오. 당신은 죽기 전에 누구였는지 말해주시오. 또 이 길이 맞는지도 말해주시오. 당신의 말이 우리의 길잡이가 됩니다."

"나는 롬바르디아 사람이었고 마르코라고 불렸소. 나는 세상이 어떻게 돌아가는지 알고 있었고, 지금은 어느 누구도 허리 굽혀 인사하지 않는 선善을 사랑했소. 당신이 지금 들어선 길로 가면 계단에 이를 것이오."

그는 이렇게 대답하더니 덧붙여 말했다.

"당신이 위에 오르거든 부디 날 위해 기도해주시오."

"그렇게 하지요. 그런데 날 사로잡는 문제가 하나 있습니다. 더 이상 속으로만 생각할 수가 없어요. 바로 이 아래에서 귀도 델 두카와 얘기할 때에는 알 것 같았는데, 지금 다시 마음에 새겨보니 잘 이해가 가지 않습니다. 세상에서는 사실, 당신도 방금 말했지만, 미덕은 싹이 말라 버려 황량하기 그지없고 사악함이 뒤덮여 더 자라나고 있소. 이렇게 된 원인은 무엇이오? 내가 사람들에게 진실을 가르쳐줄 수 있도록 설명을 좀 해보시오. 어떤 사람은 하늘이 그렇게 만들었다고 하고 어떤 사람은 세상 스스로 그렇게 되었다고도 합니다만."

분노의 죄를 씻는 자들

탁한 연기 속에서 단테는 분노의 죄를 씻고 있는 영혼을 만난다. 이탈리아 필사본, 1365년경.

    그는 고통스러운 한숨을 길게 내쉬었다.

    "사람들은 모든 것이 어떤 예정된 계획대로 움직이는 것으로 생각하고 모든 원인을 하늘에 돌리려고 합니다. 그것이 사실이라면, 당신들의 자유의지는 없어질 것이오. 선에 대한 기쁨도 악에 대한 슬픔도 갖지 못하게 될 것이오. 하늘이 사람들의 행동을 주관하시지만, 모든 것을 그리하시는 것은 아니오. 설사 그렇더라도 사람들은 그릇된 것과 옳은 것을 구분하는 스스로의 빛을 지니고 있소. 오늘날 세상이 어지럽다고 해도 원인은 사람들 자신에게 있는 것이오! 처음에 영혼은 하찮은 장난감에 이끌리는데, 길잡이나 재갈이 그 욕망을 바꾸지 않는다면 장난감에 속아 그 뒤를 따라다닐 겁니다. 따라서 사람들은 법률의 구속과 진정한 도시의 탑을 구별할 수 있는 통치자가 필요한 것이지요. 교황과 황제의 권력은 양의 갈라진 발굽처럼 갈라져 있건만……. 사람들은 자신들의 목자가 속세의 재화를 탐하며 먹고사는 것을 보고도 아무 말도 하지 않았소. 세상을 혼란하게 하는 것은 사람들의 썩어빠진 본성이 아니라, 나쁜 통치였소."

17곡》

상상의 힘은 마음을 주위 사물에서 분리시켜 설령 수천의 나팔이 시끄럽게 울려도 아무것도 모르게 한다. 감각이 아무것도 느끼지 못한다면 대체 무엇이 우리를 이끌까? 그것은 빛이다. 빛이 우리를 이끈다. 빛은 천국에서 만들어져 그 자체대로 혹은 그분의 의지대로 우리에게 내려온다. 노래하며 사는 꾀꼬리로 스스로 변신한 여자 프로크네✛의 자취가 상상 속에서 나타났다. 그때 내 영혼은 밖에서 오는 것은 아무것도 받아들이지 못할 정도로 움츠러들었다.

마치 물이 줄어들어 밑에 있던 거품이 저절로 없어지듯 또 다른 광경이 상상 속에서 떠올랐다. 어떤 처녀가 비통하게 울면서 말했다. 그녀는 약혼자(투르누스)가 죽은 뒤 아이네아스의 아내가 된 라비니아였다.

"어머니! 왜 분노로 생명을 파괴하셨습니까? 라비니아를 잃는 대신 스스로 자살을 택하신 건가요? 이제 나를 잃으셨잖아요. 어머니! 저는 약혼자의 파멸보다는 어머니의 죽음을 슬퍼하는 여자랍니다."

감았던 눈에 느닷없이 햇빛이 들이칠 때 잠에서 깼다. 그래도 잠은 완전히 달아나지 않고 잠시 서성거린다. 햇빛이 눈을 가로지르자 그런 광경들은 슬며시 사라졌다. 그 빛은 세상에 알려진 것보다 훨씬 더 강렬했다. 내가 어디 있는지 보려고 주위를 둘러보고 있었는데 어떤 소리가 들려왔다.

✛ 남편이 자기 여동생을 겁탈한 것에 분노하여 아들을 잔인하게 죽여 남편에게 먹였다. 이 죄로 꾀꼬리로 변했다고 단테는 소개하고 있다.

"여기가 올라갈 곳이다."

이 소리는 다른 생각들을 내 머리에서 모두 몰아냈다. 나는 그렇게 말한 사람을 보고 싶은 마음이 간절했다. 너무나 간절하여 얼굴을 확인하지 않고서는 견디지 못할 정도였다.

"하느님의 천사다. 우리가 묻기도 전에 오를 길을 보여주려 오셨다. 자기 자신을 빛 속에 감추시지. 그분의 부르심에 순종해서 빛이 있는 동안 가능한 한 많이 올라야겠다. 어두워지면 오를 수 없을 테니까 말이야."

길잡이가 그렇게 말하자 우리 둘은 누가 먼저랄 것도 없이 계단으로 발걸음을 옮겼다. 한 계단을 딛자마자 곧 날개가 하나 퍼덕이며 나의 얼굴에 바람을 일으키는 듯했다.

"사악한 분노가 없는 자, 화평한 자는 복되도다!"

곧이어 밤으로 이어질 낮의 마지막 햇살은 이미 우리에게 드리워졌고 별들은 여기저기서 모습을 드러내기 시작했다.

"왜 이렇게 힘이 빠질까?"

두 다리에서 기운이 빠져나가는 것을 느끼며 나는 계속 중얼거렸다. 우리는 층계의 마지막 계단까지 올라갔다. 그곳에서 우리는 마치 나루터에 이른 배처럼 꼼짝 않고 있었다. 나는 잠시 이 새로운 곳에서 무슨 소리가 들려올까 귀를 기울였다가 스승님을 바라보며 질문했다.

"인자하신 아버지! 이 고리에서는 무슨 죄를 지은 망령들이 죄를 씻는지요? 발길은 멈추었지만 가르침은 멈추지 마세요."

"사람들은 어떤 악을 이웃처럼 가까이 두고 사랑하지. 이런 사랑은

하느님의 천사
단테와 베르길리우스 앞에 천사가 나타나 길을 보여준다. 연옥산 매 층의 봉오리에 오를 때마다 천사는 날개로 단테의 이마 위에 새겨진 P자를 지워준다. 베네치아 필사본, 14세기 말.

필멸의 육체에 세 가지로 솟아오른다. 그것은 교만, 질투, 그리고 분노다. 그 다음, 남이 높아지면 자기의 명예와 명성, 힘과 은총을 잃을까 두려워하는 사람이 있어. 그는 두려움에 휘말려 최악의 선택을 하게 되지. 마지막으로, 잘못된 격정에 휘말려 복수에 모든 열정을 쏟아 붓는 사람이 있어. 오로지 남에게 해를 입히는 궁리만 하지. 이러한 잘못된 세 가지 사랑을 한 망령들은 이곳에서 죄를 씻고 있다. 사람들은 누구나 마음을 쉬게 해주는 선을 모호하게나마 알고 추구한다. 그래서 사람들은 그런 목표에 다다르기를 열망하지. 그저 미적지근한 사랑으로 그 목표를 이루려했던 사람들이 이 고리에서 참회한 뒤 벌을 받는 거야. 선도 하나가 아니야. 완벽한 기쁨을 가져오지 못하는 선이 있어. 그 선은 진실한 본질이 아니고 모든 선의 뿌리와 열매도 아니란다. 이런 선에 굴복한 사랑의 죄를 지은 망령들은 우리가 앞으로 올라갈 위의 세 고리에서 죄를 씻고 있다. 그처럼 사랑의 성격이 세 가지로 나뉘게 된 이유는 네가 스스로 찾아내는 것이 좋겠구나."

18곡 》

한밤중이지만, 달은 마치 불에 달구어진 양푼처럼 빛나면서 우리 눈으로 볼 수 있던 별을 희미하게 만들고 있었다.

그러나 졸음은 오래 가지 않았다. 갑자기 등 뒤까지 따라온 영혼들의 소리가 들렸기 때문이다. 옛날에 이스메누스와 아소푸스(테베 근처를 흐르는 두 강. 그곳을 따라 바쿠스의 축제가 광란 속에서 열렸다)가 보았던 광기와 혼란 속에서 열렸던 테베의 수호신 바쿠스를 숭배하는 의식, 나는 우리 등 뒤의 영혼들이 선한 의지와 사랑의 채찍질에 둑을 돌아서 돌진하고 있는 모습을 보았을 때 그 모습을 생각했다. 그 거대한 무리의 망령들은 금방 우리를 따라잡았다. 그들은 전체가 떼를 지어 달려왔는데, 그 중 둘이 앞으로 나서면서 울며 소리쳤다.

"마리아께서 급한 걸음으로 산으로 가셨고 카이사르는 알레르다를 굴복시키려고 마르세유를 거쳐 스페인으로 내달았다."

그러자 다른 망령들이 뒤에서 소리쳤다.

"더 빨리! 시간이 사랑이니, 허비할 시간이 없다. 선을 행하려는 노력에 은총이 다시 피어날지어다!"

그때 나의 스승님이 말했다.

"선을 행하는 미적지근한 사랑이 저지른 게으름과 미루는 버릇을 이제야 저 불꽃 같은 열정으로 씻어내려 하는구나! 이보시오! 이 살아 있는 사람이 날이 밝으면 저 위로 올라가려 하는데, 가장 가까운 길을 알려주시오."

그러자 망령들 중 하나가 대답했다.

"우리 뒤를 따라오시오. 그럼 당신들 스스로 길을 찾을 것이오. 우리는 멈출 수가 없소. 달리고 싶은 욕망이 우리를 이렇게 계속 달리게 만든다오. 미안하지만, 멈춰서 천천히 얘기해주지 못해도 용서해주기

태만의 죄를 씻는 영혼들
쉬지 않고 떼 지어 태만의 죄를 진 자들이 달리고 있다. 단테가 처한 시대도 오늘날과 마찬가지로 육체의 게으름보다 영혼의 게으름이 더더욱 사람들의 질타를 받았다. 보티첼리, 1495년경 작.

연옥 193

바랍니다. 나는 베로나에 있는 산 제노의 수도원장이었소. 선한 황제 바르바로사가 통치했을 때였지요. 그분은 밀라노를 파괴했기 때문에 지금 밀라노는 그분에 대해 좋지 않게 말합니다. 벌써 발 한 쪽을 무덤 구덩이에 넣은 자✝가 있는데 얼마 안 가 권력을 후회하게 될 거요. 그 자는 수도원을 굴복시켰던 적이 있소. 몸이 성치 못한 데다가 심성 또한 나쁘고 사악하게 태어난 제 자식을 참된 목자의 자리에 앉혔으니 말이오."

그렇게 말하던 망령은 벌써 우리 곁을 스쳐 멀어져갔다. 말을 계속했는지 그쳤는지는 모르겠지만 이 정도도 만족스러웠다. 필요할 때면 언제나 도움을 주던 스승님이 말했다.

"나태에 재갈을 물린 채 뛰어가는 저 망령들을 봐라! 바다에 길을 트고 이집트에서 탈출한 유대민족은 요르단에 이르기 전에 죽었다. 그리고 아이네아스와 끝까지 고난을 함께하지 않은 사람들은 삶을 불명예스럽게 마쳤다."

망령들은 부지런히 속도를 내서 멀리 갔기에 이제는 보이지 않았다. 그러자 새로운 생각이 떠올랐고, 꼬리를 물고 다른 생각들이 계속 생겨났다. 나는 이리저리 생각하며 설핏 몽롱해져 눈을 감았다. 떠가는 생각들은 꿈으로 녹아들었다.

19곡 >>

낮의 열기가 지구의 냉기로 꺼져 달의 한기를 이기지 못하는 시간이었다. 토성도 지구처럼 그럴 시간이었다.

한 여자가 꿈에 나타났다. 사팔뜨기 눈에 말을 더듬고 절룩거리면서 누리끼리한 피부에 두 손이 뒤틀려 있었다. 나는 그녀를 응시했다. 태양이 밤의 냉기에 마비된 몸을 소생시키듯이, 그녀를 바라보는 나의

✝ 베로나의 군주 알베르토 델라 스칼라를 가리킨다. 1301년에 죽었으니, 단테가 이곳을 여행하던 1300년에는 죽기 직전이었던 셈이다. 1292년 자신의 서자였던 불구의 주세페를 산 제노 수도원장으로 앉혔다. 모세의 율법에 따르면 불구자는 사제가 될 수 없다.

눈은 그녀의 혀를 풀어주었고 그녀의 몸을 곧추 세워주었으며, 그녀의 병약한 얼굴에 사랑이 찾아올 듯한 화색이 돌게 했다. 혀가 풀리자 그녀는 노래를 부르기 시작했다. 난 거기에 마음이 빼앗겨 눈을 뗄 수가 없었다. 노래의 내용은 이러했다.

"나는 예쁜 세이렌이에요. 내 노래는 바다에서 선원들을 어루만져 기쁘게 하지요. 내 노래는 오디세우스의 표랑의 길을 그만두게 했지요. 나와 함께 사는 사람은 떠날 수가 없어요. 나에게 취하니까요."

그녀의 입이 닫히기도 전에 어떤 거룩한 여인이 나타나 내 옆에 섰다. 마치 세이렌의 술책을 막으려 준비한 듯했다. 그 여인이 외쳤다. 목소리에 노기가 서려 있었다.

"베르길리우스! 이 여자는 누군가요?"

베르길리우스는 그 고귀한 분께 시선을 고정시킨 채 세이렌을 향해 몸을 움직였다. 세이렌을 잡고 옷을 젖혀 배가 드러나도록 했다. 거기서 뿜어 나오는 악취에 나는 잠이 깨고 말았다. 나는 어지신 스승님을 보았다. 그가 말했다.

"세 번이나 널 불렀다. 일어나서 네가 들어갈 문을 찾아보자!"

나는 벌떡 일어났다. 거룩한 산자락들 사이로 벌써 햇빛이 가득했다. 우리는 새로 뜬 해를 등지고 걸었다. 그분을 따라가면서 빠져든 생각의 무게로 고개가 숙여졌다. 다리의 아치 모양 같았을 것이다. 그때 갑자기 "이리로 오라! 여기가 길이다!"라는 목소리가 들렸다. 우리의 필멸의 세상에서는 도저히 들을 수 없는, 은총으로 가득 찬 부드러운 음성이었다. 그리고 천사는 백조의 깃 같은 날개를 활짝 펴고 단단한 바위가 높이 치솟아 이룬 두 개의 벽 사이로 우리에게 길을 만들어주었다. 천사는 날개를 움직여 우리에게 바람을 일으키며 애통하는 자들은 천국에서 위로를 받을 것이니 복을 이미 받았다고 선포하고 있었

세이렌
단테의 꿈속에 탐욕과 음란의 화신인 세이렌이 나타난다. 워터하우스 작.

다. 천사를 지나 좀더 올라왔을 때 길잡이가 말했다.

"무슨 이유로 땅만 바라보고 있느냐?"

"이상한 꿈을 꾸었습니다. 거기서 본 환영이 끔찍하게 아직도 날 사로잡고 있습니다. 정신을 차릴 수가 없습니다."

"네가 본 것은 늙지 않는 요녀였어. 탐욕과 대식, 음탕에 빠져 그녀에게 넘어간 영혼들이 우리 위에서 참회하고 있다. 너는 사람들이 그녀에게서 어떻게 벗어나는지도 보았다. 이제 더 빨리 움직이자. 영원한 왕께서 영원히 밀어주시는 권능의 하늘의 부르심을 바라보아라!"

제 발만 멀거니 보고 있던 매가 욕심을 내던 먹이의 울음소리를 듣고 그것을 채려고 준비한 날개를 활짝 펴는 것처럼, 나도 그렇게 했다. 바위 사이로 난 오르막길의 끝에 다다르기 위해 나는 필사적으로 노력했다. 그리고 마침내 다음 고리 위로 올라섰다. 다섯 번째 고리에 섰을 때 나는 바닥에 넙죽이 엎드려 얼굴을 숙인 채 눈물을 흘리는 영혼들을 보았다.

"내 영혼이 바닥에 붙었다!"

무거운 한숨과 함께 저들의 말이 들릴 듯 말 듯 들려왔다.

"정의와 희망으로 하느님께서 내리신 고통을 참고 있는 하느님의 선택된 영혼들이여! 더 높은 계단으로 이르는 길을 알려주시오!"

"당신이 우리처럼 엎드리지 않아도 되고 가장 빠른 길을 찾고자 한다면 당신들의 오른손을 언제나 가장자리 쪽에 두시오!"

시인의 요청에 이런 대답이 우리 바로 앞 어딘가에서 나왔다. 아주 가까웠기 때문에 나는 그 숨은 얼굴을 알아볼 수 있었다.

"눈물로 정죄를 완성해나가는 영혼이여! 정죄 없이는 아무도 하느님께 돌아갈 수 없겠지요. 청하건대, 당신의 그 중요한 일을 잠시만 멈추세요! 당신은 누구였고 여기 모두는 왜 이렇게 엎드려 있는지 말해주세요! 나는 저 세상에서 산 채로 떠났고 다시 돌아갈 텐데, 그 세상에서 당신을 도울 길이 있겠습니까?"

"하늘이 왜 우리가 하늘을 등지도록 하셨는지 당신은 알게 될 겁니다. 그러나 먼저 내가 베드로의 후계자, 즉 교황 하드리아누스 5세였다는 것을 알아두시오. 난 너무 늦게 뉘우쳤소. 로마의 목자가 되었을 때 비로소 세상의 거짓을 알게 된 거요. 그때까지 난 비참한 영혼이었소. 하느님으로부터 버림받은 탐욕의 노예였소. 여기서 난 그에 대한 벌을 받고 있소. 탐욕이 하는 일은 이렇게 바닥에서 회개하는 영혼들의 정죄 속에서 밝혀지는데, 이 정죄산에는 그보다 더 가혹한 벌은 없는 것 같소. 탐욕이 선에 대한 사랑을 망쳐버렸고 그 사랑 없는 우리의 삶은 헛된 것이었소. 또 정의의 힘이 우리의 손과 발을 바닥에 단단히 묶어두었소. 그래서 의로우신 주님을 기쁘게 할 때까지 우리는 이렇게 엎드려 꼼짝 못하고 있어야 하는 거요."

나는 이미 무릎을 꿇은 상태였다. 나는 말을 시작했지만, 첫마디에 그 영혼은 내 말의 속뜻을 알아차리고 말했다.

"왜 당신은 내게 무릎을 꿇는 것이오?"

"당신의 권위 앞에서 나의 양심은 날 똑바로 서지 못하게 합니다."

"일어나시오! 당신은 무릎을 꿇어서는 안 됩니다. 나는 당신뿐 아니라 다른 모든 사람들과 함께 유일한 권능이신 하느님의 노예니까요! 일찍이 예수님은 부활 이후에 결혼하는 일은 없으며 성직자들의 상징적 결속도 의미가 없어진다고 하셨소. 이제 더 머물지 말고 떠나시오."

20곡〉〉

늙어빠진 탐욕의 암늑대에게 하느님의 심판이 내리시길! 끝없이 갈구하는 굶주림 때문에 다른 짐승들보다 더 많은 희생자를 요구하는구나! 하늘의 운행이 인간의 운명을 결정한다고 하던데, 그 짐승을 몰아낼

분은 언제 오실까?

　엎드린 영혼들이 없는 곳을 골라 조심스럽게 발을 내딛었다. 그때 갑자기 산이 흔들리는 느낌이 들었다. 마치 금방이라도 무너질 것 같았다. 그와 함께 죽음에 사로잡힌 듯 내 몸이 굳는 것을 느꼈다. 사방에서 우레 같은 소리가 크게 들려왔다. 스승님이 가까이 다가와서 말했다.

　"내가 너의 길잡이로 있는 한 두려워할 것 없다."

　고함소리는 한결같이 "지극히 높은 곳에서 하느님의 영광"이라고 노래하고 있었다. 내가 분명히 들을 수 있을 정도로 가까이 있는 영혼에게서 들린 것이었다. 그 노래를 처음 들은 목자들처럼 우리는 찬양이 끝나고 진동이 멎을 때까지 꼼짝 않고 멍하니 서 있었다. 그러고 나서 거룩한 길을 다시 걸었다. 눈 아래에는 엎드린 영혼들은 다시 자신을 통곡에 온전히 내맡기고 있었다. 나의 기억이 틀리지 않다면, 그때만큼 나의 무지가 진실에 대한 격렬한 욕구를 불러일으킨 적이 없었다. 그러나 감히 질문을 던지느라 길을 지체하지는 못했다. 나는 알고자 하는 마음을 간신히 붙들어맸다. 또 거기서는 어떤 설명도 볼 수가 없었다. 나는 약간 의기소침하여 생각에 깊이 잠긴 채 걸었다.

탐욕스러운 자들
여기저기 땅바닥에 탐욕스런 자들의 영혼들이 엎드려 울고 있다. 단테는 그들에게 동정을 보낸다. 구스타브 도레 작.

21곡>>

사마리아의 처녀가 오랫동안 갈구하던 그 물이 아니고서는 그 무엇도 만족시킬 수 없는 갈증이 나를 괴롭혔다. 영혼들로 북적거리는 길을 따라서 급하게 걸으면서도 나는 그 영혼들이 치러야 하는 고통에 슬픈 마음이 들었다. 그리스도가 부활하여 길 가던 두 사람 앞에 나타난 것처럼, 한 그림자가 앞에 나타났다. 그는 우리가 망령들을 밟지 않으려고 조심하는 동안 뒤에서 나타났는데, 우리는 그가 말을 꺼낼 때까지 모르고 있었다.

"형제들이여! 하느님의 평화가 내리시길!"

우리는 재빨리 뒤를 돌아보았다. 베르길리우스가 그의 말에 적절하게 응대했다.

"나를 림보에 영원히 귀양 보내신 하느님의 진실한 법정이 당신을 축복의 모임에 평화로이 두시길 바랍니다."

"당신들이 하느님의 의지가 받아들이지 않은 영혼들이라면 누가 그분의 계단을 이렇게 높이 오르도록 한다는 말입니까?"

우리가 걸음을 재촉하는 동안 그가 말했다. 그러자 스승님이 말했다.

"천사가 이 사람의 이마에 새긴 표시를 보면 이 사람이 정의와 함께한다는 것을 알 것이오. 그러나 그의 영혼은 혼자 올라올 수 없었소. 그의 눈은 우리 눈처럼 보지 못하기 때문이오. 그래서 길잡이 노릇을 해주러 지옥의 벌어진 목구멍부터 시작하여 이렇게 내 지식이 허용하는 한까지 그를 안내하고 있소. 그런데 산이 방금 왜 그렇게 요동을 쳤는지 말해줄 수 있겠소? 모든 영혼들이 왜 이렇게 바닥이 꺼질 듯이 한 목소리로 고함을 쳤는지 말해주시오!"

"이 산을 지배하는 신성한 법에 따라, 불규칙하고 비관습적인 일은 결코 일어나지 않는다오. 이곳은 어떤 변화도 허용하지 않지요. 다만 하늘의 변화가 이곳의 모든 것을 받쳐주고 있소. 따라서 비와 우박, 눈,

이슬, 서리 따위는 세 계단으로 된 이 층계 너머로 떨어지지도 않지요. 짙거나 엷거나 간에 구름은 도통 없으며, 빛이나 저 아래 세상에서는 여기저기 옮겨다니는 타우마스의 딸(무지개)도 여기에는 없소. 아마 저 아래에서는 지진도 가볍거나 심하게 일어나는 모양인데, 땅에 숨은 바람이 일으킨 진동은 이곳의 높이까지 도달한 적이 없소. 나도 왜인지는 모르지만 말이오. 이 산의 진동은 어떤 영혼이 깨끗해졌음을 느끼고 몸을 일으켜 세우거나 단번에 위로 올라가느라 생깁니다. 오직 올라가려는 의지만이 영혼이 정화되었다는 것을 증명해줍니다. 정화된 영혼은 자기 자리를 바꿀 정도로 자유로운 의지를 갖게 되는 거지요. 이 영혼은 전에도 위로 올라가려는 의지가 있었지만, 그것은 절대적인 의지가 아니라 하느님의 정의에서 벗어나는 조건부의 의지였기에 한때 지은 죄를 씻기 위해 고통을 겪어야 하는 것입니다. 오백 년도 넘게 이곳에 고통스럽게 누워 있던 나는 이제야 저 높은 나라로 올라갈 자유로운 의지를 느꼈습니다. 그래서 산이 진동하고 이 산에 있는 경건한 영혼들이 하느님을 찬미했던 것이지요. 그들도 하느님께서 부르시기를 나는 간절히 기도합니다."

이것이 그의 설명이었다. 나의 기쁨은 표현할 길이 없었다. 갈증이 더할수록 해갈의 기쁨도 큰 법이다. 현명한 길잡이가 말했다.

"이제야 당신들을 여기에 붙잡아놓는 죄의 그물을 알겠소. 또 그 그물에 어떻게 구멍이 뚫리고 왜 이곳이 진동하며 또 당신들이 함께 기뻐하는지 알겠소. 헌데 당신이 누구였는지 알려줄 수 있겠습니까? 어쩐 일로 여기서 수백 년 동안 누워 있었는지 말씀해주시오."

"유다가 팔아먹은 피가 뿜어져나오던 상처를 왕 중 왕의 도움으로 로마의 티투스 황제가 예루살렘을 파괴하고 유대인들을 박해하면서 복수했을 때, 나는 가장 훌륭하고 오래 남을 이름을 갖고 로마에서 살았으나 그때까지만 해도 그리스도교 신앙은 없었소. 나의 문학이 너무나 훌륭했기에 비록 프랑스 사람이었지만 로마는 내 머리에 월계관을 씌워주었소. 그곳 사람들은 아직도 날 스타티우스라고 부릅니다. 난 테베를 노래했고 위대한 아킬레스를 읊는 책을 두 권째 쓰다가 쓰러졌소. 내 열정의 씨앗이 된 것은 수많은 사람들의 빛이 되고 내 마음을 뜨겁게 타오르게 한 저 거룩한 불꽃들이었는데, 이는 곧《아이네이스》를 두고 하는 말이오. 그 작품이야말로 나의 어머니였고 내 문학의 유모였소. 그것 없이 나의 문학은 아무것도 이루지 못했을 겁니다. 베르길리우스가 살았을 때 나도 살아 있었더라면, 일 년을 더 이 산에서 머무른다고 해도 좋을 것이오."

이 말을 듣고 베르길리우스가 내게 몸을 돌렸는데, 그 얼굴이 침묵으로 이렇게 말하고 있었다. "잠자코 있어라!" 그러나 사람의 의지는 때로 약해지기도 한다. 웃음과 울음은 그것들을 터뜨리는 열정에 아주 가까운 것들이어서 그들에 따를수록 의지는 약해진다. 나는 미소를 지었다가 눈 깜박할 사이에 미소를 거두었다. 눈은 비밀을 드러내기 마련이다. 아니나 다를까 그 영혼은 내 눈을 가만히 들여다보더니 이렇게 물었다.

"당신이 뭔가 감추느라 애쓴 것은 하느님께서 아실 것이오. 방금 당신 얼굴에 미소가 어린 이유를 알려주시겠소?"

이제 나는 이편과 저편에 다 걸린 꼴이었다. 한쪽은 내게 말하라 하고 다른 쪽은 말하지 말라고 하니, 한숨만 나왔다. 스승님이 이를 알고 말했다.

"걱정 말고 말해주어라! 그가 그렇게 간절히 바라는 대답을 해주어라."

"당신은 내 미소가 이상하다고 여기셨는데, 당신이 놀랄 만한 얘길 해주겠소. 나의 눈을 하늘로 이끄시는 이분이 바로 베르길리우스요. 당신에게 사람과 신에 대해 노래하는 힘을 주신 그분이지요. 내가 미소를 지은 이유는 바로 그것뿐입니다. 당신 얘기가 내 미소의 죄라면 죄가 되는 것이지요."

그 영혼은 벌써 내 스승님의 발을 안으려고 허리를 굽히고 있었다.

"형제여! 당신이나 나나 같은 망령이니, 그러지 마시오."

그러자 그가 일어나며 말했다.

"이제 당신께 품은 사랑의 깊은 열정을 아시겠지요. 우리가 텅 빈 그림자임을 잊어버리고 껴안을 수 있는 형체가 있다고 생각했군요."

22곡 〉〉

우리는 벌써 우리를 여섯 번째 고리로 이끌고 내 이마에 새겨진 죄를 지워준 천사를 뒤로 하고 있었다. 천사는 정의를 갈망하는 사람에게 축복이 내린다고 말했다. 나는 이전의 어떤 계단에서보다 가벼워진 느낌이 들었다. 나는 날렵하게 올라가는 영혼들을 따라 수월하게 올라갔다. 베르길리우스가 스타티우스를 향해 입을 열었다.

"로마의 시인 유베날리스가 지옥의 림보에 내려와 나에 대한 당신의 애정을 말해준 때부터, 당신을 향한 선한 의지가 커져가는 것을 느꼈어요. 혹시 내가 너무 자만하여 예의의 고삐를 늦추더라도 친구로서 용서하기 바랍니다. 나를 친구처럼 여기고 말해보세요. 당신의 선한 뜻이 마음에 가득한데 어떻게 탐욕이 자리 잡을 수 있었소?"

이 말에 스타티우스의 입술에 이지러진 미소가 잠깐 스쳤다.

"당신의 질문을 들으니 내가 세상에서 지은 죄가 탐욕이라고 믿고 있군요. 내가 연옥에 있었기 때문이겠지요. 하지만 사실 나는 탐욕과 전혀 관계가 없소. 내가 탐욕의 죄를 통곡하는 영혼들 틈에서 참회를 했다 해도 내 죄는 그와는 반대의 죄인 낭비입니다."

시인께서 말씀하셨다.

"당신은 시의 신이신 클레이오를 숭배하고 있었소. 당신은 그때 신

스타티우스
이 언덕에서 두 여행자는 고대 로마 시인인 스타티우스를 만난다. 시인은 단테에게 자기가 그리스도교를 믿게 된 동기를 말한다. 그림에서 그는 결박당해 있다. 보티첼리, 1495년경 작.

앙이 없었던 듯합니다. 그런데 어떻게 해서 성 베드로의 뒤를 따라 그리스도인이 되었소?"

"당신은 '세상이 다시 태어난다. 정의가 돌아오고, 인류의 시초 새로운 겨레가 하늘에서 내려온다'라고 쓰셨지요. 당신을 통해 나는 시인이 되었고 그리스도인이 되었소. 그때까지 세상은 영원한 왕국의 사자들(그리스도의 제자들)이 심은 진실한 믿음으로 가득했지요. 살아 있던 내내 난 그들을 도와주었소. 그들의 올바른 삶의 방식을 보니 다른 신앙들은 우습게 보이더군요. 나는 세례를 받았으나, 박해에 대한 두려움 때문에 이를 숨기고 오랫동안 이교도인 척하며 살았습니다. 그로 인해 난 네 번째 고리에서 사백 년 동안 뛰어야 했지요."

그들은 이제 벽과 계단에서 벗어났다. 그들은 침묵을 지킨 채, 바위턱에 올라서서 주위를 이리저리 열심히 둘러보았다. 길잡이가 말했다.

"오른쪽 어깨를 밖으로 향하고 가야 할 것 같소. 지금까지 이 산을 돌았던 대로 말이오.

우리는 이제 훨씬 더 느긋하게 길을 갔다. 스타티우스가 함께한 탓도 있었다. 앞장서서 가는 그들 뒤를 따라 걸으며 나는 그들이 주고받

거꾸로 자라는 나무
시인이 연옥의 여섯 번째 고리에서 본 괴상한 나무는 거꾸로 자라고 있는데 오르려야 오를 수 없다. 나무 위 중앙에 소리치는 사람의 얼굴이 있는데, 나무의 과일을 먹을 수 없다고 소리치는 듯하다, 이탈리아 필사본, 14세기 말.

는 얘기에 귀를 기울였고 시를 짓는 기술을 배웠다. 그러나 그들의 즐거운 얘기는 순간적으로 중단되었다. 향기롭고 보기 좋은 열매를 잔뜩 매단 나무가 길에 나타난 것이다. 우리가 가던 길을 막고 선 높은 바위로부터 그 나무 위로 맑은 물이 쏟아져내려와 나무 꼭대기의 잎사귀에 부딪혀 퍼져나갔다. 두 시인이 나무 가까이 가니 그 무성한 잎사귀들 사이에서 소리가 튀어나왔다.

"이 열매와 물은 너희 것이 아니야. 마리아께서는 당신의 입을 물과 열매를 들기 위해 사용하지 않으시고 너희를 위한 기도에 사용하셨어. 그분은 당신 자신의 입보다 혼사에 풍성한 은총을 내리는 일을 더 생각하셨어. 옛날 로마에서 여자들은 마실 것으로 물이면 만족했다. 다니엘 또한 음식을 탐하지 않아 지혜를 얻었다. 인류의 첫 시대는 황금처럼 아름다웠어. 배고픔은 도토리를 맛있게 했고 목마름은 어느 냇물에서도 단물이 흐르게 했어. 메뚜기와 꿀이 광야에서 세례 요한이 먹던 유일한 음식이었다. 요한의 영광과 명성은 거기서 나온다. 이는 복음서에서 잘 드러나고 있다."

23곡 〉〉

작은 새나 사냥하며 일생을 허송하는 사람처럼 푸른 잎사귀 사이에 뭐가 있는지 보려고 눈을 크게 뜨고 보는 동안, 아버지보다 더 자애로운 스승님께서 부르셨다.

"아들아! 이제 가자! 우리에게 주어진 시간을 더 유용하게 써야하지 않겠느냐!"

나는 재빨리 몸을 돌려 두 시인의 뒤를 따랐다. 그들의 얘기 덕분에 걸음이 전혀 힘들지 않았다. 그때 갑자기 "주여! 내 입술을 열어주소서!"라고 눈물 섞인 노래가 들려왔다. 기쁨과 고통이 섞인 소리였다.

"이게 무슨 소립니까?"

내가 물었더니 스승님께서 대답하셨다.

"망령들이 하느님께 지은 죄의 매듭을 풀고 있는 것이겠지."

명상에 잠긴 순례자들이 낯선 이가 지나가면 잠시 고개를 돌려보다가 이내 길을 재촉하듯, 우리 뒤에 오던 조용하고 경건한 영혼들의 무리는 의심스러운 눈초리를 재빨리 거두고는 우리 곁을 경쾌하게 지나쳤다. 그들의 눈에는 기미가 검게 끼었고 머리는 푹 꺼졌으며 얼굴은 파리했고 몸은 말라비틀어져서 뼈가 살갗을 뚫고 나올 지경이었다.

그들의 눈구멍은 보석이 빠진 반지와 같았다. 사람의 얼굴에서 OMO를 읽는 자라면 쉽게 M을 알아보았을 것이다. 과일이나 샘의 향기 말고 어떤 것이 그들의 탐욕을 이렇게 시들게 만들었는지, 이유를 모르는 자라면 아무도 믿지 않을 것이었다. 나는 여전히 그들의 굶주림에 놀라워하고 있었다. 그들이 왜 뼈와 가죽밖에 남지 않고 살가죽이 말라비틀어졌는지, 그 이유를 이해하지 못했기 때문이었다. 그때 갑자기 한 망령이 내게 눈을 돌리더니 해골 깊숙이 박힌 눈으로 빤히 날 들여다보다가 흐느꼈다.

"웬 은총이 나에게까지 왔는가!"

모습만으로는 그가 누군지 알 수 없었다. 그러나 목소리 덕분에 굶주림에 일그러진 얼굴이 누구인지 알아볼 수 있었다. 처가 쪽의 친척인 포레세의 얼굴이 확연히 떠올랐다.

"더덕더덕 때가 덮인 헬쑥한 피부를 제발 잊어버리시게! 자네와 함께 있는 저 분들은 누구신가?"

"자네 얼굴에 죽음이 드리워졌을 때 나는 울었네. 도무지 알아볼 수 없게 된 자네 얼굴을 보며 느끼는 비탄은 그때처럼 크다네. 무엇이 자네를 이렇게 야위게 했는지 꼭 말해주게."

"자네가 방금 지나쳐온 물과 나무가 받고 있는 힘은 영원한 정신에

이탈리아 어로 사람을 뜻하는 'OMO'
'OMO'는 그림처럼 사람의 얼굴에 나타난다. 눈은 O, 코와 이마와 뺨은 M으로 보면 OMO라는 글자이다. 중세에는 하느님이 사람 얼굴에 그 글자를 새겨넣었다고 믿었다. 덧붙여 귀를 d, 콧구멍은 e, 입을 i로 본다면 dei라는 글자가 나오는데, 'omo dei'는 '하느님의 사람'이란 뜻.

서 온 것일세. 그것이 나를 이렇게 야위게 하네. 여기 있는 이들은 정신없이 먹어댔기 때문에 이렇게 후회에 사로잡혀 갈증과 허기를 겪으며 죄를 씻고 있네. 잎사귀에 부딪혀 퍼져나가는 물과, 열매에서 피어나는 향기가 먹고 마시고 싶은 욕망을 더 부채질하고 있네. 한 번뿐이 아니네. 이 길 주변을 뛰어다니는 동안 우리의 고통은 계속해서 새로워지지. 내가 고통이라고 말했나? 내 말은 즐겁다는 거네! 그리스도가 당신의 피로 우리를 구하셨을 때 기꺼운 마음으로 형을 받으신 그 의지로 우리는 자꾸만 나무를 향해 나아가는 것이네."

"포레세! 자네는 죽음에 이르러서야 우리 영혼이 하느님과 다시 혼인하는 달콤한 비탄의 순간을 알았고, 그때 이후에야 비로소 죄를 짓지 않게 됐을 텐데, 어떻게 벌써 이곳까지 올라왔는가? 시간을 허비한 영혼들이 시간으로 대가를 치러야 하는 저 아래쪽 정죄산 기슭에 있어야 할 텐데 말이야."

"그건 내 아내 넬라가 하염없이 흘리는 눈물 덕분이었지. 그녀는 경건한 기도와 한숨으로 영혼들이 기다려야 하는 산기슭에서 나를 들어올려 다른 고리들을 다 그냥 지나치게 했지. 내가 너무나 사랑했던, 이제는 과부가 된 아내가 행하는 선善이 특별하면 할수록 아내는 주님에게 한량없이 사랑스럽고 기쁜 존재가 된다네. 불륜이 들끓는다는 사르데냐의 여자들이 아내가 살고 있는 피렌체의 여자들보다 오히려 더 정숙하기 때문이지. 내 이런 얘길 어떻게 하면 좋겠나? 난 미래를 보고 있네. 멀지 않아, 설교단의 단속령이 피렌체의 여자들에게 떨어질 걸세. 그 여자들은 뻔뻔스러운 얼굴에 가슴을 젖꼭지까지 드러낸 채 우리의 도시 한복판을 활보하고 있네. 야만인 여자들, 사라센의 여자들이 저들의 몸을 감추기 위해 굳이 정신적인 규율이나 그 무엇을 배울 필요가 있었나? 그러나 하늘이 천벌로 피렌체에 분열과 전염병을 내리실 것을 이 몰염치한 여자들이 안다면 입을 벌려 통곡할 거야! 내가 제

대로 내다본 것이라면, 지금 자장가를 듣는 어린애의 턱에 수염이 나기 전에 그 여자들은 크게 슬퍼할 걸세! 형제여! 이제 자네 얘기를 좀 해보게! 나뿐만 아니라 다른 망령들이 태양이 부서지는 곳을 바라보고 있지 않은가!"

"우리가 어떤 사이였는지 자네가 기억할 때면, 언제나 그 기억이 자네를 고문할 걸세. 아직 육신을 입고 있는 나는 이분(베르길리우스)을 길잡이로 모시고, 진짜로 죽은 자들의 칠흑 같은 밤으로 들어갔지. 이분 덕에 나는 이곳까지 올라왔고, 세상이 그릇되게 만든 자네를 올바르게 하는 이 산을 오르고 있다네. 이분은 베아트리체가 있는 곳까지 나를 보호하시지. 그 다음부터는 나 혼자 가야 하네. 나의 스승 베르길리우스(나는 그를 가리켰다)가 그렇게 말씀하셨지."

24곡〉〉

두 번 죽은 듯한 망령✛들이 퀭한 눈으로 나를 물끄러미 바라보았다. 그리고 내가 아직 살아 있는 사람임을 알고 놀라워했다. 나는 하던 얘기를 계속했다.

"스타티우스는 베르길리우스 때문에 천천히 올라가고 있네. 빨리 올라가 속죄를 할 수 있을 텐데 말이야. 어쨌든 자네 여동생 피카르다가 어디 있는지 아는가? 또 나를 빤히 바라보는 망령 중 내가 아는 자가 있을까?"

"사랑스럽고 착했던 내 누이는 지금 높은 올림푸스(천국)에서 승리의 면류관을 쓰고 즐거워하고 있네. 그리고 여기의 망령 중에 자네가 아는 자들도 있을 걸세. 그들의 이름을 말하지 못할 이유는 없네. 허기와 갈증으로 인해 우리 모습이 뒤틀려 있으니 이름을 말해주는 게 더 필요하겠지."

✛ 너무 야위었기 때문에 두 번 죽은 망령으로 보인다.

나무 잎사귀를 향해 고함치는 사람들
거꾸로 자란 나무에는 달콤한 열매가 가득 열려 있다. 나무 밑에는 두 손을 들고 잎사귀를 향해 뭐라고 외치는 사람들이 가득하다. 보티첼리, 1495년경 작.

그러고는 손가락으로 가리키며 말했다.

"저기 보나준타가 가는군. 보나준타 다 루카. 그 뒤에 다른 자들보다 얼굴이 더 일그러진 자는 거룩한 교회를 팔에 안아 본 교황 마르티노 4세일세. 그는 투르 출신인데, 볼세나의 뱀장어를 베르나치아 고급 포도주에 넣어 취하게 한 다음 구워 먹었다고 하지. 그 죄를 씻느라 바쁘다네."

그리고 다른 많은 이름들을 하나하나 불러줬는데, 그들은 이름이 불려지는 것에 대단히 만족하는 기색이었다. 아무도 포레세에게 화난 표정을 짓지 않았다.

그가 물었다.

"우리가 언제 다시 만날 수 있을까?"

"내가 얼마나 더 살지 모르지만, 금방 이곳으로 되돌아온다 해도 내 마음은 먼저 연옥의 해변에 도착해 있을 것이네."

전장으로 말을 달려나가는 무리에서 치달려나와 제일 먼저 공격하는 영예를 얻으려는 것처럼, 그는 황급히 우리를 떠났다.

갑자기 내 앞에 놓인 길에서 또 다른 나무가 열매를 주렁주렁 달고 나타났다. 나무 밑에서는 팔을 뻗은 망령들이 잎사귀를 향해 뭔가를 울부짖고 있었다. 욕심꾸러기 어린애들이 무언가를 마냥 조를 때, 들어주지도 않을 거면서 그들의 마음만 잔뜩 부풀게 하는 듯 보였다. 마침내 영혼들은 포기하고 가버렸다. 우리는 애원과 눈물을 외면한 그 무성한 나무에 다가섰다.

"지나가시오! 가까이 오지 마시오! 더 위로 올라가면 이브에게 열매를 준 나무가 있소. 이 나무는 그 나무에서 생긴 것이오."

그렇게 잎사귀 사이 어디선가 목소리가 흘러나왔다. 그래서 베르길리우스와 스타티우스, 그리고 나는 절벽을 껴안았을 때처럼 서로 꼭 붙어서 다시 걸었다.

25곡 》》

이제 지체하지 말고 올라가야 할 시간이다. 태양의 자오선은 황소자리에 걸쳐졌다. 반대편 반구에서는 전갈자리에 걸쳐져 밤일 것이었다. 우리는 좁은 산길로 들어갔다. 길이 좁아서 아래위로 줄지어 계단을 오르듯 올라갔다.

"저들은 음식을 먹을 필요가 없는데 어떻게 그처럼 다들 야윌 수가 있습니까?"

"나무토막과 수명을 함께한다는 예언대로 멜레아그로스✝가 나무토막이 불에 다 타버린 동시에 죽은 것을 기억한다면, 그것을 이해하기가 어렵지 않을 것이네. 너의 열렬한 호기심을 다스리기 위해서 스타티우스에게 너의 상처를 치료해달라고 해야겠다."

그러자 스타티우스가 베르길리우스에게 말했다.

"베르길리우스! 당신이 있는 자리에서, 감히 저 사람에게 하느님의 원리를 설명함은 당신의 뜻을 거절할 수 없기 때문이오. 아들이여! 내가 하는 말을 잘 새겨보면 의문이 풀릴 것이오. 아직 손대지 않은 식탁 위의 음식처럼, 목마른 핏줄이 마실 수 없어 온전히 보존되는 완전한 피가 있소. 그것이 곧 정액이오. 그것은 심장 안에서 사람의 몸을 만드는 힘을 얻지요. 심장에서 맑아진 피는 정액이 되어 여자의 그 부분으로 흘러들어가지요. 그런 다음 자연의 그릇(자궁)에서 다른 사람의 피에 뿌려지면 두 피가 섞입니다. 여자와 남자의 피는 각각 수동적·능동적인 역할을 합니다. 능동적인 힘은 영혼이 됩니다. 식물의 영혼과도 비슷합니다. 능동적인 힘은 식물의 단계를 벗어나 해파리의 단계에 도달

✝ 오비디우스에 의하면 그는 어머니의 난로에서 나무토막 하나가 불에 타고 있는 동안만 목숨을 유지하는 운명을 지니고 태어났다. 어머니 알타이아는 이 사실을 알고 나무토막을 불에서 꺼내 간직했다. 몇 년 후 멜레아그로스가 외삼촌들을 죽이게 되는데 그 복수를 위해 알타이아는 나무 토막을 다시 불 속에 던졌고, 다 타버리자 그도 죽었다.

하여, 움직이고 느끼게 합니다. 또한 기관들이 형성되기 시작하고 기능을 하게 됩니다. 그리고 태아의 뇌 조직이 완전해지면 곧 부동의 원동자이신 하느님께서 그를 기뻐하시며 힘을 지닌 새 영혼을 그 뇌에 불어넣어주시지요. 그때 비로소 그 자체로서 살고 느끼며 생각하게 되는 것이지요. 생명의 실을 잣는 여신 라케시스가 일을 다 마쳤을 때(인간의 수명이 다했을 때) 영혼은 육신에서 벗어나 인간적인 본질과 신적인 본질만을 갖게 됩니다. 살아있을 때 영혼의 기능은 더 이상 지속되지 않지만 기억, 지성, 의지는 전보다 활발해지고 더 날카로워집니다. 또 그 자체의 무게로 즉시 지옥의 아케론 강이나 연옥의 테베레 강에 떨어지는데, 거기서 영혼은 처음으로 제 갈 길을 알게 됩니다. 일단 영혼이 그렇게 처하게 되면 형성하는 힘은 몸이 전에 지녔던 형체를 다시 갖추도록 작동합니다. 그 형상을 둘러싼 공기가 우리 눈에 보이는 것을 망령이라고 부릅니다. 망령은 시각을 포함한 모든 감각 기관들을 지니고 있어요. 그래서 망령들은 말하고 웃고 눈물을 흘리고 한숨을 쉬기도 합니다."

우리는 이제 마지막 굽이에 도착해 있었다. 불꽃 속에서 걷고 있는 영혼들이 보였다. 나는 자세히 보려고 했지만 내 앞길도 봐야 했다. 두려움과 호기심이 교차했다. 찬송을 마치자 그들은 커다랗게 외쳤다.

"나는 남자를 모릅니다!"

수태를 알게 된 마리아께서 하신 말씀이었다. 그리고 부드러운 음성으로 찬송을 다시 시작했다. 찬송이 끝나자 그들은 또 외쳤다.

"숲에 숨은 수렵의 여신 디아나는 자기를 섬기는 요정 엘리체가 사랑의 여신 베누스의 독을 받아먹었다고 쫓아내버렸네."

그리고 찬송과 외침이 계속되었다. 불 속에서 타는 동안 계속해서 그렇게 해야 하는 것 같았다. 불의 치유와 찬송의 음식. 내 이마에 그어졌던 상처의 마지막은 이렇게 꿰매어졌다.

26곡〉〉

가장자리를 따라 일렬로 나아가는 동안 스승님은 이따금씩 내게 말했다.

"경고하는데, 조심해야 한다!"

태양이 내 오른쪽 어깨를 비추었다. 이제 서쪽 하늘의 푸르름은 햇살 아래서 천천히 창백해져가고 있었다. 나의 그림자가 불꽃을 더 붉게 만들었다. 많은 영혼들이 내 그림자에 놀라워했다. 그들의 말소리가 들려왔다.

"저자는 진짜 몸을 가진 것 같은데!"

그리고 어떤 영혼들은 불 밖으로 나가지 않도록 조심하면서 가능한 한 내게 접근하려 했다.

"당신은 두 분을 깊이 존경하여 그 뒤에서 걷고 있음이 분명하군요. 잠시 멈춰서 불에 타며 목말라하는 내게 말 좀 해보시오. 나만이 아니라 우리 모두가 당신 말에 목말라합니다. 시원한 물을 찾는 에티오피아 사람이나 인도 사람보다 더 목이 마릅니다. 마치 죽음의 그물에서 탈출한 것 마냥, 벽처럼 태양을 가로막는 일이 어떻게 가능한 것이오?"

그때 예상하지 못한 어떤 것이 갑자기 내 시야를 가로막지만 않았어도, 바로 설명해주었을 것이다. 불타오르는 길 한복판에서 이들과 마주친 다른 무리의 영혼이 눈에 들어왔다. 나는 놀라서 그들을 바라보며 멈춰 섰다. 양쪽에 선 그 영혼들은 조금도 머뭇거림 없이 서로 입을 맞추느라 분주했다. 짧은 인사로 그들은 퍽 기뻐하고 있었다. 개미들은 새카맣게 떼를 지어 그렇게 한다. 영혼들은 그렇게 다정한 인사를 교환하자마자 떠났다. 떠나기 전에는 제각기 서로 상대의 외침보다 더 크게 외치려고 목청을 돋우었다. 새로운 무리가 외쳤다.

"소돔과 고모라!"

다른 무리는 이렇게 외쳤다.

"파시파에가 제 음욕을 채우려 황소를 꼬여 암소 안에 들어가네!"

두 무리의 학을 떠올려보라. 한 무리는 추위를 피해, 한 무리는 태양을 피해 날아오른다. 그와 같이 여기서도 두 무리가 반대 방향으로 향해 가며, 울면서 그들이 받는 징벌에 맞는 외침과 찬송을 되풀이했다.

내게 처음 질문했던 망령들이 이제 다시 듣고 싶어진 듯 내게 다가왔다.

"언제든 축복으로 들어갈 영혼들이여! 익었든 설익었든 나는 내 몸을 저 아래 세상에 두고 오지 않았습니다. 이곳의 나는 진짜 피와 뼈를 지니고 있지요. 나는 눈 먼 자가 되지 않으려 오르고 있습니다. 위에서 한 여인이 나를 위해 은총을 내려주셨지요. 그래서 나는 당신들 세상을 지나가며 나의 필멸의 짐을 지닐 수 있는 것입니다. 당신들의 가장 큰 소망이 조속히 이루어지고 가장 큰 하늘이 당신들을 그 사랑의 공간 속에 품으시기를 빕니다. 그런데 당신들은 누구인지, 또 우리 뒤에서 가는 저 다른 무리는 누구인지요? 당신들의 대답을 내 책에 기록해 두리다."

산골에서 방금 도회지로 올라온 촌뜨기가 눈앞에 펼쳐진 광경에 놀라 말을 잊고 어리둥절해하는 것처럼, 영혼들의 모습이 모두 그러했다. 그러나 놀라움을 털어버리고 난 뒤에(놀라움은 고귀한 마음에서는 오래 가지 않는다) 먼저 내게 질문을 던졌던 그 영혼이 다시 말했다.

"더 나은 죽음을 위해 우리 세계를 여행하며, 체험을 쌓을 수 있는 당신은 분명 축복받은 존재요! 우리와 함께 가지 않는 망령들은, 카이사르가 전쟁에서 승리하고 돌아왔을 때 카이사르를 '여왕'이라고 불렀던 죄를 지은 자들입니다. 카이사르를 여왕이라고 부른 까닭은 그가 비티니아 왕인 니코메데와 외설적인 관계(동성애)를 가졌기 때문이지요. 이 때문에 그들은 '소돔!'이라 자책하며 지나갔던 것입니다. 그들의 수치심으로 불꽃은 더 강해집니다. 우리의 죄는 이성 간의 죄였지만, 짐승처럼 욕정에 굴복한 인간들로 행동하지 않았소. 이 때문에 우리는

황소를 꼬여 관계한 파시파에
파시파에 왕비는 암소 모형에 들어가 황소와 관계한 뒤 몸은 사람이고 머리는 황소인 괴물 미노타우로스를 낳았다. 줄리오 로마노 작.

다른 무리가 지나칠 때, 나무로 만든 암소 속에 들어가 짐승이 된 여자의 이름(파시파에)을 우리의 치욕으로 외쳤던 것이오. 이제 우리의 죄가 무엇인지 아시겠지요. 우리들의 이름을 알고 싶겠지만 내가 다 아는 것도 아니고 적절한 때도 아닌 것 같소. 그러나 내 이름을 듣고자 원한다면 그것은 말해줄 수 있소. 나는 귀도 귀니첼리. 죽기 오래 전에 참회했기에 금방 이곳에 왔지요."

귀도 귀니첼리. 감미롭고 우아한 사랑의 시를 쓴 모든 이들의 아버지였다.

27곡 〉〉

창조주가 생명의 피를 뿌린 땅(예루살렘)에 햇살이 맨 처음으로 드리워지는 시간이었다. 날이 저물고 있었다. 하느님의 천사가 우리 앞에 나타나 불꽃이 닿지 않는 곳에 서서 노래했다.

"마음이 깨끗한 자는 행복하다. 저들이 하느님을 볼 것이다!"

아름답고 생생한 목소리가 맑게 울렸다.

"거룩한 영혼들이여! 불을 겪지 않고서는 더 이상 나아갈 수 없소.

불길 속을 지나가라고 말하다
천사가 말한다. "이 불꽃으로 죄를 씻지 않고서는 앞으로 나아갈 수 없으니 이 불꽃 속으로 들어가라." 윌리엄 블레이크 작.

그러니 불꽃 속으로 들어가 저쪽의 노랫소리에 귀를 기울이시오."

불꽃 속으로 들어가 불을 겪으라니! 그 말을 들었을 때, 나는 산 채로 땅에 묻히는 사람의 심정이었다. 나는 팔짱을 낀 채 몸을 뒤로 젖히고 불을 바라보았다. 인간의 육신이 타서 죽는 모습이 떠올랐다. 다정한 길잡이들이 나를 바라보았다. 베르길리우스가 말했다.

"아들아! 여기서는 고통은 있을 수 있지만 죽음은 없다. 잘 기억해라! 우리가 제리온을 탔을 때 내가 널 보호했는데, 이렇게 하느님에 가까이 온 마당에 내가 그리하지 않겠느냐? 네가 불 한가운데서 천 년을 보낸들 머리털 하나라도 그슬리지 않을 것이다. 내 말을 믿어라! 그래도 못 믿겠다면 불에 다가서서 직접 네 옷을 대어 시험해보아라. 두려움을 버릴 때가 되었다."

그러나 나는 우두커니 서 있었다. 부끄러웠다. 선뜻 나서지 못하고 우물쭈물하며 못 박힌 듯 서 있는 나를 보고 스승님이 조금 화가 난 듯했다.

"보이지 않느냐? 오로지 이 벽이 너와 베아트리체를 가르고 있구나!"

티스베가 죽은 줄 알고 피라모스는 자결하였다. 죽어가던 피라모스가 티스베의 이름을 듣고 눈을 들어 그녀를 보았을 때 그날로 뽕나무 열매는 붉게 물들었듯이, 마음 깊은 곳에서 영원히 피어나는 그 이름을 듣자 완강했던 내 마음이 녹았다. 나는 현명하신 길잡이에게 몸을 돌렸다. 길잡이는 머리를 흔들며 웃음을 지으면서 사과 하나로 어린애를 달래듯이 말했다.

"옳지! 그래! 이제 이쪽에는 뭐가 있을까?"

이어 앞장서서 불 속으로 들어가며, 그때까지 우리 사이에서 걸었던 스타티우스에게 나중에 오라고 말했다. 나도 뒤를 따랐다. 불 속에 들어가자 나는 그 열기에서 벗어나고 싶어서 끓는 유리에라도 몸을 던지고 싶 지경이었다. 자애로우신 아버지는 나를 위로하시며 우리가 움직이는 동안 내내 베아트리체를 얘기하셨다.

"난 이미 그분의 눈을 보는 듯하구나!"

어디선가 웬 노랫소리가 들려왔다. 우리를 노래로 이끌고 있었다. 노래를 들으며 우리는 마침내 오르막길이 시작되는 곳으로 나왔다.

"내 성부의 축복을 받은 자들아, 오너라!"

소리가 밝은 빛에서 퍼져 나왔기에 눈을 돌릴 수밖에 없었다. 그 소리는 계속되었다.

"이제 태양이 지고 밤이 가까웠다. 시간을 허비하지 마라. 서쪽이 빛을 잃기 전에 서둘러라!"

우리가 겨우 몇 계단을 올랐을 때 나와 두 명의 길잡이는 태양이 이미 졌다는 것을 알았다. 내 그림자가 막 사라졌던 것이다.

꿈속에서 젊고 사랑스러운 소녀가 꽃을 따며 정원을 거닐고 있었다. 그녀는 노래를 부르고 있었다.

단테의 꿈에 나타난 레아
구스타보 도레 작.

"누구라도 내 이름을 알려 한다면 내 이름은 레아. 예쁜 손으로 꽃목걸이를 엮으며 하루를 보냅니다. 그렇게 꽃목걸이를 걸고 거울 앞에 서면 난 기뻐요. 내 동생 라헬은 하루 종일 거울 앞에 앉아 떠날 줄 모르지요. 라헬은 자기의 사랑스러운 눈을 들여다보는 일을 좋아해요. 나는 내 손으로 날 치장하기를 좋아하지요. 라헬의 기쁨은 들여다보는 것, 곧 나의 기쁨이지요."

나의 위대한 스승님은 벌써 일어나 계셨다.

"모든 사람들이 열심히 찾아다니는 값진 열매가 오늘 네 배고픈 영혼에 평화를 줄 것이다."

베르길리우스가 내게 한 말이었다. 그보다 감격스러운 선물은 없었다. 계단을 가볍게 지나 가장 높은 곳에 섰을 때 베르길리우스가 내 눈을 들여다보며 말했다.

"아들아! 너는 순간의 불과 영원의 불을 보았다. 이제 너는 나로서는 더 이상 알 수 없는 세계에 왔다. 여기부터 네 기쁨이 네 길잡이가 될 것이다. 나에게 더 이상 어떤 말이나 신호를 기대하지 마라! 이제 네 의지는 올바르고 자유로우니 그 뜻대로 해야 할 것이야. 네 머리에 왕관과 면류관을 씌워주겠다."

28곡〉〉

싱싱한 초록으로 우거진 하느님의 숲을 구석구석 다녀보려는 열망이 새 아침의 밝은 빛을 더 부드럽게 만들어주었다. 나는 곧바로 둔덕을 떠나 천천히 평원을 가로질렀다. 감미로운 바람이 이마를 스쳤다.

걸음은 느렸지만 나는 오래된 숲에 깊이 젖어 있어서 내가 들어온 곳이 어디인지 알 수 없었다. 그때 강이 앞을 가로막았다. 물결은 둑을 따라서 자라난 풀을 잔잔하게 왼쪽으로 밀어내고 있었다. 지상에 있는 가장 깨끗한 물이라도 그 투명한 흐름에 비하면 탁한 듯 보일 것이었다. 나는 발을 멈추고 눈을 들어 수많은 색깔들로 어지러이 빛나는 나뭇가지들을 살펴보려 강 건너편을 보았다. 그때 한 여인이 외로이 거니는 것이 보였다. 그녀는 노래를 부르며 길목마다 수놓인 꽃들을 따고 있었다. 그녀의 이름은 마텔다였다.

춤추는 여자가 발을 모은 채 몸을 돌리며 한 발 한 발 아슬아슬하게 떼어놓는 듯한 모습으로, 그녀는 붉고 노란 꽃들 사이를 빙 둘러서 나를 향해 다가왔다. 살포시 내려 감은 눈이 수수한 처녀의 모습이었다. 나의 소망을 만족시키기라도 하듯이 아주 가까이 다가섰기에 달콤한 노랫소리가 멜로디와 함께 들려왔다. 부드러운 풀밭이 그 물결에 살짝 적셔지는 곳에 왔을 때 그녀는 우아하게 눈을 들어 나를 바라보았다.

아들 에로스가 잘못 쏜 사랑의 화살에 맞은 베누스의 눈도 그렇게 찬란하게 빛나지는 않았을 것이다. 그녀는 맞은편 강둑에서 미소를 지으며 서 있었다. 강은 우리를 오직 세 걸음만큼 떼어놓고 있었다. 그녀가 입을 열었다.

"이곳이 당신에게는 새롭겠지요! 인류의 조상 아담과 이브의 보금자리로 선택되었던 이곳에서 미소 짓는 나를 보게 된 것이 당신에게는 놀랍고 당혹스러울지 모르겠어요. '주님의 세계는 나를 기쁘게 합니다'라는 시편 구절이 빛을 비춰주어 당신의 마음을 덮고 있는 안개를 걷어낸 것입니다. 나를 부른 앞에 있는 당신! 무엇이 더 알고 싶은지 말씀하세요. 전 대답할 준비가 되어 있어요."

"물과 숲이 흐르며 소리 내는 것은 내가 이 산에 대해 들었던 것과 맞지 않는 것 같소. 스타티우스는 이 정죄산에는 바람이나 비 따위의 자연현상은 없다고 했소."

"물에서나 뭍에서 태양열로 인한 수증기가 일으키는 폭풍이 정원의

신성한 숲
단테는 드디어 천국에 들어가 그곳의 아름다운 숲 속을 거닌다. 단테는 베아트리체를 만나기 전 시냇가에서 한 소녀를 만난다. 소녀는 단테에게 낙원의 식물, 시냇물, 미풍 등 아름다운 사물에 대해 찬미한다. 보티첼리, 1495년경 작.

평화로움을 해치지 못하도록, 이 산은 하늘을 향해 아주 높이 솟아 있습니다. 이곳의 공기는 최초의 운동에 따라 순환을 시작한 이래 어떤 방해를 받지 않는 한 계속해서 움직이지요. 때문에 우리가 있는 산의 정상이 공기의 순환에 휩쓸리지 않아도 최초의 운동이 숲의 빽빽한 잎사귀를 소리 나게 하는 것입니다. 이렇게 일단 흔들린 초목은 순수한 공기를 자기 힘으로 채우고, 공기를 빙빙 돌려 사방으로 흩어버리지요. 모든 땅은 그곳 기후와 토양에 알맞은 여러 힘을 지닌 여러 초목들을 수태하고 꽃을 피우지요. 당신이 지금 안 것을 저 아래 세상에서 안다면, 씨 뿌려지기 전에 자라기 시작하는 식물을 보고 놀라는 일은 없을 거예요. 당신이 지금 서 계시는 성스러운 이곳에는 세상에서 인간이 거둘 수 없는 모든 종의 식물들이 열매를 맺고 있습니다. 당신은 이곳에 비가 내리지 않는다면 어떻게 강이 흐를까 궁금하게 여기시지요? 이곳의 물은 세상의 강물들이 그 힘을 잃었다가 얻었다가 하는 것처럼 비가 내리면 고이는 샘에서 솟아나는 것이 아니라, 항상 흐르는 샘에서 발원합니다. 그 샘은 하느님의 의지에 따라 두 갈래 길로 변함없이 흐릅니다. 이편의 물은 죄의 기억을 지우는 힘을 지닌 채 흐르는 레테, 저편의 물은 선행의 기억이 회복되는 힘을 지니고 흐르는 에우노에입니다."

29곡〉〉

갑자기 한 줄기 백열광이 공기를 찢더니 강 건너편 숲 전체를 휘저었다. 처음에는 그것이 번개라고 생각했다. 번개는 올 때처럼 빠르게 가 버린다. 그러나 내가 본 것은 머물러 있었고 그 빛은 계속 커졌다.

 "이게 뭘까?"
부드러운 노래가 휘황찬란한 대기를 통해서 흐르고 있었다.

조금 더 가니 일곱 그루의 황금 나무같이 보이는 것이 나타났다. 그러나 상당한 거리가 떨어져 있었기 때문에 잘못 본 이미지였다. 거리가 가까이 좁혀져 내 감각을 속였던 것이 분명히 드러나게 되었을 때, 그 형상이 촛대들이었음을 알았다. 노래에서 호산나라는 말이 들려왔다. 그 찬란한 황금, 그 번쩍이는 빛은 한밤중에 구름 없는 하늘 한가운데 떠 있는 보름달보다 더 밝았다. 어리둥절해서 나는 어지신 베르길리우스를 보았다. 그의 대답은 나보다 적지 않은 놀라움이 담긴 눈빛이었다. 그래서 나는 그 높이 떠 있는 것들을 다시 바라보았다. 그것들은 우리를 향해 움직이고 있었다. 수줍어하는 새 신부보다 더 느리게 움직이고 있었다.

그때 마텔다가 외쳤다.

"왜 당신은 살아 있는 빛만 보고 그 뒤에 오는 것은 볼 생각도 않는 거예요?"

그때서야 마치 수행원처럼 백열광을 따라오는 사람들이 보였다. 그들의 옷은 마치 이 세상의 것이 아닌 듯 너무나도 하얬다. 나는 멈춰서서 하얀 옷을 입은 사람들을 더 세심하게 살펴보았다. 그들이 앞으로 나오면서 희미한 불꽃이 보였다. 그들 뒤의 대기는 색색으로 줄무늬를 이루어 번져 있었다. 여러 깃발들이 펄럭이는 모양이었다. 그렇게 하늘은 일곱 개의 빛 무리로 갈라졌는데, 델리아의 띠(달의 여신 디아나. 띠는 달무리를 가리킴) 혹은 아폴로의 활(무지개) 같은 형상이었다. 이 깃발들은 내 눈이 볼 수 있는 것보다 더 길게 뻗어 있었다. 장대한 하늘 아래 스물네 명의 노인이 백합꽃을 머리에 두르고 둘씩 나뉘어 왔다. 그들은 움직이며 노래했다.

"아담의 모든 딸들 중에서 그대는 복되도다. 그대의 아름다움은 영원하도록 축복받으리라!"

별의 무리가 다른 별에 겹쳐 하늘 높은 곳에서 빛을 발하듯이, 그들

에 이어 네 마리의 짐승이 푸른 잎사귀를 머리에 두르고 왔다. 제각기 여섯 개의 날개를 달고 있었는데, 날개의 깃털은 온통 눈(眼)으로 덮여 있었다. 머리에 백 개의 눈이 달렸다는 아르고스가 살아 있다 해도 눈이 그들처럼 많지는 않았을 것이다. 그들 네 마리 짐승들 사이로 바퀴가 둘 달린 개선의 전차가 자리를 차지했다.

그리스도를 상징하는, 상체는 독수리에 하체는 사자의 모습을 한 그리핀 한 마리가 전차를 목에 걸고 끌어왔다. 그리핀은 두 날개를 높이 들어올렸기 때문에 날개가 부서지거나 해를 입지 않았다. 날개는 눈으로 볼 수 없을 만큼 높이 솟아 있었고 독수리에 해당하는 부분은 금으로 되어 있었으며, 나머지는 하얀 바탕에 붉은 얼룩이 찍혀 있었다. 카르타고를 정복한 아프리카누스나 로마의 최고의 황제 아우구스투스도 이렇게 아름다운 전차를 타고 로마를 행진하지는 못했을 것이다. 태양의 전차라 한들 그와 견줄 수는 있었으랴.

전차의 오른쪽 바퀴를 춤추며 맴도는 세 여인이 있었는데, 그 중 한 여인은 얼마나 빨갛던지 불 속에서 거의 알아볼 수 없을 정도였다. 다른 여인은 살과 뼈가 에메랄드로 만들어진 듯 보였다. 마지막 여인은 방금 내린 눈처럼 하얬다. 때로는 하얀 여인이 때로는 빨간 여인이 춤을 이끌었다. 빨간 여인이 부르는 노래에 맞추어 다른 여인들은 춤의 리듬을 맞췄다. 왼쪽 바퀴 옆에는 네 명의 여인이 자주색 옷을 입고서

천국에서 온 대열
백합 화관을 쓴 스물일곱 명의 노인이 찬송가를 부르고 있다. 오른쪽 아래에는 〈계시록〉의 작가 요한이 사도들 앞에서 자고 있다. 이탈리아 필사본, 14세기 말.

그리핀이 끄는 수레
두 바퀴의 수레를 그리핀이 끌고 있다. 수레에는 일곱 여신과 일곱 노인이 타고 있다. 에밀리아로마냐 필사본, 1340년경.

경쾌하게 춤추고 있었다. 세 개의 눈을 가진 한 여인이 이들을 이끌고 있었다. 두 노인이 춤추는 무리를 뒤따랐다. 그들은 옷을 다르게 입었지만 점잖고 의젓한 풍채는 비슷했다. 그들 중 한 노인은 위대한 히포크라테스의 추종자의 옷을 걸치고 있었다. 자연이 가장 사랑했다는 피조물들을 감싸기 위해 자연이 손수 만든 옷이었다.

다른 한 노인은 이와 대조적이었는데, 아주 날카롭게 번쩍거리는 칼을 쥐고 있었다. 나는 건너편 강둑에 있었지만 두려움을 느꼈다. 그 다음에는 초라한 행색의 네 사람이 오는 것이 보였다. 맨 마지막의 노인은 혼자서 꿈을 꾸는지 어떤 영감을 받는 듯한 얼굴을 하고 있었다. 이들 일곱 명의 노인은 앞서 간 스물네 명의 노인과 같은 하얀 색의 옷차림을 하고 있었지만 머리에는 백합이 아니라 장미와 다른 빨간 꽃을 두르고 있었다. 조금 더 떨어져 있었더라면 머리에 불꽃을 두르고 있는 것으로 보일 터였다. 전차가 내 앞에 이르렀을 때 천둥소리가 들렸다. 고귀한 피조물들은 선두에 선 백열광이 가리키는 대로 마치 움직임을 금지당한 듯 멈추어 섰다.

30곡〉〉

일곱 개의 별 중 가장 낮은 곳에 위치한 별은 키잡이를 항구로 인도하는 의무를 모두에게 게을리 하지 않았다. 일곱 개의 별이 잠시 멈췄을 때, 그리핀과 백열광 사이에 있던 진실의 예언자들은 평화로 향하듯이 전차를 향해 섰다. 그들 중 마치 하늘에서 보내어진 듯한 자 하나가 "신부여, 오시오! 레바논에서!"라고 세 번을 노래하자 다른 목소리들이 뒤를 이었다. 최후의 심판에서 축복받은 자들이 무덤에서 일어나 "할렐루야!" 노래하며 새로운 목소리를 드높이듯이, 그 위대한 원로의 목소리에 맞추어 백 명의 하느님의 영원한 사절들과 일꾼들의 영혼이 하늘의 전차 위에서 일제히 일어섰다. 그들은 모두가 "오시는 이여! 복되도다!"라고 외치면서 꽃을 공중으로 던지고, 또 "라일락을 우리 손 가득히 주소서!"라고 소리쳤다. 천사들의 손에서 위로 던져졌다가 밑으로 쏟아져내리는 꽃의 구름은 장밋빛 햇살처럼 눈부셨다. 그 속에서 한 여인이 모습을 드러냈다. 그녀는 하얀 너울 위에 올리브 관을 하였고 푸른 망토를 둘렀다. 그 아래로 영원한 불꽃의 붉은색이 드러나 보였다. 나는 무섭거나 위로가 필요해서 어머니의 가슴으로 달려가는 어린아이의 믿음을 지니고서 베르길리우스를 향해 왼편으로 돌았다. 그리고 "내 핏줄 속에 피가 한 방울도 남김 없이 떨리고 있습니다. 오래된 불꽃의 흔적만 보이네요"✢라고 말하려 했지만 베르길리우스는 거기에 없었다. 나의 구원을 위해 영혼을 맡겼던 따스한 아버지 베르길리우스는 이미 우리를 떠난 뒤였다.

"단테! 베르길리우스가 당신을 떠났다 해도 울지 말아요. 당신은 또 다른 상처 때문에 울어야 할 테니까요."

그녀가 나의 이름을 부르는 것을 듣고 나는 몸을 돌렸다. 나는 처음에 천사들의 꽃 세례를 받으며 나타났던 그녀를 보았다. 강 이편에 있는 나를 응시하고 있었다.

✢ 이 구절은 베르길리우스의 《아이네이스》에서 따온 것으로, 이제 《신곡》에서 퇴장하는 베르길리우스에 대한 이별 인사로 단테는 그의 구절을 소개하고 있다. 아이네아스가 옆에 없다고 생각한 디도가 그를 그리워하며 한 말이다.

"그래요! 날 보세요! 나 정말 베아트리체예요! 마침내 산을 오르셨군요! 여기에 인간의 행복이 놓여 있는 것을 이제 아셨나요?"

나는 고개를 숙이고 강물을 내려다보았다. 거기에 어린 내 그림자는 부끄러움으로 가득 차 있었다. 나는 재빨리 눈을 강가의 풀로 돌렸다. 나는 어머니를 마주하고 있는 죄 많은 어린애였다. 어머니의 엄한 꾸지람에 머리를 숙인 채 빌고 있는 어린애였다.

그녀가 말을 멈추자 천사들이 "주여! 당신을 믿었습니다"로 시작하는 〈시편〉의 30편 1절로 노래를 시작했으나 "내 발길을 그곳에 두게 하셨으니"로 시작하는 9절을 넘어 노래하지는 않았다. 나의 여행이 그때 바로 그곳에 있었기 때문이었다. 하늘의 음악에 영원히 맞추어진 천사의 노래를 들을 때까지는 내 안에서 눈물과 한숨이 두껍게 얼어 있었다. 그러나 감미로운 노래로 그들이 내게 연민을 느꼈음을 알았을 때(그들은 마치 "여인이여! 왜 당신은 그를 그렇게 부끄럽게 하십니까?"라고 말하는 듯했다), 얼음처럼 단단하게 내 마음을 묶어놓았던 사슬들은 호흡과 물이 되었다. 초조함은 나의 가슴으로부터 입과 눈을 통하여 세차게 흘러나왔다. 그녀는 전차의 같은 자리에서 꼼짝도 하지 않은 채 서 있었다. 그리고 천사들을 향해 말문을 돌렸다.

"나는 그를 젊은 눈빛으로 바라보며 그의 목표에 곧장 이를 수 있는 길로 인도했어요. 그러나 내가 더 나이가 들어 나의 삶이 천국의 삶으로 바뀌었어요(베아트리체는 25살에 죽었다). 그 사람은 날 잃고서 다른 사람들을 따라가다 헤맸지요. 나는 기도했어요. 꿈을 통해 또는 다른 수단으로, 그에게 영감이 가도록 말이에요. 그를 불러보려는 노력이 헛된 일이었는지 그는 정말 무심하기만 했어요. 그는 심연으로 빠져들었지요. 마침내 그가 직접 지옥에서 저주받은 자들을 보는 것 밖에는 그의 영혼을 구할 다른 길이 없다고 생각했지요. 이 때문에 나는 죽은 자들을 방문했고, 지금까지 그를 안내한 분께 눈물로 호소했던 겁니다."

31곡〉〉

"강 건너편, 거기 서 계신 당신!"

그녀는 웅변으로 그치지 않고, 그러지 않아도 그 칼날을 느끼고 있던 내게 칼끝을 돌리며 말했다.

"내 말이 맞나요? 말해보세요! 내가 이렇게 당신을 생각한 만큼 당신도 솔직한 고백으로 답해야 해요."

나는 그녀를 앞에 둔 채 온몸이 마비되어 멀거니 서 있었다. 말을 해보려고 입술과 목을 움직여보았지만 단 한 음절의 말도 새어나오지 않았다. 나는 두렵고 어쩔한 기분이었다. 그런 상태에서 내 입에서는 가까스로 "네"라는 말이 새어나왔다. 눈이 달린 귀라야 알아들을 수 있을 정도였다. 시위를 지나치게 당기면 활과 화살이 부러져 과녁을 맞히지 못하는 것처럼, 그렇게 나도 내 감정에 사로잡혀 눈물과 한숨만 터져나올 뿐 목소리는 제 풀에 사그라져버린 것이었다. 그때 그녀가 말했다.

"무슨 사슬이 당신의 길을 막았기에 계속 나아갈 희망을 다 버려야 했나요? 무엇이 당신의 마음을 건드렸나요?"

서러운 한숨을 몰아쉬며 나는 대답할 말을 쉽게 찾지 못했다. 내 입술은 가까스로 몇 마디를 만들어냈다. 울먹이며 나는 말했다.

"당신의 얼굴을 더 이상 볼 수 없었을 때 세상이 내민 헛된 즐거움이 나를 방황하게 했습니다."

"당신이 방금 고백한 것을 말하지 않았거나 부정했다 해도 당신의 죄는 모든 것을 아시는 위대한 판관 앞에서 모두 드러날 거예요. 그러나 죄의 고백이 죄인의 입술에서 나올 때 우리의 법정에서는 칼날이 숫돌에 거꾸로 갈려 무디어지듯 죄가 가벼워집니다. 당신이 죄를 진정 부끄럽게 느끼고 언젠가 세이렌이 노래할 때 더 강해지기 위해서는 당신 감정을 조절하시고 내 얘기를 들으세요. 그러면 땅에 묻힌 나의 육신이 어떻게 해서 당신을 다른 길로 인도했는지 알게 될 거예요. 당신은 자연에서든 예술에서든 내가 전에 지녔던, 그러나 지금은 재로 돌아간 나의 모습과 같은 아름다움을 본 적이 없을 거예요. 내가 세상을 떠나며 그 완전한 아름다움이 사라져버렸을 때, 살아 있는 다른 어떤 것이 당신의 사랑을 꾀어냈단 말인가요?"

나는 마치 부끄러워 입을 다문 채 자기 잘못을 뉘우치며 고개를 바닥에 처박고 있는 어린애 같았다. 그녀가 말했다.

"이런 얘기 정도로 그렇게 괴롭다면 이제 당신의 수염을 들어보세요. 그리고 나를 보면 더 큰 괴로움을 맛볼 거예요."

유럽이나 리비아에서 부는 폭풍에 뿌리 채 뽑힌 건장한 참나무가 힘을 쓴 것보다도 더 힘들게 나의 영혼은 그녀의 명령에 따라 그녀를 바라보았다. 그녀가 나의 얼굴을 '수염'이라고 불렀을 때 나는 그녀의 말에 비난이 들어 있음을 느꼈다. 얼굴을 들었을 때 나는 그녀 대신에 최초의 피조물인 천사들을 보았다. 그들이 꽃의 비를 뿌리는 일을 멈춘 뒤였다. 머뭇거리는 나의 눈길을 다시 한 번 돌렸을 때 나는 한 몸에 두 얼굴을 지닌 짐승을 마주하고 있는 베아트리체를 보았다. 그녀는 너울을 쓰고 강 건너편에 있었다. 지상에서 가장 사랑스러웠던 그녀는 살아 있을 때보다 더 사랑스러워보였다. 뉘우침의 고통이 아프게 찔러왔다. 그녀 아닌 것들 중의 최고를 사랑했던 일이 이제는 가장 혐오스러웠다. 내 죄가 그렇게 각인되자 나는 순간 아찔했다. 그리고 기절했다. 그 뒤에 일어난 일은 그렇게 만든 장본인인 그녀만이 안다.

내가 다시 깨어나자 처음에 보았던, 혼자 배회하던 마텔다가 내 위로 몸을 구부리고서 "날 붙잡으세요! 단단히 잡으세요!"라고 말했다. 그녀는 목까지 잠기도록 나를 강으로 끌고 들어갔다. 성스러운 강둑에 이르렀을 때 "내 죄를 씻으소서"라는 아주 감미로운 노랫소리가 들렸다. 그 사랑스러운 여인은 팔을 벌려 나의 머리를 껴안고 내가 강물을 마실 만큼 충분히 깊은 강물 속으로 잠기게 했다. 그리고 물에서 나를

끌어내어 닦아준 뒤 네 명의 사랑스러운 여자들이 춤추는 곳으로 데려 갔다. 그들은 내 손을 잡아끌며 환영해주었다.

"우리는 님프예요. 하늘에서는 별이지요. 베아트리체가 세상에 내려가시기 전부터 우리는 그녀의 하녀로 정해졌지요. 당신을 그녀 앞으로 인도해드리겠어요. 저쪽의 세 여인은 더 깊이 혜안을 가지신 분들이에요. 당신의 눈을 열리게 할 거예요. 그래서 베아트리체의 기쁜 빛에 당신을 채울 거예요."

그들은 이렇게 노래했다. 그리고 나를 그리핀의 가슴까지 데려갔다. 베아트리체는 이제 우리를 앞에 두고 전차의 중앙에 서 있었다. 님프

베아트리체와 단테
베아트리체는 가면도 쓰지 않고 머리에 금관을 쓰고 있다. 단테는 베아트리체의 꾸짖음을 듣고 몹시 부끄럽고 자책감에 빠져 머리를 숙이고 있다. 윌리엄 블레이크 작.

단테와 베아트리체의 만남
그림 왼쪽은 지상에서의 만남이고 오른쪽은 천상에서의 만남이다. 가운데 나무 틀에는 천사가 시계를 들고 서 있는데, 시계는 베아트리체가 죽은 시간을 나타낸다. 단테 가브리엘 로세티, 1859년 작.

들이 말했다.

"깊이 들여다보세요! 당신 눈을 아끼지 말고 잘 보세요! 당신은 지금 베아트리체의 에메랄드 같은 눈앞에 서 있는 것입니다. 그녀는 일찍이 그 눈으로 당신에게 사랑의 화살을 쏘았지요."

나의 소망은 수천 갈래의 불꽃으로 활활 타올랐다. 거울에 비친 햇살처럼, 나는 그녀의 눈에 그리핀이 때로는 독수리로 때로는 사자로 어른거리는 것을 보았다. 다른 세 여인이 한껏 고귀한 자태로 나타나더니 천사의 멜로디에 맞추어 춤추며 노래를 불렀다.

"베아트리체여! 거룩한 눈을 그대에게 충실한 자에게 돌리세요! 그대를 보러 그렇게 먼 곳에서 온 사람이잖아요! 부디 은총을 베푸시어 그대의 입을 그에게 나타내주세요. 그래서 그대가 감추고 있는 두 번째 아름다움을 그가 보도록 해주세요."

아! 끝없이 살아 있는 빛의 광채여! 당신이 내 앞에 마침내 모습을 드러냈을 때 당신을 가린 것은 오직 조화로운 하늘뿐이었으니, 파르나소스의 샘물을 마음껏 마시고 그 산의 그늘 아래 쉬는 시인이라 해도 당신을 눈앞에 비친 대로 묘사할 말을 찾아낼 수 있을까?

32곡〉〉

베아트리체를 죽은 지 십여 년이 지나 보았으니, 그동안의 갈증을 풀려는 마음에 그녀를 하염없이 바라보았다. 나의 눈마저도 그녀의 거룩한 미소에 이끌려 다른 것에는 무심해졌다. 그리고 옛날 나를 사로잡던 그녀의 친근한 매력에 도취되어버렸다. 그런데 갑자기 시선이 왼편에 섰던 여신들에게 옮겨갔다. 그들의 목소리가 들렸기 때문이다.

"그렇게 뚫어지게 보면 안 돼요!"

말이 들리는 곳으로 시선을 옮겼지만, 태양을 오랫동안 정면으로 바라본 눈처럼 잠시 동안 아무것도 볼 수 없었다. 그 희미한 빛(희미한 빛이란 내가 방금 눈을 돌린 그녀의 빛에 비해서 그렇다는 말이다)에 조금씩 익숙해졌을 때, 나는 일곱 개의 불꽃들과 태양의 빛을 받으며 오른편으로 꺾여져서 돌아가고 있는 영광스러운 행렬을 보았다. 싸우는 무리가 몸을 지키려고 방패 안에 숨어 저들이 한꺼번에 이동하기 전에 선두가 먼저 깃대를 따라 도는 것처럼, 하늘나라로 나아가는 그 앞선 행렬도 전차가 방향을 틀기 전에 우리 앞을 지나쳐갔다.

어느새 여인들은 바퀴 곁으로 돌아가 자리를 잡았다. 그리핀은 거룩한 전차를 끌었지만 나풀거리는 깃은 하나도 없었다. 스타티우스와 나는 나를 이끌고 강을 건넜던 고운 여인과 함께, 작은 아치를 그리며 나아가는 바퀴 뒤를 따라 움직였다. 뱀에게 귀를 기울인 이브 때문에 이제는 황폐해진 숲을 가로지르며 나아가는 동안 우리의 발걸음은 하늘의 노랫가락에 맞추어져 있었다. 시위를 떠난 화살이 미치는 거리의 세 배는 족히 될 만큼 걸었을 때, 베아트리체는 전차를 버렸다. 모두가 소리를 낮추어 아담의 이름을 우물거리는 것이 들렸다. 그들은 잎과 열매가 다 떨어진 나무 한 그루 주위를 에워쌌다. 나무는 인도의 밀림에서도 우뚝 솟을 만큼 높았는데, 위로 갈수록 더욱 넓게 퍼진 모양을 하고 있었다.

"그리핀! 그대는 복되도다. 이 맛있는 나무를 부리로 쪼지 않았으니까. 이 나무를 취한 자, 극심한 배탈을 일으킨다!

나무 주위에 있던 사람들이 이렇게 노래 불렀다. 그러자 두 모습을 지닌 짐승 그리핀이 "모든 정의의 씨는 이렇게 보존되느니라!" 하고 외치면서, 그가 끌고 온 굴대를 그 헐벗은 나무 기둥에 기대놓고 가지로 잡아매었다. 강렬한 햇살이 하늘의 물고기자리 뒤에서 반짝이는 빛과 함께 어울려 떨어지는 초봄이 되면 세상의 나무들은 부풀어 꽃으로 터져나오고 태양은 그 군마를 다른 별들 아래 매어두기 전에 제 색깔로 치장한다. 바로 그처럼 허전하기만 했던 그 가지들은 장미 색깔은 아니고 오랑캐꽃보다는 더 밝은 색으로 꽃을 피우며 새로워졌다. 그때 무리가 부르던 노래는 세상에서 들은 적이 없었는데 끝까지 듣지도 못했기에 무슨 노래인지 알 수 없었다. 나는 잠에 들었던 것이다. 아르고스의 수백 개나 되는 그 매서운 눈들. 아르고스는 헤라 여신에게서 유피테르의 새 애인 이노를 감시하라는 명령을 받았지만, 유피테르가 보낸 메르쿠리우스가 시링크스의 슬픈 얘기를 들려주자 잠들어 죽었다. 값비싼 잠이었다. 내가 그릴 수만 있다면 모델을 놓고 그리는 화가처럼 내가 어떻게 잠에 빠졌는지 보여주겠지만, 잠은 잠을 그릴 수 있는 자가 그려야 할 터이다. 그래서 나는 내가 어떻게 잠에서 깨어났는지만 말할 수 있다. 눈부신 한 줄기 빛이 잠의 너울을 찢고, 어떤 목소리가 나를 부르고 있었다.

"무얼 하느냐? 일어나라!"

나는 잠에서 깨어 아까 강둑을 따라 나를 인도하던 자애로운 여인이

형체가 변한 수레

그리핀은 꽃이 활짝 핀 선악의 나무로 수레를 끌고 갔다. 곧이어 단테는 암여우, 독수리, 용이 수레를 공격하는 것을 보았다. 그러자 성스러운 수레는 거인과 창녀가 앉은, 일곱 머리의 괴수가 끄는 수레로 변해버렸다. 수레의 변화는 교회가 타락하는 과정을 의미한다. 보티첼리, 1495년경 작.

나를 굽어보고 있는 것을 보았다. 걱정이 되어 나는 말했다.

"베아트리체는 어디 있습니까?"

"새로 난 잎들 아래 나무 둥치에 앉아 계신다오. 그분을 에워싼 무리를 보세요. 나머지는 그리핀과 함께 하늘로 가면서 더 달콤하고 구성진 가락으로 노래를 하네요."

그녀가 다른 얘기를 더 했는지 나는 모른다. 다만 내 마음을 완전히 지배했던 그녀에게 마음이 온통 쏠렸기 때문이었다. 그녀는 맨땅 위에 앉아 아까 두 모습의 짐승이 나무에 매어두었던 전차를 혼자서 지키고 있었다. 그 곁에는 일곱 님프가 북풍도 남풍도 끄지 못하는 등불을 손에 들고서 그녀를 에워싸고 있었다.

"당신은 잠시 성벽 밖에 살다가 그리스도가 계시는 로마(천국)의 시민으로 영원히 나와 함께 살게 될 거예요. 그리고 당신 세상의 죄인들을 돕기 원한다면 지금부터 저 전차를 잘 봐두세요. 그리고 돌아갔을 때 당신이 본 것을 기록해두세요."

베아트리체가 말했다. 나는 그녀의 말에 경건한 마음과 눈으로 전차를 바라보았다. 그때 독수리가 나무로 돌진하더니 새로 돋은 잎사귀며 꽃을 쪼았다. 머나먼 하늘에서 짙은 구름을 뚫고 번쩍이는 번개가 아무리 빠르다 할지라도 그때 내가 본 독수리의 속도만은 못할 것이었다. 독수리는 있는 힘을 다하여 전차를 들이받았다. 이 때문에 전차는 마치 폭풍우에 휘말린 배가 거센 물결에 양쪽으로 마구 흔들리듯 흔들렸다. 그때 먹이라고는 평생 입에 대지도 못한 듯이 보이는 여우 한 마리가 영광의 전차로 뛰어드는 것이 보였다. 나의 여인은 그놈의 죄를 꾸짖으며 그 살점 없는 뼈가 겨우 감당할 수 있을 만큼 세차게 내쫓아버렸다. 이번에는 나무로 돌진했던 독수리가 전차의 골조에 앉더니 황금 깃털 몇 개를 남겼다. 하늘에서 애끓는 마음에서 솟아나는 듯한 목소리가 들려왔다.

"나의 작은 배여! 불행한 짐을 실었구나!"

그러는 사이에 바퀴와 바퀴 사이로 땅이 열리더니 용 한 마리가 나타나 꼬리를 전차에 찔러넣는 것이 보였다. 마치 침을 움츠려 말아 넣는 말벌처럼 용은 독이 스민 꼬리를 말아 들여 전차의 한 부분을 떼어내더니 흡족한 듯 바라보다가 사라져버렸다. 풀이 무성한 기름진 땅처럼 좋은 의도로 바쳐졌을 깃털이 풍성하게 자라났다. 전차는 한숨을 쉴 시간보다 더 빨리 온통 깃털로 덮여졌다. 그렇게 변한 거룩한 구조물 여기저기서 머리들을 내밀었다. 굴대에서 셋, 네 모서리마다 하나씩이었다. 세 머리는 황소처럼 뿔이 났고, 네 머리는 뿔이 하나만 있었

다. 이렇게 생긴 괴물은 아무도 보지 못했을 것이다.

그 위에는 논다니가 언덕 위에 높이 솟은 바위처럼 태연스레 앉아서 쉴 새 없이 사방을 둘러보고 있었다. 논다니를 뺏기지 않으려는 것인지 한 거인이 옆을 지키고 섰는데, 그들은 이따금씩 입을 맞추었다. 그러나 논다니가 두리번거리는 음탕한 눈을 내게 돌리자 우악스러운 애인은 사납게 으르렁거리며 그녀를 머리부터 발끝까지 패버렸다. 질투에 분노가 겹친 거인은 괴물을 풀어서 숲으로 끌고 갔는데, 수풀에 가려서 논다니도 그 이상한 짐승도 볼 수가 없었다.

논다니와 거인
논다니의 한쪽 손에 그녀와 사내들이 간통하는 불결한 물건인 금술잔이 들어 있다. 이것을 통해 타락한 교황이 세속의 권력과 왕래하였음을 표현하고 있다. 윌리엄 블레이크 작.

33곡 》

"주여! 이방인들이 왔습니다."

님프들은 눈물을 흘리며 셋이서, 넷이서 번갈아 입을 맞추어 감미로운 성시를 노래했다. 베아트리체는 십자가 아래에 선 성모 마리아의 비탄 못지않은 한숨을 쉬며 근심스러운 표정으로 그들의 노래를 들었다. 일곱 여자들이 잠시 입을 닫으며 대답할 틈을 주었을 때 그녀는 벌떡 일어나 불꽃처럼 상기되어 그들에게 말했다.

"잠시 후에 너희들은 나를 보지 못할 것이지만, 얼마 안 가서 나를 다시 보리라."

그녀는 일곱을 앞세우고, 나와 마텔다 그리고 스타티우스는 눈짓을 하여 자기 뒤에 남게 했다. 그녀는 앞으로 걸어나갔다. 열 걸음을 디뎠을 때 그녀가 갑자기 돌아서서 내 눈을 의연한 눈길로 똑바로 바라보며 말했다.

"당신과 얘기하고 싶으니 내 말이 들릴 만큼 가까이 오세요."

나는 들은 대로 했다. 가까이 다가서자 그녀가 말했다.

"당신은 이제 나와 함께 있는데, 왜 내게 물어보지 않는 거예요?"

나는 어른 앞에 선 어린애처럼 숨도 제대로 삼키지 못할 만큼 두려움에 마비된 느낌이 들어 말이 입 밖으로 나오지 않았다. 나는 가까스로 우물거리며 말을 뱉어냈다.

"당신은 내가 뭘 필요로 하는지, 어떻게 하면 내가 만족하는지를 다 알잖아요."

"죄를 지은 자에게는 언젠가 반드시 하느님의 복수가 이루어진다는 것을 알려주세요. 전차에 깃털을 떨구고 괴물이 되고 미끼가 되었을 독수리(로마 제국)의 후손이 영원히 없지는 않을 거예요. 그 무엇도 가로막지 못하는 별들이 이미 가까이 와서 우리에게 기회를 주려 합니다. 그때 하느님께서 보내신 훌륭한 지도자가 나와 거인과 더불어 죄 지은 논다니를 죽일 거예요. 당신이 그것을 글로 쓸 때 여기서 본 한 번도 아니고 두 번이나 벗겨진 나무의 슬픈 모습을 잘 묘사해보세요. 이 나무를 유린하거나 가지를 꺾는 자는 그 누구든 하느님을 거스르는 죄를 짓는 것이니, 이 나무는 하느님께서 쓰시고자 만드셨기 때문이지요. 하느님의 첫 번째 영혼은 이것을 맛보았기 때문에 죄를 몸소 짊어질 그분을 고통 속에서 오천 년 이상 기다렸지요. 나무가 왜 그렇게 높은지, 그러면서도 왜 그 끝은 구부러져 자라는지 모른다면 그것은 당신 정신이 잠들어 있기 때문이에요. 방금 말한 나무의 두 가지 속성만 보더라도 당신은 그 도덕적 의미를 알 수 있을 것이고 하느님의 정의가 깃들어 있음을 볼 수 있을 거예요. 그러나 내가 보기에 당신 정신이 돌처럼 굳고 새까맣게 되어버려 내 말의 밝은 빛을 지닐 수 없는 것 같으니, 순례의 지팡이에 종려 잎을 감고 돌아가거든 내 말은 아니라 해도 부디 어떤 흔적만이라도 가지고 가시기를 바랍니다."

"인장이 찍힌 초가 그 찍힌 모양을 언제까지라도 간직하듯이, 당신의 인장은 내 정신에 아로새겨졌습니다. 그러나 그리웠던 당신의 말은 어찌하여 이렇게 내 정신을 넘어 높이 날아오르는지요? 내가 따라가려 하면 할수록 더 시야에서 멀어져만 갑니다."

"당신이 쫓아다닌 학파를 진정으로 알게 하려는 것입니다. 그리고 그 학파의 교리가 얼마나 내 말을 따를 수 있는지 보게 하려는 것입니다. 땅이 가장 높이 도는 하늘에서 떨어진 만큼 인류의 길이 하느님의 길에서 떨어져 있다는 것을 당신이 알게 하려는 것입니다."

그에 대해 내가 대답했다.

"내 자신이 당신을 등지거나 양심에 거스르는 일을 한 기억은 없습니다."

그러자 그녀는 빙긋이 웃으며 말했다.

"당신은 생각나지 않는다고 하는데, 바로 오늘 레테의 물을 마신 것

레테 강과 에우노에 강

그림 속의 샘은 레테 강과 에우노에 강, 그리고 에덴 동산에 흐르는 네 개의 강 중 두 개의 발원지이다. 단테는 일곱 천사들이 이 발원지에 서 있는 것을 보았다고 한다. 마텔다는 단테를 데리고 영혼에게 선행의 기억을 회복하게 하는 에우노에 강으로 가서 물을 마시게 한다. 이탈리아 필사본, 14세기 말.

은 생각나겠지요? 또 연기로 불을 추론할 수 있듯이, 당신이 기억하지 못하는 것은 당신 마음이 내게서 떠나 딴 곳에 가 있었다는 명백한 증거예요. 내가 지금부터 하는 말은 당신의 무딘 정신이 파악할 정도로 명백해질 거예요."

더 밝게 빛나면서 더 느리게 움직이는 태양은 이제 보는 사람에 따라 이쪽저쪽으로 옮겨지는 자오선을 타고 있었다. 그때 앞장서서 무리를 이끄는 사람이 뭔가 이상한 것이 나타날 때 잠시 멈추는 것처럼, 일곱 여인들이 발을 멈추고 푸른 잎사귀와 거뭇한 가지 밑으로 흐르는 차가운 강물에 드리워진 산의 어두운 그림자 끝자락에 가서 섰다. 하나의 샘에서 흘러나오는 유프라테스 강과 티그리스 강처럼, 강물은 그들 앞에서 이별을 꺼리는 친구인 듯 흐르고 있었다.

"오, 빛이여! 오, 인류의 영광이여! 여기 하나의 샘에서 흘러나와 갈려나가는 이 강물은 무엇입니까?" 하고 나는 물었다.

"마텔다에게 설명해달라고 하세요."

그러자 비난을 면하려고 그랬는지 그 사랑스러운 여인은 이렇게 대답했다.

"난 분명히 이 사람에게 이런저런 얘기를 해줬어요. 레테가 그 기억을 지우지 않았을 것으로 확신해요."

다시 베아트리체가 말했다.

"아마 더 중요한 일이 그의 정신을 채우고 있는 모양이지요. 그래서 기억을 빼앗고 정신의 눈을 흐리게 만든 것 같아요. 이 사람을 우리 앞을 흘러가는 에우노에 강✥으로 데려가서 약해진 그의 힘을 당신이 늘 하듯 다시 소생시키세요."

고귀한 그 영혼은 다른 이의 의지가 드러나자 곧 거기에 자신의 의지를 기꺼이 맞추었다. 내 손을 잡고 이끌면서 스타티우스에게도 말했다.

"당신도 오세요!"

독자여! 좀더 쓸 자리가 있다면 마시고 마셔도 갈증이 해소되지 않는 그 달콤한 물을 조금이라도 더 노래하련만. 그러나 이제 이 연옥편에 계획한 지면을 다 채웠으니, 나의 예술의 고삐가 더 가도록 허락하지 않는다. 이 더없이 성스러운 물로부터 베아트리체에게 돌아왔을 때, 나는 새로 돋아난 잎사귀와 새로워진 나무처럼 다시 살아나고 순수해져 별들에게 올라갈 열망을 가다듬었다.

✥ 레테 강물은 죄의 기억을 지우고 에우노에 강물은 선행의 기억을 회복시키는 힘을 갖고 있다. 영혼들을 두 강으로 이끄는 일은 마텔다가 맡고 있다. 에우노에 강물을 마신 혹은 거기에 몸을 적신 단테가 베아트리체에게 돌아갔을 때 그는 다시 살아나고 순수해져서 천국으로 올라갈 자유로운 의지를 가다듬게 된다. 이는 연옥 입구에서 카토가 단테에게 내린 죄를 씻고 이곳에 돌아오지 말라는 지시를 완수한 것이다. 단테의 강한 의지와 가벼운 영혼은 지옥에 들어서기 전 어두운 숲에서 산꼭대기를 바라보며 느꼈던 힘겨움과 대비된다.

천국

빛으로 가득찬 하늘로 오르다

1곡〉〉

나는 그분의 빛이 가장 밝게 빛나는 하늘에 있었다. 그 누구도 내가 거기서 본 것들을 쉽게 말하지 못하리라. 내 마음에 보물로 간직한 하늘의 거룩한 영역은 이제 내 노래의 줄거리가 되리라.

위대한 아폴로여! 이 마지막 임무를 위해 나를 당신의 재능과 당신이 사랑하는 월계관을 받을 만한 그릇으로 만들어주소서! 여기까지는 파르나소스의 뮤즈들이 사는 봉우리로 충분했지만, 이제는 아폴로 당신이 사는 파르나소스의 다른 한 봉우리도 함께 지니고 이 하늘나라로 들어가야 합니다. 나의 가슴에 숨을 불어넣어주소서.

우리의 반구는 어둡고, 반대편 반구는 하얗게 빛날 때, 베아트리체는 왼쪽을 향해 돌아서는 눈을 들어 태양을 바라보았다. 독수리라도 태양을 그렇게 정면으로 쏘아볼 수는 없을 것이었다. 마치 순례자가

천국으로 오르는 단테와 베아트리체
베아트리체와 단테는 장방형 모양의 공간으로 날아간다. 그림의 둥근 원에서 광선이 쏟아지고 있다. 조반니 파올로, 1445년경 작.

집으로 돌아가고 싶어 하고 내려오는 햇살이 반사 빛을 만들어 되돌아 올라가고 싶어 하듯이, 그녀의 행동은 내 눈을 거쳐 정신으로 번져 나를 움직이게 만들었다. 나도 태양을 정면으로 바라보았다. 사람이라면 누구도 그리 할 수 없을 것이다.

어느덧 태양은 마치 하루가 다음 날에 포개어지는 것 같이 되었다. 전지전능한 그분께서 두 번째 태양(달)으로 하늘을 꾸며주신 듯했다. 베아트리체는 그곳에 있었다. 그녀는 영원한 하늘을 똑바로 바라보고 있었다.

살아 있는 몸으로 천국에 들어갈 수는 없는 터. 천국의 계단들을 오르며 하느님의 사랑을 점점 이해하는 과정 자체가 이미 내가 초인이 되고 있는 증거였다.

2곡〉〉

하느님의 나라를 향한 타고난 끝없는 갈망으로 우리는 눈이 하늘에 닿는 것처럼 빠르게 나아갔다. 나는 베아트리체를, 베아트리체는 하늘을 보고 있었는데, 활이 과녁을 겨냥하고 시위를 떠나 공중을 나는 것보다 더 짧은 시간에 신비한 힘이 나를 온통 사로잡는 곳에 와 있었다. 그 힘이 무엇인지 알고 싶은 나의 갈증을 이미 다 알고 있는 그녀가 나를 향해 그 아름다움만큼이나 기쁜 낯으로 말했다.

"우리를 첫 번째 별(달)로 오르게 하신 하느님께 감사하는 마음을 가다듬으세요."

달의 하늘(월천)
베아트리체와 단테는 첫 번째 하늘인 달의 하늘에 도달한다. 단테는, 베아트리체가 기쁨이 넘치는 표정 때문에 더욱 아름다워 보인다고 썼다. 바탕색으로 단테가 가장 좋아하는 색을 쓰고 있다. 베네치아 필사본, 14세기 말.

그 별을 보자 햇살에 부딪히는 다이아몬드처럼 현란하고 단단하며 반짝거리는 구름이 우리를 감싸는 것 같았다. 이 영원한 천상의 진주가 우리를 제 안에 들이는 꼴은 물이 빛을 받으면서도 갈라지지 않고 온전한 것과 같았다.

3곡 〉〉

반질반질하고 투명하게 닦인 유리나, 맑고 잔잔하여 바닥이 보일 듯한 웅덩이에 비치는 희미한 얼굴 같은 — 여러분은 이때 우유처럼 하얀 이마 위의 진주를 떠올릴 것이다 — 그런 얼굴들을 나는 보았다.

"축복받은 영혼이여! 영원한 삶의 빛 속에서, 맛보기 전에는 결코 알 수 없는 달콤함을 즐기는구려. 당신이 누구시며 당신의 운명이 무엇인지 내게 기꺼이 말해주신다면 나는 정말로 행복하겠습니다."

그러자 그녀는 눈에 웃음을 가득 지으며 말했다.

"나는 동정녀 수녀였던 피카르다예요. 낮은 하늘에 있는 까닭은 스스로 맺은 서원을 어겼기 때문이지요. 나는 하느님의 뜻에 따라 평생을 수녀로 보낼 것을 서원했지만 그러지 못했어요."

"참으로 놀랍게도 당신의 얼굴은 표현할 수 없는 성스러운 뭔가로 빛납니다. 당신들은 여기서도 참으로 행복해 보이는데, 그분을 더 많이 보고 사랑을 더 받고자 하늘의 더 높은 자리를 바라나요?"

그녀는 부드러운 미소를 지었다. 다른 영혼들도 함께 미소를 지었다. 그녀는 하느님의 사랑의 불로 타오르는 듯 보였다.

"우리가 더 높이 오르고자 원한다면, 그 소망은 우리를 이곳에 배치해두신 그분의 의지와 맞지 않게 될 거예요. 우리가 이곳의 전역에 걸쳐 높이마다 층층이 존재하는 것은 그분의 의지를 따른 것입니다."

나는 그제야 최고의 은총의 빛이 같은 밝기로 동등하게 비추지는 않

수녀 피카르다
수녀 피카르다는 단테에게 자신의 이야기를 들려준다. 그녀는 수녀였으나 오빠 코르소가 정치적인 이유에서 그녀를 억지로 환속시켜 마음에도 없는 결혼을 했다. 베네치아 필사본, 14세기 말.

아도, 하늘은 어디나 천국이라는 것을 이해할 수 있었다. 그러나 한 가지 음식에 배부르면 다른 음식에 구미가 당기고 이것에 감사하면서도 저것을 찾는 듯, 나는 그녀가 끝까지 서원을 이루지 못하여 완성되지 못한 옷을 입고 있는 이유를 알고 싶었다. 내 말과 행동이 그런 바람을 드러냈다. 그러자 그녀가 말했다.

"나는 어린 소녀 때부터 클라라 수녀님을 따르고자 속세를 피했지요. 그런데 사랑보다는 미움에 더 익숙한 사람들이 그 따사로웠던 수녀원에서 나를 납치하였으니, 그 뒤로 내 삶이 어떠했는지는 하느님이 다 아십니다. 나와 비슷한 삶을 산 옆에 있는 이분도 수녀였지만, 사람들은 거룩한 너울의 그림자를 빼앗았어요. 그러나 자신의 의지와 거룩한 서원에 거슬러 속세로 돌아가고 난 뒤에도 그녀의 마음만은 거룩한 너울은 벗은 적이 없어요. 이 영혼은 시칠리아의 페데리코 2세를 낳은 코스탄차 황후랍니다."

이렇게 말을 끝내고 그녀는 아베마리아를 노래하기 시작했다. 노래하면서 마치 깊은 물속에 무거운 물체가 가라앉듯이 사라졌다.

4곡〉〉

의심에 싸인 내 얼굴을 보고 베아트리체는 엄한 표정을 지으며 말했다.

"당신은 두 가지 소망 사이에서 갈팡질팡하고 있군요. 당신의 생각은 이런 거지요. '선을 향한 의지가 변함없다면 어떻게 다른 자의 폭력이 정당한 공적 가치를 깎아내릴 수 있다는 말인가?' 또 다른 의문은 이런 것이겠지요. '플라톤이 주장하듯, 죽은 뒤 모든 영혼은 제각기 자기 별로 돌아가는 것일까?' 하늘의 정의가 사람들의 눈에 불의로 보이는 것은 신앙의 증거지, 이단적인 죄악의 증거는 아니에요. 그러나 이 진실은 당신들 자신의 힘으로 이해할 수 있는 것이니 당신께 설명해드리겠어요. 폭력에 고통 받는 사람은 폭력 행위에 관여하지 않았다고 해도 비난에서 벗어날 수 없어요. 인간의 의지는 확고하기만 하다면 외부적인 힘에 굴복하지 않아야 하니까요. 따라서 의지가 크든 작든 구부러지면 폭력이 뒤따르는 법입니다. 제 말을 잘 알아들었다면 당신의 마음을 괴롭혔던 논쟁이 이제는 무의미해졌음을 느낄 겁니다. 그러나 당신 눈앞에 건너야 할 길이 열렸으나 당신 혼자서는 시작도 하기 전에 무너질 거예요. 그러니 당신 의지와 더 크신 의지를 조화시키도록 하세요."

그것은 모든 진리의 샘에서 흘러내리는 거룩한 흐름이었다. 그것은 내 의심을 잠재웠다.

5곡〉〉

우리는 두 번째 구역으로 올라갔다. 거기서 나는 나의 여인이 기쁨에 사로잡히는 모습을 보았다. 그녀가 새로운 하늘의 빛 속에 들어갔을 때 유성은 더 밝게 빛났다. 잔잔하고 맑은 연못에 뭔가가 떨어지면 물고기들이 그것을 먹이로 알고 모여들 듯, 거기서 나는 수천의 별들이 우릴 향해 오는 광경을 보았다. 그 속에서 나는 "봐라! 우리 사랑을 키워줄 저분을!"이라는 말을 들었다.

"하느님께서 삶의 싸움을 포기하기 전에 영원한 승리의 옥좌를 볼 은총을 허락하신 축복받은 영혼이여! 하늘을 온통 뒤덮는 하느님의 빛이 우리에게 비추어지니, 당신이 빛나고자 한다면 마음껏 그리하시오!"

그들 중 하나가 내게 말했다. 베아트리체도 재빨리 거들었다.

"그러세요! 두려워 말고 그들 하나하나를 하느님처럼 생각하고 털어놓으세요!"

"당신이 미소를 지을 때 그 눈에서 빛살이 뿜어져나오고, 당신 자신의 빛 속에 둥지를 틀고 있음이 보입니다. 그러나 당신이 누구신지 모르겠습니다. 또 어째서 당신이 태양 빛으로 인해 사람에게는 보이지 않는 수성에 자리하시는지 모르겠습니다."

내게 말했던 그 빛을 향해 이렇게 말했다. 그러자 그 빛은 먼저보다 훨씬 더 밝은 빛을 뿜어냈다. 태양은 햇살을 강렬히 발하여 자욱한 증기를 쓸어 없앨 때 자신을 제 빛의 그 과도함 속에 감춘다. 이처럼 그 거룩한 모습도 자체의 빛나는 환희 속에 스스로를 감추고서는 그렇게 황홀하게 스스로를 휘감으면서 다음에 이어질 얘기로 내게 대답했다.

6곡〉〉

"나는 동로마 제국의 황제였던 유스티니아누스다. 나는 내가 느끼는 제일의 사랑이 원하시는 대로 법전을 정비해, 지나치거나 헛된 조항들을 없앴지. 이 일을 시작하기 전에 나는 그리스도는 단 하나의 본성만을 지녔다고 생각했고 그런 믿음에 만족하고 있었다. 그러나 최고의

수성천에서 만난 유스티니아누스
화가는 빛 가운데 서 있는 유스티니아누스를 그렸다. 그의 손에는 로마의 군기가 들려 있는데 그는 단테를 반가이 맞이한다. 조반니 파올로, 1445년경 작.

목자이신 축복받은 교황 아가페투스께서 현명한 말씀으로 나를 진실한 믿음으로 이끄셨다. 내가 교회와 더불어 발길을 옮기자 곧 하느님께서는 은총으로 나로 하여금 로마의 법전을 정비하는 고귀한 일을 하게 하셨으니, 나는 거기에 온몸을 바쳤다. 내가 생각하는 로마는 지금 세상에서 생각하는 로마와 다르다. 로마는 언제나 하늘의 정의를 위하여 싸웠고 하느님의 분노와 복수를 대신하는 영광을 부여받았다."

7곡》

"호산나, 만인의 거룩한 주님! 당신의 밝음이 이 하늘의 빛나는 축복된 불을 비추나이다."

그는 이런 노래를 부르며 멜로디에 맞춰 돌면서 떠났다.

나는 주저하며 서 있었다. 하느님의 복수가 어떻게 이루어진다는 것인지 알 수 없었다. "베아트리체에게 말해보자"라고 속으로 되뇌기만 했다.

"너의 사랑스러운 여인에게 말해봐! 달콤한 진실의 물방울로 네 갈증을 풀어주잖아!"

베아트리체가 빛나는 미소로 나를 고통에서 벗어나게 한 것은 그리 오랜 시간이 지나지 않아서였다. 그녀의 미소는 지옥의 불구덩이에 갇힌 사람이라도 기쁘게 할 터였다.

"내가 금방 당신의 의심을 씻어드리지요. 태어난 적이 없는 사람 아담은 자신의 의지에 재갈을 물리지 못해서 자신은 죄를 짓고 그 자손도 죄를 지었지요. 여러 세기 동안 인류는 그 큰 원죄 속에서 병들어 저 아래에 누워 있었어요. 그러다가 하느님의 말씀이 가까이 내려오셔서 그분에게서 떨어져서 방황하던 인간을 기꺼운 사랑으로 그분과 하나가 되게 하셨지요. 제일의 원인이신 하느님 안에 있었을 때 인간의 본성은 (처음 창조되었을 때처럼) 순수하고 좋았지만, 혼자되어 스스로 행동하게 되자 진리와 진실한 삶을 포기하여 하느님의 거룩한 정원에서 쫓겨났어요. 인간의 본성에 따라 생각할 때에는 그리스도가 십자가에 매달리신 것보다 더 위대한 정의는 없을 테지만, 그것을 겪으신 분의 본성을 생각하면 그렇게 불의한 벌도 없을 것입니다. 당신은 하느님께서 어찌하여 구원의 길을 분명하게 제시하지 않으셨는지 혼란을 느끼는 것 같군요. 하느님은 그저 죄를 사해주시기보다는 인간 스스로 거듭날 수 있도록 당신 자신을 희생하셨습니다. 하느님의 유일한 아들이 자신을 낮추어 죽을 육신을 지니지 않았더라면, 다른 어떤 수단으로도 정의에 이르지 못했을 겁니다. 인간은 혼자 힘으로 완전한 삶을 이룰 수 없고 오직 하느님께 의지할 때 구원을 얻을 수 있어요. 우리의 최초의 부모가 세상에 왔을 때 인간의 육신이 처음에 어떻게 이루어졌는지를 당신이 기억한다면, 내가 지금까지 말한 것으로 미루어 앞으로 다가올 당신의 부활을 그려볼 수 있겠지요."

8곡〉〉

옛날 사람들은 오랜 잘못을 고치지 못하고 베누스에게 봉헌을 올리고 우러러보았을 뿐 아니라, 디오네를 그녀의 어머니로, 쿠피드를 그녀의 아들로 떠받들었다. 그들은 태양이 새벽과 저녁에 어루만지는 별에 그녀(베누스)의 이름을 붙였다. 나는 그 별에 닿은 것을 미처 의식하지 못했지만, 베아트리체가 더 아름다워졌기에 금성의 하늘에 있다는 것을 알았다.

불에서 날리는 불티처럼, 한 목소리 안에서 다른 목소리들이 일어났다 사라져도 한 목소리는 지속되는 듯, 나는 그 빛에 휘감긴 여러 빛을 보았다. 그들의 움직임은 느리기도 하고 빠르기도 했다. 아마 하느님이 그들 각자에게 얼마나 분명하게 보이느냐에 따른 것 같았다.

9곡〉〉

찬란한 빛줄기들이 내게로 뻗어왔다. 그 빛줄기는 광채를 통해 나를 기쁘게 해주려는 듯 더욱 빛나고 있었다. 베아트리체의 눈이 나를 향했다. 전처럼 나의 소망을 들어주겠다는 보장을 담은 눈길이었다. 나는 외쳤다.

"축복받은 영혼이여! 나의 소망을 채워주시오! 당신이 내 생각의 거울임을 보여주시오!"

그러자 그때까지도 다 알 수 없었던 그 영혼의 빛이 전에 노래하던 가슴 깊은 곳에서 대답했다. 자기 기쁨을 기쁘게 나눠주는 그런 영혼의 목소리였다.

"베네치아와 브렌타 강, 그리고 피아베의 새들 사이에 자리 잡은 이탈리아의 지저분한 지역 저 한쪽 편에 그렇게 높지 않은 언덕이 하나솟아 있어요. 거기서부터 폭군 에첼리노가 내려와 이 나라를 극악무도하게 짓밟았어요. 나와 그는 같은 뿌리에서 태어났지요. 내 이름은 쿠니

쿠니차를 만나다
열정적인 천성의 소유자인 쿠니차는 노래와 놀이를 즐겼으며 오랜 기간 동안 많은 남자들과 방탕한 생활을 하였는데 맨 나중에는 첫사랑으로 돌아왔다. 존 플랙스먼, 1793년 작.

차.✢ 여기 이 별빛에 압도되었기에 나는 여기서 빛나고 있어요. 나는 운명이 저지른 것을 기꺼이 용서하고 슬퍼하지 않습니다. 세상의 눈에는 이상하게 보일 겁니다. 그러나 나는 죄의 기억을 잊었고 이제는 속세를 사랑한 것 이상으로 하느님을 사랑하고 있어요. 파도바의 피는 비첸차의 물에 얼룩을 남길 것입니다. 사람들이 의무를 회피했기 때문이지요. 카냐노와 실레가 만나는 트레비소를 누군가 오만하게 머리를 쳐들고 다스리는데, 그를✢✢ 잡으려는 그물이 이미 쳐져 있었어요."

그녀는 입을 다물었다. 뭔가 다른 것에 생각이 이끌린 듯, 전에 있던 춤추는 무리로 섞여 들어갔다.

✢ 쿠니차는 트레비소를 다스리던 에첼리노의 여동생이다. 에첼리노는 폭력을 휘두른 죄인을 벌하는 지옥의 일곱 번째 고리에서 끓는 피의 강에 잠겨 있다. 쿠니차는 생전에 네 명의 남편과 두 명의 애인을 두었다. 하지만 그녀의 생애는 동정심과 자비로 가득했다.

✢✢ 리카르도 다 캄미노를 가리킨다. 그는 아버지의 영지를 트레비소의 군주처럼 차지하고 폭정을 했다. 1312년 체스를 두다가 그의 오만을 참지 못한 어느 영주로 추정되는 이에게 살해되었다.

10곡〉〉

우리는 네 번째 하늘인 태양천에 도착했다. 하느님의 네 번째 가족들이 거기서 빛을 발하고 있었다. 그곳을 그분이 어떻게 지으시고 숨을 불어넣어주시는지 보여주시며 항상 축복을 내리고 계셨다. 베아트리체가 말했다.

"감사드리세요! 천사들의 태양께 감사드리세요. 은총으로 당신을 올려 이곳을 보게 하신 분이에요."

우리 인간들 중 나보다 더 하느님께 정성을 굳건하게 바친 자는 없었다. 나는 나의 사랑을 하느님께 바쳐 베아트리체의 존재마저 잊어버렸다. 그러나 그녀는 언짢게 여기지 않고 오히려 미소를 지었다. 그녀의 웃음 띤 눈에서 나오는 광채가 내 정신을 사로잡았던 마력을 깨뜨렸다. 나는 많은 것들을 다시 볼 수 있었다. 살아 있는 광채들이 우리를 에워싸고 면류관을 이루는 것을 보았다. 그들의 목소리는 그들의 찬란한 모습보다 더 달콤했다.

이 불타는 듯 찬란한 태양이 노래를 부르며 고정된 양극 가까이 도는 별들처럼 우리 둘 주위를 세 번 돈 다음 멈춰 섰다. 마치 원을 그리며 춤추는 여인들이 새로운 노래의 리듬에 조용히 귀를 기울이며 잠시 춤을 중단하는 듯했다. 그 빛 안에서 목소리가 들렸다.

"내 오른쪽 가까이에 선 이 영혼은 나의 형제이며 스승이었던 쾰른의 알베르토, 나는 토마스 아퀴나스입니다. 다른 이들을 알고 싶거든 내 말이 이끄는 곳으로 눈을 돌려 이 축복받은 영혼들을 둘러보시오. 우리들을 밝히는 다음 불꽃은 가난한 과부처럼 검소하게 모은 자기 재산을 교회에 바친 피에트로입니다. 우리들 사이에 가장 아름다운 다섯 번째 빛은 솔로몬인데, 그의 불꽃은 고귀한 정신과 깊은 지혜를 담고 있어, 그를 따를 만한 현자는 두 번 다시 떠오르지 않을 게요. 여덟 번째 불꽃 속에서 빛나는 거룩한 영혼은 선에 싸인 채, 그의 얘기를 잘 듣는 자에게 세상의 결점을 잘 드러내주는 분이오. 그의 찢겨나간 몸뚱이는 저 아래 파비아의 성 베드로 성당에 묻혀 있소. 그는 유배와 순교를 거쳐 지금의 평화에 이른 것이오."

그림으로 보는
천국의 구조

천국에 오른 단테는 가장 낮은 하늘인 월천에서 서원을 어긴 불완전한 영혼들을 만난다. 이들은 가장 낮은 하늘에 있지만 더 높이 오르려는 소망은 없다. 하느님의 의지와 어긋나기 때문이다. 은총은 같은 밝기로 비추어지지 않기에 천국은 아홉 개 하늘로 나뉘어 있다. 그러나 그곳 어디나 천국인 것은 분명하다.

두 번째 하늘은 수성천이다. 이곳에서 명성을 위해 선을 행한 영혼들을 만난다. 단테를 안내하던 베아트리체는 하느님의 구원의 의지에 대해 설명한다. 사랑과 연민을 펴는 영혼들이 있는 세 번째 하늘 금성천에서 베아트리체는 더 아름다워진다. 지혜로운 영혼들을 위한 네 번째 하늘 태양천에서 단테는 그들의 맑은 빛을 온 몸으로 받으며 아퀴나스에게서 성 프란체스코 얘기를 듣는다. 이들은 원을 그리며 춤을 춘다.

다섯 번째 하늘인 화성천에는 신앙을 위해 싸운 전사들의 영혼이 붉은 빛의 십자가 모양으로 무리지어 있다. 거기서 단테는 떠오르는 그리스도의 모습을 목격한다. 여섯 번째 하늘인 목성천에는 의로운 영혼들이 있는데, 단테는 조상을 만나 자신과 피렌체의 미래의 예언을 듣는다. 하느님의 정의는 인간이 이해할 수 없는 경지에서 이루어지며, 거기서 인간의 선은 완성된다. 일곱 번째 하늘인 토성천에서 베아트리체는 변함없이 아름답고 포근한 모습으로 단테를 이끈다. 이곳은 관조하는 영혼들의 집으로, 여러 성인의 삶을 소개하고 부패하고 타락한 교회를 비판한다. 이어 단테는 놀라운 속도로 여덟 번째 하늘 항성천으로 오른다. 승리의 영혼들이 있는 이곳에서 그동안 베아트리체에 압도되었던 단테는 그를 넘어서 그리스도의 빛과 향기로 나아간다. 단테는 아무것도 볼 수 없다. 단테는 이제 인간의 시각이 아닌, 구원받은 영혼으로 볼 수 있는 천국의 정수리를 향해 오른다. 베드로와 야고보, 요한 같은 성인들과 교리 문답을 성공적으로 수행하면서 단테는 신학의 핵심을 터득한다. 그 결과 단테의 눈은 다시 뜨이고 전보다 훨씬 더 잘 볼 수 있게 된다. 단테는 계속해서 하느님의 의지와 뜻을 헤아리는 데 집중한다.

아홉 번째 하늘 원동천은 천사들의 합창이 울려퍼지는 가운데 전체 하늘을 돌리는 곳이다. 이곳에서 최고의 하늘인 정화천에 오른 단테는 "힘을 주시어 본 대로 기록하게 하소서" 하고 기도를 드린다. 이곳은 장미의 형상을 하고 있다. 영원히 지속되는 봄, 향기로운 꽃잎 속에 거룩한 복자들이 자리하고 있다. 이제 베아트리체 대신에 관조하는 영혼 성 베르나르가 단테를 위하여 성모 마리아에게 기도를 드린다. 마지막 축복을 향해 눈을 더 높이 올리고, 돌아가 사랑을 굳건히 지키고 전파하도록 해주소서. 단테는 기쁨으로 가슴이 뛴다. 완전한 균형을 이룬 하느님의 세계에서 스스로의 의지와 소망이 하느님의 사랑을 향해 나아가는 것을 느끼면서 단테는 긴 여행을 마친다.

천국에서 단테는 일생동안 고민하던 하느님과 인간의 문제를 명증한 논리로 해결한다. 단테는 이곳에서 스스로의 의지와 정신으로 이끌어낸 최고의 경험과 확신으로 가득 차 있다. 단테는 살아 있는 몸으로 점점 초월자가 되어간다. 그의 눈은 육체에서 벗어나 영혼 자체로 변한다. 오로지 빛으로만 채워진 최고의 하늘에서 단테의 인간 존재는 해체된다. 이제 그의 시각은 영혼의 눈이 되어 하느님을 다만 관조한다. 그러한 신비한 관조를 통해서 비로소 하느님은 온전하게 단테에게 들어오며 동시에 단테는 하느님에게로 들어간다. 단테는 하느님과 하나가 되었으며, 그것이 단테가 상상한 구원의 궁극이다.

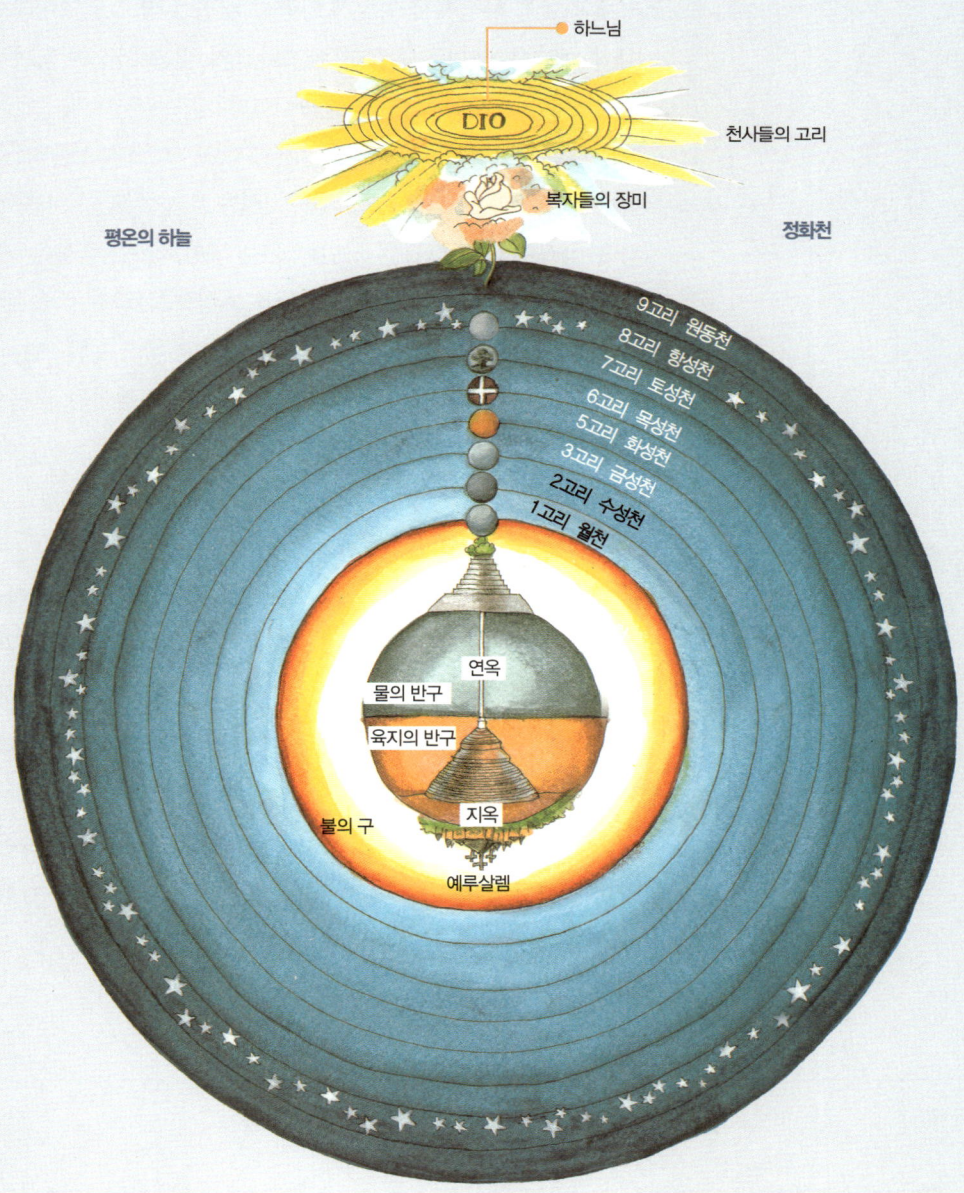

11곡〉〉

사람들은 법을 추구하고 격언에 충실하며, 사제직에 연연하고, 더러는 폭력이나 궤변으로 다스리려 한다. 더러는 도둑질을 생각하고 나라 일을 걱정하고 육체적 쾌락에 빠져들고 또 더러는 피로에 지치는가 하면 편안함에 몸을 내맡긴다. 나는 이런 모든 헛된 것들에서 벗어나 베아트리체와 함께 하늘에서 이렇게 황송한 대접을 받고 있었다.

내게 얘기를 들려준 휘황한 아퀴나스의 빛은 미소와 함께 더 맑은 빛을 쏟아내며 다른 얘기들을 들려주었다.

"성 프란체스코는 청빈함과 결혼했지요. 그 조화로움과 축복받은 모습, 사랑, 신비, 그리고 부드러운 시선은 다른 이들의 마음에 거룩한 생각을 심어주었소. 그분의 청빈한 삶을 뒤따르는 영혼들은 점점 불어났고, 하늘의 천사들이 그 놀라운 삶을 노래했소. 그는 죽을 때까지 자기가 선택한 청빈의 품에서 벗어나지 않았고 다른 관을 원하지 않았소. 그리고 마침내 그 빼어난 영혼은 자기 자리로 돌아간 것이오."

12곡〉〉

축복받은 불꽃이 마지막 말을 한 그 순간 성스러운 영혼들의 원이 다시 주위를 돌기 시작했다. 한 바퀴를 채 돌기 전에 두 번째 원이 그 원을 감싸더니 동작은 동작으로, 노래는 노래로 포개졌다. 원래의 빛이 반사된 빛보다 더 강하듯이, 그들의 노래는 세이렌이나 뮤즈의 노래를 초월하는 것이었다.

숭고한 춤과 축제, 노래, 그리고 섬광들이 하나로 어우러져 빛의 향연을 벌이다가 한순간에 잠잠해졌다. 마치 우리의 두 눈이 우리의 의지에 응답하여 함께 떴다 감았다 하듯이. 그 새로운 빛들 중 하나의 가슴에서 목소리가 들렸다.

태양천
영혼들이 원을 그리고 노래를 부르며 춤을 추고 있다. 도레는 천국의 휘황찬란함에 중점을 두고 묘사하고 있다. 구스타브 도레 작.

 "나를 아름답게 만드는 사랑이, 나의 길잡이이신 성 프란체스코를 높이 받드는 다른 길잡이 성 도미니쿠스에 대해 말하도록 움직입니다. 우리는 그 두 분을 따로 말하지 않습니다. 두 분 모두 한 가지 이유로 싸우셨으니 그들의 명성도 하나로 빛나야 한다오. 당신이 들었듯이, 그분은 신부(교회)를 두 본보기로 보내셔서 그들의 말과 행동을 통해 흩어졌던 사람들을 다시 모으도록 하셨소. 하느님에 의해 창조된 순간 그의 정신은 비범한 능력을 가졌소. 어머니의 배에서 그는 어머니를 예언자로 만들었소. 나는 바뇨레지오 출신의 보나벤투라✤의 영혼이오. 성 프란체스코의 제자들인 일루미나토와 아우구스티누스가 여기에 있는데, 그들은 맨발의 청빈으로 하느님을 섬긴 최초의 사람들로서, 하느님의 친구임을 보여주는 줄을 허리에 두른 이들이었소. 우고 다 산 비토레와 피에트로 만쟈도레, 그리고 열두 권의 책으로 사람들을 일깨우는 피에트로 이스파노가 함께 있고, 선지자 나탄과 대주교인 크리소스토모, 안셀무스, 그리고 자신의 사상을 최고의 예술에 바친 도나투스가 여기 있으며, 라바누스도 또한 여기에 있소. 내 옆에서는 예언의 선물을 받았었던 칼라브리아의 수도원장 조바키노가 빛나고 있소. 아퀴나스 형제는 빛나는 예의와 겸손한 말로 나를 움직여 이 용사를 찬미하게 했고, 그런 내게 합류하여 찬미하도록 두 겹으로 둘러싼 이 스물 네 명의 동료들을 움직인 것이오."

13곡》

내가 이제 보는 것을 머리에 그리고 싶은 사람은 상상해보라! (그리고 내가 말하는 동안 당신의 정신의 눈에 이 이미지를 돌처럼 단단하게 간직하시라!) 하늘에서 가장 밝게 빛나는 열다섯 개의 별들을! 이들은 두꺼운 안개를 관통할 수 있는 막강한 빛을 발하고 있다. 북쪽 하늘의 광대한 둥근 천장에 담겨 있는, 밤낮으로 돌아가는 큰곰별을 상상해보라. 또 작은곰별의 입 끝을 상상해보라. 그 밝은 별은 열 개의 하늘의 축을 이루고 있다. 죽음의 한기에 싸인 미노스의 딸이 하늘에 남긴 별처럼, 두 원으로 겹쳐 서로를 비추어 서로 다른 속도지만 빛으로 빛을 움직이면서 저들을 서로 감싸 들이는, 앞에서 말한 스물네 개의 별들의 밝기로 빛나는 것을 상상해보라. 그 거룩한 빛들은 하느님

✤ 바뇨레지오는 이탈리아 중부 지방이다. 보나벤투라는 1221년 태어나 1255년경 프란체스코 교단의 수장이 되었다. 어렸을 때 심한 열병에 걸렸으나 성프란체스코가 치료해주었다고 한다. 치료되었을 때 프란체스코는 "다행이야!" 하고 외쳤는데 보나벤투라는 그런 뜻을 담고 있다.

과 우리를 왔다 갔다 하며 즐기는 가운데 노래와 원무가 막바지에 이르자 우리를 향했다. 그리고 아까 하느님의 가난한 성자 성 프란체스코의 놀라운 생애를 들려준 아퀴나스가 그 영혼들의 조화된 침묵을 깨고 말했다.

"다섯 번째 빛으로 있는 솔로몬이 비교할 수 없는 최고의 지혜를 가졌다는 내 말을 듣고 의아하게 생각했을 겁니다. 지혜라고 했을 때, 내가 말하고자 했던 지혜는 바로 왕의 분별력이었소. '일어나 군림하다'라는 말은 오직 왕들에 해당합니다. 그리스도나 아담은 이미 보통 사람들보다 위에 있는 존재들로 창조되었으니 일어날 필요도 군림할 것도 없었지요. 어쨌든 왕들은 많아도 좋은 왕은 드물지요. 내 말을 이런 의미로 받아주시면 우리의 첫 아버지이신 아담과 우리의 환희이신 그리스도를 믿는 당신의 믿음과 어긋나지 않을 것이오. 그 분별력으로 부디 '네'와 '아니요'를 앞에 두고 가늠하다 지친 사람처럼 느리게 움직이도록 당신 발에 추를 달기 바라는 마음이오. 긍정하든 부정하든 성급하게 판단을 내리다보면 지극히 어리석은 결정을 내리기 쉬우니 하는 말이오."

14곡〉〉

원무를 추며 돌아가는 무리들이 흥에 겨워 스텝을 빨리하고 목소리를 높이듯이, 그녀의 정성어린 요청에 거룩한 원들은 황홀한 음악과 춤으로 새로운 행복을 내보였다. 우리가 세상에서 죽어 이 위에서 산다는 것을 언짢게 생각하는 사람들이 있다면 그들은 하느님의 영원한 은총의 비를 맞는 상쾌함을 알지 못해서 그럴 것이다.

가장 안쪽의 원의 가장 밝은 빛으로부터 천사의 음성이 들렸다. 마치 마리아에게 아뢰는 듯 절제된 목소리였다.

화성천의 십자가
다섯 번째 하늘인 화성천의 십자가에는 신앙을 지키기 위해 싸우다 죽은 자들의 영혼이 빛나고 있다. 베네치아 필사본, 14세기 말.

"천국의 축제가 길어질수록 우리의 불타는 사랑도 길어져 그 빛으로 옷을 삼을 것이오. 지고의 선께서 우리에게 주시는 빛이 무럭무럭 자라나, 우리는 그 영광의 빛을 통해 그분을 볼 수 있는 것입니다. 그러므로 우리의 시각은 자라나야 하며, 마찬가지로 시각은 열기를 더 키우고 열기는 빛을 키우는 것입니다. 그러나 숯덩이가 불꽃으로 이글거릴 때 그 내부의 빛이 바깥의 불꽃으로 빛나서 제 형상을 분명히 드러내듯이, 우리를 담고 있는 이 빛보다 오랜 세월 땅 밑에 묻혀 있는 육신이 나중에 더 찬란히 빛날 것이오."

둥그렇게 둘러선 두 줄의 영혼들은 이 말이 끝나자 곧바로 "아멘!" 하고 외쳤다. 몸을 돌려 받으려는 마음이 분명 컸기 때문이었다. 그때 그 둘러싼 빛만큼이나 밝게 빛나는 새로운 빛이 마치 여명으로 빛나는 지평선처럼 우리를 감쌌다. 마치 온 하늘에 박명薄明이 깔리듯이 새로운 별들이 나타났다. 보일 듯 말 듯 어슴푸레한 모습이었다. 거기에 새로운 영혼들이 보이는 듯했는데, 두 개의 고리 주위에 새로운 고리를 만들고 있었다. 성령의 진실한 반짝임이었다. 그 빛이 어찌나 빠르고 밝게 자라나는지, 내 눈은 감당할 수 없었다.

그때 베아트리체가 빛나는 미소를 지으며 내 앞에 모습을 드러냈는데, 내 정신이 뒤따를 수 없는 이 광경 사이에 그녀를 두고 싶었다. 그녀의 모습은 내가 다시 눈을 들어 바라볼 수 있는 힘을 주었다. 위를 우러러보면서 나는 그녀와 내가 어느새 더 숭고한 축복으로 옮아갔음을 알았다. 나는 더 높이 오른 것을 알았는데, 별의 작열하는 미소가 전보다 더 붉게 빛나는 것이 보였기 때문이다.

넓어지는 듯 좁아지며 별들의 길을 이루는 은하수는 두 갈래의 붉은 별 사이에서 하얀 빛으로 어렴풋이 빛난다. 그래서 별들의 무리가 아닐까 하고 천문학자들의 의심을 사기도 했는데, 그렇게 깊은 화성의 운행과 엇갈리며 거룩한 십자가의 모양을 이루고 있었다. 나는 그 십자가에서 이글거리며 떠오르는 그리스도의 모습을 본다.

꼭대기에서 바닥까지, 팔에서 팔로, 밝은 빛은 십자가를 따라 움직이고 있었다. 서로의 빛을 만나고 지나치면서 눈부시게 번쩍거렸다. 그리고 양금과 하프의 그 많은 줄이 하모니를 이루어 가락을 구별하지도 못하는 사람에게까지 달콤하게 들리는 것처럼, 십자가 모양의 빛 무리로부터 흘러나온 멜로디는 공중에 퍼지며 나를 몽환에 젖게 했다. 그 찬송가가 무엇이었는지 말할 수 없다. 다만 숭고한 찬미였던 것 같다. 그때까지 이보다 달콤한 사슬에 나의 영혼이 묶였던 적은 없었다.

15곡〉〉

마치 자리를 바꾸는 별처럼(별이 붙붙은 곳에서는 어떤 별도 사라지지 않고 다만 불길만 사그라든다) 그 빛나는 성좌에 속한 별 하나가 십자가의 오른쪽 팔에서 중심부로 치달려 발치로 떨어졌다.

"오 나의 피여! 하느님의 가늠할 길 없는 은총이여! 그대 말고 그 누구에게 하늘의 문이 두 번씩이나 열리겠는가!"

그 빛이 말했다.

"내가 나무라면 너는 가지란다. 나는 너의 뿌리다. 네가 오기를 기다리는 것만으로도 나는 기뻤어. 네 가문을 처음 시작한 영혼은 지금까지 수백 년 동안 정죄산의 첫 번째 고리에서 계속 돌고 있다. 그는 내 아들이자 네 증조부란다. 너의 기도로 그의 오랜 피로를 덜어주어야겠구나. 옛날부터 성벽에서 아직 세 시와 아홉 시 종소리를 듣는 피렌체는 평화와 절제의 도시였어. 나는 평온하고 아름다운 사람들의 시민적 삶과 굳은 믿음과 포근한 집에 둘러싸여 태어났지. 그리고 네가 영세를 받은 성당에서 나는 그리스도인으로 카치아귀다라 불리게 되었다. 나는 황제 쿠라도를 섬겼고 그의 기사가 되어 총애를 받았다. 교황들의 잘못으로, 무하마드(마호메트)의 사악한 율법을 따르는 자들(사라센 인)이 너희들의 정의를 탈취해서 나는 황제와 함께 그들에 맞서 싸우다 순교했고, 지금 이곳에서 평화를 누리고 있다."

16곡 〉〉

"당신은 내 조상이시며, 제게 말할 자신감을 주십니다. 제 원류가 무엇인지, 당신의 조상들은 누구인지, 당신께서 젊었을 때 어떤 세월을 보내셨는지 말씀해주세요. 당시 세례 요한을 수호신으로 삼았던 피렌체는 얼마나 넓었고, 시민들 중 가장 높은 자리에 적합했던 사람들은 누구였습니까?"

불꽃 속의 숯이 바람 부는 대로 활활 타오르듯이, 저 빛도 나의 애틋한 말을 듣고 더 밝게 빛났다. 그 빛이 눈앞에서 아름답게 자라나는 만큼 목소리도 더 부드럽고 세련되게 변했다. 옛날 언어로 그는 말했다.

" '아베'를 말하던 그 날부터 지금은 성녀이신 나의 어머니가 무거운 몸을 풀고 나를 낳은 날까지, 이 이글이글 타는 사자별자리는 그 사자의 발바닥 아래서 다시 타오르기 위해 오백오십하고도 서른 번을 돌아왔다. 나와 가족들이 태어난 곳은 너희들이 해마다 성 요한 축제를 벌이면서 뛰어다니다 제일 먼저 이르는 동네의 마지막에 있다. 이 얘기만으로도 나의 조상들에 대해서는 충분한 것 같다. 그들의 이름이 무엇이었고 어디서 왔는지는 구태여 말할 필요가 없겠구나."

17곡 〉〉

나는 빛에게 이렇게 말씀드렸다.

"고귀하신 나의 뿌리여! 저는 베르길리우스를 따라 죽은 자들의 세계로 내려갔고, 다시 영혼들이 치유 받는 산을 오르면서 제 미래에 대한 불길한 얘기를 들었습니다. 이제 제 영혼은 충격을 받아도 흔들리지 않습니다. 어떤 운명이 내게 다가오는지 알고자 하는 것이 저의 간절한 바람입니다."

"무자비하고 사악한 계모 때문에 히폴리토스가 아테네를 떠나야 했던 것처럼, 너도 피렌체를 떠나게 될 것이다. 그것은 하늘의 의지대로 계획된 것이며, 하루 종일 그리스도를 사고파는 곳에서 널 쫓아낼 궁리를 하는 사람에 의해 이루어질 것이다. 남의 빵을 먹고사는 맛이 얼마나 쓴지, 또 남의 계단을 오르내리는 일이 얼마나 힘든 것인지를 너는 알게 될 것이다. 그러나 너를 가장 무겁게 누를 것은 그 슬픈 계곡에서 네가 겪어내야 할 둔감하고 비열한 자들이다. 그들은 온갖 배신과 광포함을 너에게 돌릴 것이지만, 곧 그들의 얼굴은 부끄러움으로 붉어질 것이야. 그들의 짐승 같은 성격은 그들 자신의 언행으로 나타날 것이니 너의 명예를 위해 네 입장을 지지해줄 편을 만드는 것이 좋을 것이다. 너의 첫 피난처는 위대한 롬바르디아 사람✝의 호의에서 나올 텐데, 그는 사다리에서 거룩한 새를 기른다. 그는 너를 세심하게 보살펴줄 것이고, 너와 주고받는 관계를 다른 자들보다 더 먼저 생각할 것이다. 그를 통해서 많은 사람들의 운명이 바뀔 것이니, 부유한 사람들과 거지들은 그들의 재산을 서로 바꿀 것이다. 이를 마음에 써두어라. 그러나 세상에 말하지는 말라."

그는 자기 눈으로 진실을 보는 사람들조차도 믿지 못할 것들을 말했다. 그리고 계속 말을 이었다.

"이제 내 할 말은 다 했다. 숨어 있는 덫을 몇 년 내에 볼 것이다.

✝ 스칼리제르 가문의 바르톨로메오 델라 스칼라를 가리킨다. 그의 두 팔은 황금 사다리에 앉은 제국의 독수리와 같았다. 단테는 망명 시절 베로나에서 그에게 피난처를 구한 적이 있다.

화성천의 카치아귀다
단테의 조상인 카치아귀다는 조상과 가문의 영광 그리고 피렌체의 멸망에 대해 이야기한다. 파도바 필사본, 15세기 초

네 이웃들을 시기해서는 안 된다. 그들의 죄와 벌보다 훨씬 더 오래 지속될 미래가 너에게 있으니까 말이다."

그 축복받은 영혼은 침묵에 잠겼다. 내가 자진하여 짠 날실을 가로질러 씨줄을 다 넣은 것이다. 의심하고 있던 나는 진실을 보고 덕을 알며 사랑을 지닌 영혼의 인도를 받고자 하는 사람처럼 말했다.

"준비를 제대로 하지 못한 자에게 가장 혹독한 시련이 떨어지듯이, 내게 그런 타격을 주려고 시간이 나를 향해 질주하는 것을 봅니다. 그러니 선견지명으로 내게 힘을 주세요. 그리고 내게 소중한 장소를 잃을지언정, 내 시만큼은 나의 다른 모든 것들을 지키게 되면 좋겠습니다. 끝없이 비통한 세상에서, 내가 올랐던 산 위에서, 그리고 빛에서 빛으로 오르면서 나는 많은 것들을 배웠습니다. 그것들을 다시 말하면 많은 사람들이 식상해할지도 모르는 일입니다. 그러나 진리를 앞에 두고 내가 소심해진다면, 내 이름이 이 시대를 옛날로 돌아볼 사람들과 함께 살아 있지 못할까 두렵습니다."

보물처럼 눈부셨던 그 빛은 햇살을 받은 황금 거울처럼 더 찬란한 빛을 발하기 시작했다.

"자신의 혹은 남의 언행에 부끄러움을 느껴 검게 탄 양심은, 네가 하는 말에서 곤혹스러움을 느낄 것이다. 그래도 거짓으로 그들을 위안하지 말고, 네가 본 모든 것을 너의 글로 드러내 가려워하는 사람들이 시원하게 긁도록 해주어라. 너의 말이 처음에는 쓴 맛을 줄 수 있으나, 마음에 잘 새기면 모두에게 생명의 양식이 될 것이다. 너의 외침은 가장 높이 오를 때 가장 힘든 바람을 맞게 될 것이니, 이것은 너의 명예가 하찮은 것이 아님을 말해주는 것이다. 그래서 여기 이 하늘들에서,

산에서, 그리고 고통의 골짜기에서 네가 본 영혼은 이름이 알려진 자들뿐이었다. 왜냐하면 듣는 자의 정신은 낯설고 모호한 예증이나 두드러지지 않은 증명에는 믿음을 가지기 어렵기 때문이다."

18곡》

나는 그가 예견한 내 미래의 쓴맛과 단맛을 되새기며 마음을 정돈하고 있었다. 나를 하느님께 인도한 그녀가 말했다.

"이제 다른 생각은 그만하세요. 내가 인간의 고통의 무게를 덜어주시는 그분과 함께 있다는 것을 생각하세요. 이제 몸을 돌려 잘 들으세요. 천국은 내 눈에만 있는 것은 아니에요."

나는 그가 좀더 할 말이 있다는 것을 알았다. 그가 다시 입을 열었다.

"가장 높은 하늘에서 생명을 받아 사시사철 잎이 지지 않고 열매를 맺는 나무의 다섯 번째 가지에 축복받은 영혼들이 살고 있다. 그들은 하늘로 오기 전에 저 아래 세상에서 이름을 떨쳤던 자들이다. 모든 시인들이 그들의 양분을 먹고 자랐다. 이제 눈을 들어 십자가의 양팔을 잘 보아라. 내가 이름을 말할 영혼들을 볼 수 있을 것이다. 그들은 구름 사이로 번쩍이는 번개처럼 빠르게 빛날 것이다."

그가 여호수아라는 이름을 말하자 한 가닥 빛이 십자가를 번쩍 가로지르는 것이 보였다. 말하는 것과 거의 동시에 일어난 일이었다. 위대한 마카베오의 이름에 나는 둥글게 돌아가는 또 다른 빛을 보았는데, 그 끝이 휘감기는 빛의 줄기는 기쁨 그 자체였다. 다음으로 오를란도와 샤를마뉴의 이름들이 불려졌고 나는 열심히 눈으로 이 두 빛을 좇았다. 마치 자기가 날린 매를 바라보는 사냥꾼처럼. 이어 굴리엘모와 레노아르도, 고티프레디 공작이 내 눈을 십자가로 이끌었다. 그리고 루베르토 귀스카르도가 왔다. 내게 이야기하던 빛은 저쪽으로 가서 다

목성천
이곳에는 지상에서 정의를 사랑하던 사람들의 영혼이 라틴 글자 모양을 이루고 있다. 그 빛의 무리는 이런 글귀를 새기고 있다. "정의를 사랑하라, 세상을 심판하는 자들이여." 구스타브 도레 작.

른 빛들과 섞였고, 하늘의 합창대에 있었던 자신의 노래를 내게 들려주었다. 나는 오른편에 있던 베아트리체에게 몸을 돌려 내가 무엇을 해야 하는지 말해주거나 신호를 보내주기를 기다렸다. 나는 그녀의 눈에서 새로운 빛을 보았다. 순수와 희열의 빛이었다. 그 모습은 어느 때보다 더 아름다워 보였다

주위를 돌아보았을 때 내 눈에는 나를 제 빛 속에 받아들인 여섯 번

째의 온화한 별 목성이 순수하게 하얀 빛을 띠고 있는 것이 보였다. 마치 여자가 부끄러움이 가시면 발그레했던 얼굴이 금방 하얗게 돌아오는 것과 같았다. 목성의 횃불 속에서 일렁이는 사랑의 빛이 눈앞에서 우리의 문자를 형성하고 있었다. 물가에서 날아오른 새들이 먹이를 발견하고 기뻐하면서 원을 그리거나 대열을 짓듯이, 그 빛들 속에서 축복받은 존재들이 노래를 부르며 D를, I를, 혹은 L을 그리고 있었다. 그들은 처음에는 리듬에 맞추어 노래를 부르며 날다가 하나의 글자를 만들더니 잠시 노래를 멈췄다.

거룩한 페가수스의 뮤즈여! 천재들에게 영광을 주어 불멸하게 하고, 왕국과 도시를 영원하게 하소서! 나의 정신에 새겨진 이 영혼들이 만든 글자들을 내가 보여줄 수 있도록 내게 빛을 내려주소서. 당신의 힘을 나의 이 짧은 시구를 통해 보여주소서!

그들은 다섯에 일곱을 곱한 모음과 자음으로 내게 그들 자신을 보여주었고, 나는 그들이 형성한 글자들을 이해할 수 있었다. 메시지의 처음 글자들은 동사와 명사였다.

DILIGITE IUSTITIAM(정의를 사랑하라).

뒤를 이어 나타난 글자는 이러했다.

QUI IUDICATIS TERRAM(세상을 심판하는 자들이여).

마지막 다섯 번째 글자의 마지막 독수리를 닮은 M자 속에서 그들은 가지런히 머물렀다. 마치 목성의 은이 황금 테두리를 두른 모양이었다.

나는 더 많은 빛들이 내려오는 것을 보았다. 그 빛들은 M자 위에서 빛을 내고 있었고 그 꼭대기에서 아마도 그들을 이끄는 선에 대해 노래를 불렀다. 이어서 불붙은 통나무를 두드리면 수없이 많은 불꽃들이 튀어 오르듯(이는 한때 어리석은 자들이 예언을 하는 방식이었다), 거기서 수천 개의 빛들이 일어나서 태양에 의해 선택된 대로 울쑥불쑥 솟아오르고 있었다. 그리고 저마다의 쉴 자리를 찾은 듯 했는데, 나는 그 불꽃들이 독수리의 머리와 목의 형상을 이루는 것을 보았다.

19곡 >>

이윽고 내 눈앞에 날개를 활짝 편 빛나는 이미지가 펼쳐졌다. 그것은 겹겹의 기쁨을 누리던 영혼들의 형상이었다. 그들은 내 눈에 곧게 반사되는 찬란한 햇살에 비추어진 영롱한 루비와도 같았다. 여러분에게 지금 여기서 말해야 할 것은 혀로 말해진 적 없고 글로도 쓰인 적이 없으며 상상으로도 그려진 적이 없다.

나는 다만 그 거대한 독수리의 부리가 움직이는 모양을 볼 수 있었고, 그것이 내는 소리를 들을 수 있었다.

"나의 정의와 연민 때문에 나는 이 영광, 나의 소망이 품을 수 있는 가장 높은 곳으로 올랐다. 나는 세상에 기억을 남겼는데, 사악하고 내 길을 따르지 않는 사람들이라도 찬미하지 않을 수 없을 것이다."

독수리의 형체
화가는 단테와 베아트리체의 마음속의 희열을 표현하는 데 신경을 쓰고 있다. 독수리의 형체에는 많은 별들이 박혀 있고 가운데는 인간들이 줄지어 서 있다. 이탈리아 필사본, 14세기 말.

불타는 수많은 석탄들이 하나의 열기를 발하듯이, 많은 사랑으로 이뤄진 하나의 소리가 그 이미지로부터 나왔다. 나는 소리 질렀다.

"영원한 축복의 꽃들이 당신의 수많은 향기를 하나로 집중시켜 당신의 말에 숨을 불어넣고, 세상에서 음식을 찾을 수 없어 오랫동안 굶을 수밖에 없었던 내 뱃속을 일깨우고 있구려. 하느님의 정의가 이 하늘들에서 다른 거울에 비추어진다 할지라도 당신의 왕국은 그 빛을 온전하게 드러내고 있습니다. 당신 말을 듣고자 하는 나의 마음을 당신은 아십니다. 당신은 또한 내가 그리도 오랫동안 굶주려온 대답이 무엇인지 아십니다."

그러자 머리 덮개에서 빠져나간 매가 목을 길게 빼고 날개를 퍼덕이며 새를 잡고자 하는 의지를 보이듯이, 축복 속에 거하는 영혼들이 자신들만 아는 노래로 하느님의 은총을 드높이며 한 목소리로 깃발을 움직이고 있었다.

"하느님은 컴퍼스를 가지고 세상의 한계를 그리셨고, 감추어지고 드러난 것들에 혼돈 대신에 질서를 부여하셨으니, 우주에는 그분을 뛰어넘는 특성이 자리할 수 없고 그분의 말씀은 무한하게 넘어서는 대상이 될 수도 없다. 최초의 교만한 자가 그 증거다. 지옥의 마왕 루키페르는 모든 피조물들 중 으뜸이었으나 하느님의 빛을 기다리지 못해 덜 익은 채 지옥에 거꾸로 처박혔다. 분명 자연의 그릇은 하느님을 담기에는 너무나 작은 그릇이다. 하느님은 한계를 모르시며, 하느님의 척도는 당신 자신이시다. 너는 이렇게 말하겠지. '그리스도에 대해 말하거나 읽거나 쓰는 영혼이 없는 인더스 강변에서 태어난 사람을 생각해 보세요. 그 사람은 소망과 행동이 인간의 이성으로 볼 때 선하고, 말이나 행실에서 죄를 짓지 않았습니다. 다만 세례를 받지 못하고 신앙을 갖지 못한 채 죽는다면, 이 영혼을 벌하시는 정의는 무엇입니까? 믿지 않아서라면 그런 죄는 도대체 무엇입니까?' 네 코앞도 볼 수 없을 때 심판의 자리에 앉아 수천 마일 밖을 바라보려고 하는 너는 도대체 누구냐? 우리를 인도하는 성경이 없다면, 나와 더불어 세세하게 따져보려는 사람은 의심밖에 만나지 못할 것이다. 오, 땅에 뿌리박은 피조물들이여! 아, 둔감한 사람들이여! 그 자체로 선하신 최초의 의지께서는 최고의 선이신 스스로에게서 결코 떠나지 않으신다. 그 의지에 일치하는 것만이 올바르다."

따오기가 새끼에게 먹이를 주고 나서 둥지를 맴돌며 날아다니면, 새끼는 머리를 쳐들어 그런 어미를 바라본다. 바로 그렇게 거룩한 이미지가 나를 맴돌았다. 수많은 의지들이 합세하여 그 거룩한 이미지의 날개를 움직여 내 위를 맴돌았고 나는 그쪽으로 머리를 쳐들었다. 그들은 노래를 부르고 이렇게 말했다.

"내 노래는 네가 이해하기에 너무 높으니 영원한 심판을 인간이 이해할 수 없음이 이와 같구나."

20곡>>

미소에 싸여 있는 감미로운 사랑이여! 거룩한 생각만 불어넣으면 연주되는 피리로부터 나오는 그대의 음악이 얼마나 뜨거웠던지! 여섯 번째 유성을 치장하는 귀하고 찬란한 보석들이 천사들의 노래를 잠잠하게 했을 때, 샘의 풍부함을 자랑하며 바위에서 바위로 흐르는 깨끗한 물이 속삭이는 소리가 들리는 듯했다.

비파의 목에서 가락이 선율을 타듯이, 피리를 채우는 숨이 구멍으로 음악이 되어 나가듯이, 독수리의 속삭임은 한순간도 늦추지 않고서 텅 비어 있는 듯한 그 목을 통해서 올라왔다. 그리고 거기서 소리가 되어 부리를 통해 내가 듣고자 열망했던 말을 쏟아냈고, 그 말은 내 마음에 새겨졌다. 독수리의 말은 이러했다.

목성천의 독수리
영혼들의 불길이 얽혀 한 마리 독수리의 모양을 만들었다. 독수리의 머리에는 트라야누스와 리페우스의 영혼이 자리하고 있다. 조반니 파올로, 1445년경 작.

"나의 형상을 이루는 불의 영혼 중에서 눈을 이루는 영혼은 가장 값진 빛을 낸다. 한가운데서 눈동자로서 반짝거리는 영혼은 성령에게서 영감을 받아 노래를 썼고 성궤를 도시마다 끌고 다닌 자였다. 그 영혼은 자기 노래의 가치를 안다. 그가 받은 선물에서 나온 것이기 때문이며 그의 축복이 거기에 합당했기 때문이다. 나의 눈썹을 이루는 이들 다섯 영혼 중에서 내 부리 가장 가까이에서 빛나는 영혼은 아들을 잃은 과부를 위로했던 영혼(트라야누스)이니, 지금은 달콤한 삶을 살고 있으나 전에는 쓰디쓴 삶을 살았야 했으며, 그를 통해 그리스도를 따르지 않는 사람이 치러야 할 값을 이제는 잘 알고 있다. 눈썹을 따라서 곡선을 그리는 그 다음 영혼(히스기야)✢은 진정한 뉘우침으로 죽음을 늦추었으니, 세상에서 드리는 진정한 기도가 임박한 오늘의 죽음을 내일로 늦출 때에도 하느님의 영원한 법은 변하지 않는다는 것을 이제는 알고 있다. 트로이 사람인 리페우스✢✢가 성스러운 빛으로 만들어진 이 반원에 있다는 사실을 너의 죄짓는 세상에서 누가 믿겠는가? 이제 그는 하느님의 은총을 세상 누구보다도 더 잘 알고 더 깊이 이해한다. 그러나 그의 눈으로도 여전히 하느님의 깊이는 잴 수 없다."

유리를 통해 색이 분명히 나타나듯이, 나의 당혹스러움도 그렇게 비

✢ 유대의 왕이었던 그는 죽음이 닥쳐오자 하느님에게 자기의 신실한 회개와 헌신을 기억해달라고 기도했다. 그래서 그는 15년을 더 살았다.

✢✢ 트로이 함락 당시 전사한 트로이 영웅 중 하나. 베르길리우스는 그를 가리켜 최고로 의로운 자라고 평했다. 그래서 이교도임에도 불구하고 천국에 있다. 이는 하느님의 정의가 인간이 이해할 수 없는 경지에 있음을 보여준다.

쳐졌을 것이니 더 이상 숨길 수가 없었다.

"어떻게 이럴 수가 있습니까? 그리스도 이전에 살았던 사람들, 그리스도를 몰랐던 사람들이 천국에 오르다니요?"

이 말은 의심의 무게로 인한 압력에서 나온 것이었다. 빛은 이미 기쁜 마음으로 대답을 준비하고 있었다.

"너는 사물을 이름으로 이해하지만 누군가가 설명해주지 않으면 그 본질은 볼 수 없는 사람처럼 행동하는구나. 눈썹의 첫째 영혼(트라야누스)과 다섯째 영혼(리페우스)이 천사의 왕국을 장식하고 있는 것에 놀란 것 같구나. 그들은 이교도로서가 아니라, 하나는 수난 당하실, 다른 하나는 수난을 당한 그리스도에 대한 확고한 신앙을 지닌 그리스도인으로서 육신을 떠났어. 트라야누스는 자신의 뼈와 살을 지니고 지옥으로부터 이곳으로 올랐지. 그것은 의로운 의지만으로는 할 수 없고, 그레고리우스의 뜨거운 기도와 희망을 들어주신 하느님의 은총의 결과였지. 그레고리우스에게 기도할 수 있는 힘을 주었던 그 뜨거운 희망은 하느님의 의지를 움직여, 트라야누스가 생명을 얻어 천국과 지옥을 선택할 자유의지를 갖도록 한 것이야. 리페우스는 자신의 사랑을 의로움에 바쳤다. 너무나 깊은 샘에서 솟아올라서 사람의 눈으로는 그 바닥을 도저히 잴 수 없는 하느님의 은총에 의한 것이었지. 그래서 하느님께서는 은총에 은총을 거듭 베푸시어 우리의 속죄로 그의 눈을 뜨게 하셨다. 그는 빛을 보았고 이를 믿었다. 그때부터 그는 이교의 악취를 참지 못했고 모든 사악한 사람들에게 경고했다. 그는 세례가 있기 천 년도 훨씬 전에 세례를 받았다. 네가 그리핀이 끌던 전차의 오른편 바퀴에서 본 세 명의 여인들(믿음, 소망, 사랑)은 세례의 대리인들이었다. 너희 세상에 사는 사람들은 신중하게 판단하여라. 하느님을 대면하는 우리도 그분께서 선택한 목록을 알지 못하니까. 우리의 이런 한계는 우리의 기쁨이다. 거기서 우리의 선은 완성되니까."

21곡〉〉

나의 눈은 베아트리체의 얼굴에 다시 고정되었다. 내 눈과 함께 내 정신은 그밖에 다른 것은 다 잊고 있었다. 그녀는 미소를 짓지 않은 채 이렇게 말했다.

"내가 미소를 짓는다면, 당신은 유피테르의 위엄의 빛을 보았을 때의 세멜레처럼 재로 변하고 말 거예요. 나의 아름다움은, 당신도 보았지만, 우리가 오르는 영원한 궁정의 계단을 오를수록 더 빛을 냅니다. 그래서 조절하지 않는다면 그 현란함은 나뭇가지를 부러뜨리는 번개처럼 당신의 시야를 해칠 거예요. 우리는 이제 일곱 번째 빛에 올랐어요. 마음을 집중하여 뒤를 돌아보세요. 당신의 눈을 완전한 거울로 만드세요. 그러면 거울에서 그 형상이 나타날 거예요."

나는 토성을 보고 있었다. 나는 하늘에서 희끗희끗 번득이는 사다리를 하나 보았다. 그것은 햇살에 반짝이는 황금빛을 띠고 내 눈이 닿을 수 없을 만큼 솟아 있었다. 그리고 수많은 빛이 황금빛 사다리를 따라

토성천

토성천에 이르렀을 때 베아트리체는 단테를 보고 말한다. "내가 미소를 짓는다면, 당신은 주피터의 위엄을 보았을 때의 세밀레처럼 재로 변하고 말 거예요." 그림의 왼쪽에 불타고 있는 세밀레가 누워 있다. 토성천에는 금빛 사다리가 놓여 있다. 조반니 파올로, 1445년경 작.

내려오는 것을 보았는데, 하늘이 모든 별빛을 쏟아내는 듯하였다.

한 무리의 불꽃들이 서로 부딪히며 사다리에 일렬로 내려앉았다. 우리와 제일 가까운 곳에 있던 빛이 매우 밝았기에 나는 마음속으로 말했다.

'당신이 나를 향한 사랑으로 빛나는 것을 압니다.'

그러나 언제 어떻게 말하고 또 말하지 않아야 하는지를 가르쳐주시던 그녀가 가만히 있기에, 나는 말하고자 하는 내 의지에도 불구하고 묻지 않는 게 좋겠다고 생각했다. 하느님의 눈으로 모든 것을 볼 수 있는 그녀가 나의 침묵을 보시더니 말했다.

"당신의 깊은 소망을 푸세요!"

그래서 나는 입을 열었다.

"내가 당신의 대답을 들을 자격이 없다는 것은 잘 알아요. 그러나 이렇게 물어보도록 허락해주신 베아트리체에게 의지하여 행복 속에 숨은 축복받은 당신의 삶에게 청하오니, 무엇 때문에 당신이 내게 가까이 접근했는지 알려주세오. 또 아래쪽 하늘에서는 숭엄하게 울리던 하늘의 달콤한 교향곡이 왜 이 하늘에서는 잠잠한지 말해주세요."

그가 내게 대답했다.

"네가 듣는 것은 보는 것과 마찬가지로 필멸의 것이다. 여기에 노래가 없는 것은 베아트리체의 얼굴에 미소가 없는 것과 같다. 내 영혼의 말과 빛으로 너를 환영하기 위해 이렇게 거룩한 사다리를 타고 아래로 내려왔다. 더 큰 사랑이 위에서 타오르고 있다. 너는 위에서 빛 가운데 그 사랑을 볼 것이다. 그러나 세상을 지배하는 지혜를 섬기도록 우리를 이끄시는 그 깊은 섭리가 모든 영혼에게 그런 임무를 부여하는 것이다."

"성스러운 등불이여! 이 궁정에서는 온전히 자유로운 사랑이 영원한 섭리에 기꺼이 따른다는 것을 잘 압니다. 그러나 이해하기 어려운 것은 어찌 여러 영혼 중에서 당신이 이런 특별한 임무의 운명을 받으셨는지 하는 것입니다."

내가 말을 다 마치기도 전에 빛은 세차게 돌아가는 맷돌처럼 빙글빙글 전속력으로 돌기 시작했다. 그리고 그 회전하는 빛 속에 있던 사랑이 말했다.

"하느님의 빛이 나를 향해 나를 둘러싼 빛을 관통하신다. 그 힘은 나의 시각의 힘과 결합하여 나를 위로 들어올려 지고의 원천을 보게 해준다. 그 원천에서 그러한 힘이 나오는 것이다. 여기서부터 기쁨이 오고 그 기쁨으로 나는 타오른다. 네가 세상에 돌아가거든 내가 말한 것을 말해주어라. 그래서 이처럼 높은 목표에 이르려는 생각을 하지 않도록 해주어라. 여기서 빛나는 정신도 세상에서는 연기만 피워낸다. 하늘에서도 이룰 수 없는 것을 아래 세상에서 어떻게 이룰 수 있겠는가?"

이 질문은 내게 금지된 것이었기에 옆으로 밀쳐두고 나는 그가 누구인지 겸손한 목소리로 물어보기로 했다.

"이탈리아의 아드리아 해와 티레니아 해 사이, 네가 태어난 곳에서 멀지 않은 곳에서 천둥소리조차 낮게 울릴 정도로 거대한 바위들이 높이 솟아 카트리아라고 불리는 봉우리를 이룬다. 그 아래로는 오직 하느님을 찬미하기 위해 마련된 거룩한 수도원이 있지."

이렇게 그는 내게 세 번째 진술을 시작했다.

" 거기서 나는 하느님을 섬기는 일에 조금도 흔들림이 없었다. 나는 올리브 기름에 담긴 검소한 음식만 먹으며 일년 내내 더위와 추위를 기쁘게 견디며 오직 명상과 사색을 즐겼어. 그 수도원은 한때 이 모든 하늘을 채울 영혼들을 수확했으나, 이제는 참으로 불모지가 되었고 곧이어 몰락할 것이야. 거기서 나는 피에트로 다미아노라는 이름으로 수도의 길을 걸었고, 아드리아 해변의 라벤나에 있는 산타마리아 수도원으로 옮긴 뒤로는 죄인 베드로라 불렸어. 필멸의 삶이 얼마 남지 않았을 때, 나는 악에서 더 깊은 악으로 옮겨가고 있던 교황이 되라는 부름을 받았네. 맨발의 비쩍 마른, 게파 베드로도, 성령의 강건한 그릇 바울도 아무데서나 닥치는 대로 먹을 것을 구하면서 하느님을 섬겼다. 그러나 요즘 목자들은 어떤 식으로든 도움을 필요로 한다. 여기저기서 부축해주고 이끌어주고 뒤에서 옷자락을 들어주기 원하지. 먹을 것에 둘러싸여서 말이야. 그들의 옷자락이 그들이 타는 말을 덮으니 하나의 가죽 아래 두 마리의 짐승이 움직이는 듯하구나! 이를 하늘이 인내해야 하다니!"

그가 말을 마칠 무렵 더 많은 불꽃들이 사다리의 가로대를 맴돌며 내려왔다. 맴돌 때마다 그들은 더 사랑스러워졌다. 그들은 다미아노의 불꽃 주위에 와서 멈추더니 한 목소리로 외쳤는데, 세상의 어느 누구도 듣지 못한 소리였다. 나도 그들의 말을 천둥으로만 여겨 듣지 못했다.

22곡〉〉

나는 놀라서 길잡이에게 몸을 돌렸다. 가장 믿는 사람에게 달려가 안기는 어린애와 같았다. 그녀는 파랗게 질려 숨을 몰아쉬는 자식에게 달려가 온화한 목소리로 돌봐주는 어머니처럼 말했다.

"당신이 하늘에 있다는 것을 모르세요? 이곳에서는 모든 것이 거룩하고 모든 행동이 의로운 열정에서 나온다는 것을 모르세요? 그들의 외침에 그렇게 떨고 있다니, 그들이 노래를 하고 내가 웃었더라면 당신에게 무슨 일이 일어났을지 상상해보세요. 당신이 그들의 외침 속에서 기도를 들었더라면 당신이 죽기 전에 닥쳐올 복수를 알 수 있었을 거예요. 하느님의 심판의 칼은 급하지도 더디지도 않게 옵니다. 그 칼을 바라거나 두려워하며 기다리는 사람들에게 그렇게 보일 뿐이지요. 이제 다른 영혼들에 눈을 돌려보세요. 내 말대로 눈을 돌려보면 수많은 훌륭한 영혼들이 보일 거예요."

그녀가 말한 대로 눈을 돌리자 수백의 작은 빛들이 서로 어우러져 아름답게 반짝거리는 것이 보였다. 나는 차 있는 열망을 억누르는 사람처럼 서 있었다. 혹시나 물어보면 귀찮아하지 않을까 염려하며 열망의 갈증을 애써 감추고 있었다. 그때 그 진주들 사이로 가장 크고 밝은 진주가 앞으로 나오더니 그가 누구인지 알고자 하는 나의 침묵의 소망을 채워주었다. 그 진주의 안에서부터 이런 말이 들려왔다.

"우리가 태우는 사랑의 불꽃을 네가 볼 수 있었다면, 우리는 너의 침묵의 생각을 함께 공유했을 텐데. 너의 높은 목표에 다다르기를 늦추지 않도록 네가 감춘 질문에 대답해주겠다. 기슭에 카시노가 자리한 저 산 정상은 한때 사악하고 거짓된 믿음을 지닌 사람들이 살고 있었다. 나 베네딕투스는 처음으로 인간에게 힘을 주는 진리를 세상에 가져오신 하느님의 이름으로 사람들을 인도했다. 그분의 은총이 내 위에 내리셔서 나는 세상을 유혹하는 이교도로부터 주위의 도시들을 구했다.✣ 여기 다른 불꽃들은 모두 명상가들이었다. 그들은 성스러운 꽃과 열매를 키우는 따스함으로 가득한 사람들이었다. 여기 마카리우스와 로무알두스가 있고, 수도원을 굳게 지키며 강고한 마음을 견지했던 나의 형제들이 있다."✣✣

나는 이렇게 말했다.

"이렇게 말씀하시는 가운데 당신이 보여주신 사랑이, 그리고 당신의 불꽃에서 타오르는 선한 의도가 나의 믿음을 열어줍니다. 그리고 그 믿음은 태양에 따뜻해진 장미가 꽃잎을 열며 활짝 피어나듯이 자라납니다. 그러니 저에게 말씀해주시길 간청합니다. 너울을 걷은 당신의 얼굴을 볼 은총을 제가 지니고 있는지요?"

"형제여! 너의 높은 소망은 마지막 하늘에서 이루어질 것이다. 우리의 사다리는 그 곳까지 다다르니 그 끝은 너의 시야 너머에 있다. 야곱

✣ 로마와 나폴리 사이에 위치한 도시 카시노는 산기슭에 자리하고 있다. 그 산은 몬테(산) 카시노라 불린다. 이곳에는 아폴로와 베누스를 섬기는 신전이 있었는데, 성 베네틱투스는 이를 부수고 수도원을 세웠다.

✣✣ 성 마카리우스의 이름을 가진 성인을 여럿이나, 가장 유명한 사람은 둘이다. 둘 다 4세기에 살았으며, 고행과 기도를 하면서 수도사들을 이끌었다. 성 로무알두스는 970년경 베네틱투스 교단에 들어가 수도 생활을 했고, 이후 여러 수도원을 세워 순수한 명상 생활을 장려했다.

토성천의 베네딕투스
베네딕투스는 단테에게 종교의 부패와 타락상을 이야기한다. 단테가 그의 진실한 모습을 보려고 하자 마지막 하늘에서 그 소원을 들어주겠다고 한다. 이탈리아 필사본, 1365년경.

은 우리의 사다리를 처음 세우시고 마지막 높이까지 미치는 것을 본 분이셨다. 그분이 그런 꿈을 꾸었을 때에는 수많은 천사들이 밀려들었어. 그러나 지금은 누구도 거기에 오르려 발을 떼지 않고, 내가 만든 베네딕트회(베네딕투스회)의 규범은 쓰레기처럼 뒹굴고 있지. 수도원은 이제 짐승의 소굴이 되었고, 수도승이 걸치는 옷은 부패한 밀가루를 담은 자루가 되었네. 무거운 이자를 받는 돈놀이라 해도 수도사들의 굶주린 마음이 교회 재산에 광분하는 것만큼 하느님을 욕되게 하지는 않아. 교회가 지키고자 하는 재산은 수도사와 그의 가족들이 아니라 하느님의 이름으로 간구하는 가난한 자들을 위한 것이야. 베드로는 금도 은도 없이 믿음을 세웠어. 나는 기도와 금식으로 나의 믿음을 세웠고 프란체스코는 겸손으로 수도원을 세웠지. 그런데 지금은 얼마나 타락하고 썩었는가."

그는 이렇게 말하고 가까이서 타오르던 자기 동료들 속으로 돌아갔다. 그리고 회오리바람처럼 높이 휘감겨 올랐다. 그러자 베아트리체는 조그만 몸짓 하나로 나를 사다리의 가로대 위, 그들에게로 밀어올렸다. 그녀의 위대한 힘이 육신의 무게를 지닌 나의 본성을 이긴 것이다. 나는 자연 법칙대로 오르고 내리는 세상에서는 결코 있을 수 없는 속도로 솟아올랐다.

오, 영광의 별들이여! 위대한 힘을 지닌 빛이여! 나의 시적 재능은 모두 그대들의 빛에서 잉태되어 나온 것! 이제 내 영혼이 여행의 끝에 이르는 힘든 고비를 넘을 수 있도록 그대들에게 모든 것을 바쳐 간구합니다.

베아트리체가 말했다.

"당신은 이제 마지막 축복인 항성천恒星天에 이르렀어요. 그러니 이제 눈을 맑고 예리하게 다듬어야 합니다. 그곳에 들기 전에 당신 발 아래 놓인 우주가 얼마나 광활한지 보세요. 그러면 당신의 마음은 한없는 기쁨을 느낄 거예요. 그리고 창공을 통해 기꺼이 오는 승리의 주인들을 맞이할 수 있을 거예요."

나는 지금까지 지나온 일곱 개의 하늘들을 하나하나 돌아보고 우리의 세계를 내려다보았다. 나는 미소를 지었다. 참으로 작게 보였기 때문이었다.

거기서는 목성이 제 아버지(토성)와 제 아들(화성) 사이에서 열기를 조절하는 것이 보였고, 그들이 자기 경로에서 자리를 어떻게 옮기는지도 분명하게 보였다. 일곱 개의 하늘은 한눈에 들어왔다. 나는 그들이 얼마나 광활하고 얼마나 경쾌하게 도는지, 그리고 그들 사이의 거리가 어떠한지를 보았다. 시간이 멈춘 쌍둥이자리와 함께 도는 나에게 탐욕으로 미친 인간을 실은 지구가 언덕부터 해안까지 한눈에 들어왔다. 그리고 나서 나의 눈은 아름다운 베아트리체의 눈으로 향했다.

23곡》

나의 여인은 뜬눈으로 밤을 지새우며 가장 높은 하늘을 바라보았다.

밝고 또 더 밝게 빛나는 하늘들을 기다리고 바라보는 시간은 정말 빠르게 지나갔다. 베아트리체가 말했다.

"그리스도의 개선의 무리를 보세요. 이 하늘들의 회전이 수확한 열매들을 보세요."

나는 온통 찬란하게 빛나는 그녀의 얼굴을 보았다. 태양의 살아 있는 빛을 통하여 내리쬐는 그 투명한 실체의 빛은 너무나 밝아서 나의 눈이 감당할 수 없었다. 사랑스러운 길잡이 베아트리체여! 그녀가 대답했다.

"지금 당신을 초월하는 이 힘은, 어느 것도 막을 수 없는 힘이에요. 그것이 바로 길고 긴 밤 동안 사람들이 애타게 기다리던, 하늘과 땅 사이의 길을 열어준 지혜와 힘입니다."

번갯불이 구름 속에서 견디지 못하고 밖으로 뛰쳐나가 치솟는 본래의 속성에 반하여 땅에 떨어지듯이, 나의 정신도 그렇게 근사한 향연 앞에서 본분을 넘어서서 부풀어오르기 시작했는데, 무엇이 되는지 알 수가 없었다.

"눈을 뜨고 내 얼굴을 잘 보세요! 당신은 지금 그리스도의 빛을 목격했으니 나의 미소쯤은 능히 감당할 거예요."

잠에서 막 깨어나 잊어버린 꿈을 다시 기억하려 헛되이 애쓰는 사람처럼, 나는 그녀의 말을 듣고 있었다. 그녀의 말은 내 과거의 삶의 책에서 결코 지워질 수 없는 권유처럼 들렸다.

"당신은 내 얼굴에 취해서 그리스도의 빛 속에서 꽃을 피우는 아름다운 정원으로 눈을 돌리지 않는군요. 하느님의 말씀이 육신을 얻은 장미가 있고 인간을 올바른 길로 이끈 백합의 향기도 여기 있어요."

나는 베아트리체의 말을 따라 다시 한 번 나의 연약한 눈을 빛과의 싸움에 맡겼다. 구름들 사이로 언뜻언뜻 비치는 깨끗한 햇살이 꽃밭처럼 보였던 적이 있다. 위에서 쏟아지는 사랑의 불타는 빛을 받아 찬란

항성천

그림의 왼쪽에서 베아트리체는 오른손으로 태양을 가리키고 왼손으로 자신의 얼굴을 가리키고 있다. 그녀는 단테에게 용기를 준다. "눈을 뜨고 내 얼굴을 잘 보세요. 당신은 지금 그리스도의 빛을 목격했으니, 나의 미소쯤은 능히 감당할 거예요." 베네치아 필사본, 14세기 말.

하게 빛나는 수많은 무리들은 그렇게 보였지만, 그 근원은 볼 수가 없었다. 그러나 그리스도와 아베마리아는 내 영혼을 사로잡아 그 빛의 중심을 보게 하셨다. 그때 왕관처럼 둥그런 불꽃이 내려와 베아트리체 주위를 돌았다. 그리고 천사 가브리엘의 은은한 노래가락이 들려왔다.

"나는 천사의 사랑입니다. 이제 하늘의 여인이신 당신을 모시려 합니다."

돌고 있는 자들의 가락이 끝나자 다른 모든 빛들도 성모 마리아의 이름을 노래했다. 하느님의 숨결과 길에 가장 가까운, 돌아가는 하늘들 주위를 감싸는 외투와도 같은 원동천은 그 속자락(정화천)으로 우리를 휘어감고 있었다. 속자락은 내가 서 있던 곳에서는 아직 보이지 않았다.

나의 두 눈은 자식을 따라서 드높이 오른, 면류관을 쓴 불꽃을 볼 정도의 힘을 갖지 못했다. 어린애가 젖을 빨고 나서 넘치는 사랑을 내보이며 엄마를 찾아 두 팔을 벌리듯, 나는 모든 빛들이 높이 오른 그 불꽃을 향해 뻗어오르는 것을 보았다. 그들은 그들의 사랑이 얼마나 깊고 그들에게 마리아가 얼마나 소중한지를 분명히 보여주었다. 그 빛들은 내 시야에 머물면서 감미로운 가락으로 '하늘의 여왕'을 불렀는데, 그 기쁨은 영원히 날 떠나지 않을 것이다.

24곡〉〉

"당신들을 먹이시고 필요를 만족시켜주시는 하느님의 양 그리스도의 위대한 잔치에 선택받은 영혼들이시여! 하느님의 은총으로 이 사람이 당신들의 축복의 식탁에서 떨어지는 부스러기를 죽기 전에 맛보려 하니, 그의 측량할 수 없는 갈증을 생각하소서. 당신들은 이 사람의 사고의 원천이신 하느님의 샘을 영원히 마시니, 몇 방울로 그를 적셔주소서!"

베아트리체가 이렇게 말하자, 그 축복받은 영혼들이 고정된 축을 중심으로 돌기 시작했다. 그들은 혜성처럼 밝게 타오르고 있었다.

가장 밝은 빛으로부터 불꽃 하나가 솟아오르는 것이 보였는데, 그 하늘에서는 그보다 더 밝게 춤을 추는 빛이 없었다. 그것은 숭고한 음악에 싸여 베아트리체 주위를 세 차례 돌았는데, 내 환상으로 다시 떠올릴 수 없을 정도로 아름다웠다.

"거룩한 나의 누이여! 당신이 우리를 위해 기도하는 간절한 마음에 사랑이 불타오릅니다. 그 사랑으로 나를 이 빛나는 하늘로부터 당신에게로 벗어나게 해주시오."

성스러운 불이 베아트리체 주위를 맴돌기를 그쳤을 때 나의 여인에게 한 말이었다. 그러자 그녀가 대답했다.

항성천의 베드로
긴 망토를 입고 머리에 금빛 후광을 두른 베드로가 단테를 나체의 영혼들이 들어 있는 원 안으로 맞이한다. 조반니 파올로, 1445년경 작.

"위대한 인간의 영원한 빛이여! 우리의 주님께서 기쁨의 천국 열쇠를 맡기셨던 분(베드로)이여! 당신이 바다 위를 걸었던 그 믿음에 대해서 당신께서 좋으실 대로 가볍거나 무거운 질문들로 이 사람을 시험해보세요."

선생이 질문을 던질 때까지 조용히 생각에 잠겨 정신무장을 하는 학생처럼, 나는 그녀가 말하고 있는 동안 내 논점을 정리하여 질문과 대답을 준비했다.

"말하라! 훌륭한 그리스도인이여! 무엇이 믿음인가?"

"저에게 관대하게 모습을 드러낸 하늘의 심오한 신비들은 아래 세상 사람들 눈에는 감추어져 있습니다. 하늘의 신비는 단지 신앙 안에서 존재합니다. 그런 믿음의 기반 위에서 하늘로 오르고자 하는 높은 소망이 세워집니다. 그러한 의미에서 믿음은 그 자체가 실체 혹은 물질적인 것입니다."

"세상에서 필멸의 정신으로 배우는 모든 것이 이렇게 수준이 높다면 소피스트의 재치는 설 자리가 없을 것이다."

불타는 사랑이 이런 말을 내쉬었다. 그리고 한 마디를 더 보탰다.

"네가 이 믿음이라는 동전의 순도와 무게를 완벽하게 검토한 지금,

너의 지갑에 그 동전을 갖고 있는지 말해보라."

"네! 갖고 있습니다! 아주 밝고 둥급니다. 그 질에 대해서는 의심이 없습니다."

그러자 그 빛의 깊숙한 곳에서 말이 다시 쏟아져나왔다.

"모든 덕은 믿음이라는 귀중한 보석 위에 자리를 잡는다. 너는 어디서 그것을 얻었는가?"

"구약과 신약을 적시는 성령의 흡족한 비가 제 마음에 믿음의 순전한 확실성을 내려주어 어떠한 다른 증거도 더 확신을 주지 않습니다."

"그 구약과 신약의 전제들을 네가 결정적인 증거로 삼는다면, 그것들이 하느님의 거룩한 말씀이라는 것을 어떻게 아는가?"

"내가 읽은 것이 진리라는 증거는 뒤따르는 기적들에서 나옵니다. 이것은 자연적인 현상이 아닙니다. 자연의 손은 쇠를 달구지도 불리지도 못합니다."

"그런 기적들이 있었음을 너는 어떻게 아는가? 너는 증명되어야 할 것을 증거로 삼고 있지 않느냐?"

"세상이 기적들을 보지 않고 그리스도를 받아들였다면, 그것은 어떤 기적보다도 훨씬 더 큰 기적이었을 것입니다."

내가 이 말을 하자 고귀하고 성스러운 합창이 하늘에서만 들리는 가락으로 여러 하늘들을 울리며 "저희는 하느님을 찬미합니다"라고 노래를 불렀다.

"너의 정신과 함께하시는 은총이 지금까지 너의 입술을 움직여 올바른 길을 말하게 해주셨구나. 너의 입을 통해 들은 것을 받아들인다. 그러나 이제 너의 교의(敎義)를 밝혀야 한다. 그리고 너의 신앙의 원천을 말하라."

"저는 오직 한 분을 믿습니다. 영원하신 유일자 하느님은 스스로는 움직이지 않으시면서 당신의 사랑과 소망 안에서 돌고 있는 모든 하늘들을 움직이십니다. 저는 그러한 믿음에 대한 물리적이고 형이상학적인 증거를 갖고 있습니다. 또한 모세와 예언자들, 성가와 복음을 통해, 또 성령의 혀로 타올라 복음들을 쓰신 당신과 같은 여러 성인들을 통하여 이 왕국에서 비처럼 내리는 진실을 증거로 갖고 있습니다. 저는 영원한 세 존재들을 믿습니다. 이들은 하나와 여럿으로 동등하게 묘사되는 하나이자 셋이신 본체임을 믿습니다. 제가 말하는 이러한 심오하고 성스러운 상태에 관해서는 복음의 여러 곳에서 가르침을 주었습니다. 이것이 제 신앙의 원천이며, 살아 있는 불로 퍼지고 하늘의 별처럼 내 정신에 빛을 비추는 불꽃입니다."

성 베드로의 빛은 내가 말을 마치자 내 위에서 축복의 노래를 부르시며 세 차례나 나를 감싸주셨으니 내 말이 그에게 큰 기쁨을 주었던 것이다.

25곡〉〉

그리스도께서 세상에 남기신 대리자들 중 첫 번째 열매인 베드로가 거하는 하늘로부터 하나의 빛이 우리를 향해 움직이기 시작했다.

비둘기가 자기 짝 옆에 나란히 서 구구거리고 서로를 맴돌며 사랑을 표현하듯, 하늘의 잔치를 찬미하며 영광스러운 위대한 한 군주가 다른 군주를 환영하여 인사하고 있었다. 그들은 서로 즐거운 인사를 나누고 난 뒤 내 앞에 말없이 멈춰 섰다. 그들의 광채는 내 눈이 견디기에는 너무 강했다. 나의 베아트리체가 미소를 지으며 말했다.

"우리 천상의 관대함을 기록하도록 선택된 분이시여! 이 하늘의 높이까지 소망이 울리도록 해주세요. 그리스도께서는 베드로와 요한, 야고보에게 가장 큰 빛을 주셨습니다. 당신은 그 상징이었지요."

나는 과도하게 빛나는 광채에 눌려 숙이고 있던 눈을 베드로와 함께 있는 야고보의 빛을 향해 들었다. 그 빛이 나에게 소망이 무엇인지를 물었다.

"소망은 앞으로 축복을 받으리라는 확고한 기대입니다. 그것은 하느님의 은총과 인간이 미리 쌓는 가치에서 나옵니다. 소망은 많은 별들에서 저에게 옵니다. 처음 내 마음에 소망을 부어준 자는 지존의 하느님을 노래한 다윗이었습니다. '당신의 이름을 아는 자들에게 소망을 갖게 하소서'라고 그는 시편에서 노래합니다. 나와 같은 믿음을 지니고 있는 자라면 누가 그 이름을 모를까요? 또 당신은 〈야고보서〉라고 불리는 서간문에서 내게 방울방울 떨어져 내리셨습니다. 지금 내게 당신의 빗물은 흘러넘쳐서 다시 다른 자들에게도 부어지고 있습니다."

이렇게 말하는 동안 그 살아 있는 빛의 가슴 속에서 불꽃이 일었다. 그것은 번개가 치듯이 빠르고 밝게 반복되었다.

"내 안에서 언제나 불타오르는 사랑은 순교의 종려나무, 그리고 싸움터까지 함께하던 소망을 향한 것이었다. 그것이 나로 하여금 너에게 다시 말하라고 한다. 너의 소망이 너의 영혼에게 무엇을 약속하는지 말해다오."

"신약과 구약이 제 소망을 정합니다. 누구든지 자기 고향에서는 영혼과 육체, 두 겹의 옷을 입는 축복된 삶을 누린다고 이사야는 말합니다. 그리고 당신의 형제이신 요한도 흰 두루마기에 대해 쓰신 곳에서 이 계시를 더 명확하게 드러내십니다."

나의 마지막 말에 머리 위에서 "당신께 바랍니다"라는 노랫소리가 들려오자 모든 춤추는 하늘들이 화답했다.

"이분이 우리의 펠리칸과도 같으신 그리스도✝의 가슴 위에 누우신 분이세요. 그분은 성모 마리아를 보좌하는 큰 소임을 십자가로부터 받으셨지요."

나의 여인이 한 말이었다. 그러나 그녀는 말을 하면서도 시선을 그

✝펠리칸은 죽어가는 새끼를 자기 피를 먹여 살린다고 알려져 있다. 그리스도 역시 자기 피를 나누어주어 인간을 정신적 죽음에서 구해내는 것이다. 요한 복음 13장 23절에 다음과 같은 구절이 있다. "이제 예수가 사랑했던 제자 중 하나가 예수의 가슴에 기대고 있었다."

들에게서 떼지 않고 있었다. 나는 마지막 빛을 응시하다가 마침내 이런 말을 들었다.

"너는 왜 여기에 없는 것을 보다가 눈을 멀게 하느냐? 나의 몸은 흙으로 되어 있다. 우리의 숫자가 하느님께서 미리 정하신 총합의 숫자에 이를 때까지 다른 자들과 함께 있을 것이다. 오직 두 개의 빛만이 두 벌의 옷을 입고 우리의 수도원(천국)으로 곧바로 오르셨으니, 너는 이를 세상에 돌아가 설명해주어라."

그의 목소리가 멈추자 불꽃들이 원을 그리며 추던 춤도 함께 멈췄다. 그리고 베드로와 야고보, 요한의 세 숨결들이 조화를 이루는 달콤한 소리의 어우러짐도 멈췄다. 베아트리체를 보려고 몸을 돌렸을 때 나는 내 눈에 아무것도 보이지 않는다는 것을 알았다. 그때 그녀는 내 곁에 가까이 있었고 우리는 천국에 있었다.

26곡〉〉

아무것도 보이지 않아 쩔쩔매며 서 있는 동안 나의 시각을 앗아가버린 눈부신 요한의 불꽃에서 목소리가 들려왔다. 나는 정신이 바짝 들었다.

"나를 보느라 잃게 된 너의 시력을 되찾을 때까지 논의를 계속하면서 그 보상을 하지. 너의 영혼이 갈망하는 것이 무엇인지 말해보아라. 그리고 시력을 완전히 잃은 것이 아니라 단지 눈이 부신 것임을 알아두어라. 너를 하느님의 하늘들로 인도하는 여인의 눈짓 하나에 아나니아의 손이 가졌던 힘이 담겨 있다."

나는 말했다.

"그녀는 아직도 저를 태우는 불과 같습니다. 그녀는 나의 눈으로 들어왔으니, 늦거나 빠르거나, 그녀의 뜻대로 제 눈을 회복시켜 줍니다. 이 궁정을 풍성하게 만드시는 최고의 선은 저에게 부드럽거나 힘차게

요한, 단테에게 질문하다
요한은 사랑에 대해 단테에게 묻는다. 단테는 상세히 설명하고 나서 하느님을 사랑해야 할 이유도 설명한다. 시험이 끝나자 베아트리체는 단테의 시력을 회복시켜준다. 구스타브 도레 작.

사랑을 읽어주는 책(성경)의 알파와 오메가입니다."

갑자기 눈이 보이지 않아 느꼈던 두려움을 다독거려주신 그 목소리가 다시 한 번 나에게 말할 용기를 주었다.

"이 문제를 걸러낼 더 촘촘한 체가 필요하겠다. 너의 사랑을 하느님께 향하도록 만든 사람이 누구인지 설명해야 한다."

"모든 선은 하느님 안에 있습니다. 하느님을 벗어난 선은 단지 그 빛의 반사일 뿐이지요. 하느님의 선을 지각하면 하느님을 사랑할 수밖에 없습니다. 따라서 이해가 사랑을 앞서는 것이지요. 영원불멸의 천사들과 영혼들에 대한 최초의 사랑을 저에게 보여주시는 분을 통해서 그러한 진리를 명백하게 알게 되었습니다. '내 너에게 나의 모든 선을 보여줄 것이다'라고 모세에게 이르신, 저 진실한 성경의 저자 하느님의 목소리가 그 진리를 분명하게 해주십니다. 또한 당신께서도 하늘의 신비를 가장 커다란 목소리로 사람들에게 외치는 위대한 복음의 말씀들로 그 진리를 분명하게 해주십니다."

"인간의 이성이 증명하고 그 이성과 일치하는 하느님의 계시가 말해주듯이, 너의 가장 높은 사랑은 하느님을 향한다. 그러나 널 하느님께 이끈다고 느끼는 다른 끈이 있는가? 너의 사랑을 위해 그 끈을 물고 놓지 않을 수 있는 너의 수많은 이(齒)에 대해서 설명해보아라."

그리스도의 독수리인 요한의 이러한 질문에는 성스러운 의도가 있었다. 나는 그것을 분명히 알 수 있었다. 그리고 내 대답이 가야 할 곳도 알고 있었다.

"사람의 마음을 하느님께 향하게 만드는 강력한 이들은 제 마음을 그 분을 향한 사랑으로 단단하게 물고 있습니다. 세상의 존재와 저의 존재, 그리고 제 영혼을 살리시기 위하여 그분이 겪은 죽음, 또 모든 신자들의 소망과 저의 소망이 방금 언급한 살아 있는 진실과 함께 거짓된 사랑의 심연에서 저를 건져 진실한 사랑의 해안에 놓아두신 것입니다. 저는 영원한 하느님의 정원을 무성하게 만드는 잎들 하나하나를 사랑합니다. 그 하나하나에 빛이 골고루 퍼져 있습니다."

내가 말을 마친 순간 하늘 전체는 감미로운 노래로 가득 찼고 나의 여인은 다른 이들과 함께 "거룩하다! 거룩하다! 거룩하다!" 하고 외쳤다. 베아트리체는 천 마일 이상을 환히 비추는 찬연한 눈으로 나의 시각을 덮고 있던 티끌들을 다 거두어갔다. 나는 전보다 훨씬 더 잘 볼 수 있었다. 이런 새로운 시야에 놀란 채 나는 우리와 함께 있는 네 번째 빛, 즉 아담의 빛에 대해 물었다. 그러자 나의 여인이 말했다.

"저 빛들 가운데 하느님께서 창조한 최초의 영혼이 자신의 창조주를 흠모하며 바라보고 있어요."

최초의 영혼 아담
시력을 회복한 단테는 아담을 본다. 아담 뒤의 산림이 바로 연옥의 에덴 동산이며 네 갈래의 강이 흘러나오고 있다. 조반니 파올로, 1445년경 작.

나뭇가지 끝은 바람결에 구부러졌다가도 그 자체의 자연적인 탄성으로 다시 곧게 펴진다. 그렇게 나도 처음에는 놀라 어리둥절했지만 그녀가 말하는 동안 자신감을 회복하여 말하고자 하는 소망을 다시 불태웠다.

"아, 농익은 채로 창조된 유일한 열매여! 모든 신부를 딸과 며느리로 삼는, 인간 최고最古의 어르신이시여! 경건하게 간구하오니, 내게 말씀해주세요. 당신은 나의 소원을 꿰뚫어보시니, 내가 덜 말하고 당신의 말씀을 듣겠습니다."

최초의 영혼은 자신의 빛 속에서 투명하게 움직이면서 내게 기쁨을 주려고 얼마나 바삐 움직이는지 드러내어 보였다. 그리고 말했다.

"네가 말하지 않아도 나는 네 소망을 너보다 더 잘 알고 있다. 너는 얼마나 오래 전에 하느님께서 베아트리체가 너를 위해 긴 계단으로 준비한 에덴의 낙원에 나를 두셨는지, 얼마나 오랫동안 내 눈이 그곳을 즐겼는지, 내가 무엇 때문에 하느님의 분노를 샀는지, 그리고 내가 말하고 나 자신을 형성한 언어는 무엇인지를 묻고 있구나. 나의 아들아!

내가 그렇게 오랫동안 추방당하게 된 것은 나무의 열매를 맛본 것 자체 때문이 아니라 내게 허락된 하느님의 범위를 넘어섰기 때문이다. 너의 여인이 베르길리우스를 보내 너를 돕도록 한 그곳에서 나는 사천 삼백이 년을 기다리며 이 만남을 갈망했지. 어떠한 인간 정신의 산물도 영원히 지속될 수 없으니, 자연의 모든 사물처럼 인간의 성향도 별들과 함께 변한다. 바다 위로 높이 치솟은 산(정죄산)에서 나의 순수가 치욕으로 변하기까지는 나의 첫째 날 아침 여섯 시에서 오후 한 시까지 밖에 걸리지 않았다."

27곡 〉〉

"성부와 성자와 성신께 영광을!"

온 하늘이 한 목소리로 외쳤다. 나는 그 달콤한 소리에 취했다. 우주 전체가 하나의 미소로 변하는 듯했다.

내 눈앞에는 계속해서 타오르는 네 개의 햇불이 있었는데, 맨 먼저 왔던 것이 나머지보다 더 밝게 빛나기 시작했다. 하늘의 영혼들 각자에게 그 역할을 배정하는 하느님의 섭리가 이제 축복받은 자들의 합창대에 침묵을 내렸다. 그때 나는 이런 소리를 들었다.

"내가 색깔을 바꾸어도 놀라지 마라. 너는 내가 말하는 동안 야고보와 요한, 아담이 분노를 느껴 색깔을 바꾸는 것을 볼 것이다. 하느님의 아들 그리스도의 눈으로 보면, 지금 비어 있는 나의 그 자리, 나의 그 자리, 나의 그 자리를 더럽히는 자✢가 나의 무덤이 놓인 바티칸을 피와 악취의 시궁창으로 만들었다. 이곳 하늘에서 떨어진 사악한 루키페르가 그 시궁창에서 크게 기뻐하고 있다."

베드로의 말이었다. 동이 틀 무렵 혹은 저녁에 구름을 물들이는 붉은 빛이 그 하늘을 온통 뒤덮고 있었다. 자신의 덕을 믿는 겸손한 여인

✢ 보니파키우스 8세를 가리킨다. '나의 그 자리'를 세 번 반복하면서 베드로는 강경하고 분연하게 교회의 부패를 비판한다. 마치 하늘 전체에 천둥처럼 울리는 효과를 자아낸다.

베드로의 분노
베드로는 정의로운 분노의 상징이다. 베드로가 교회 목자들의 부패상에 대해 비난하자 다른 성도들도 이에 동조하여 항성천은 온통 붉게 변한다. 베네치아 필사본, 14세기 말.

이 다른 사람의 실수를 듣기만 해도 부끄러움으로 낯을 붉히듯이, 베아트리체의 얼굴이 그렇게 변했다. 지존하신 권능의 그리스도께서 우리의 죄를 위하여 고통을 당하셨을 때 하늘이 어두워진 것도 같은 맥락일 것이다. 베드로는 말을 이었으나, 그의 목소리는 얼굴색이 변한 것처럼 이미 변해 있었다.

"여기서 저 밑을 내려다보면, 목자의 가죽을 입고 강도짓을 하는 늑대들이 득실거린다. 하느님의 권능이시여! 왜 아직 가만히 계시는지요? 사악한 교황들인 요하네스 22세와 클레멘스 5세가 우리의 피를 마시려 준비한다. 행복했던 시작은 얼마나 사악한 종말로 가라앉고 있는가! 그러나 스키피오의 손을 통해 로마가 세계의 영광을 보존하게 하신 섭리는 다시 한 번 곧 도움을 주실 것이다.✢ 그러니 아들아! 너는

✢ 제2차 포에니 전쟁에서 스키피오 아프리카누스가 한니발을 격파하면서 로마를 구한 것을 이른다.

필멸의 무게를 지녔으니 세상으로 돌아가 입을 열어라. 그리고 내가 감추지 않는 것을 감추지 마라."

하늘의 염소 뿔이 태양을 건드리는 무렵, 우리의 대기에서는 얼어붙은 수증기가 송이송이 눈으로 내려오기 시작한다. 나는 함께 있었던 승리의 영혼들의 눈송이들이 올라가면서 하늘의 정기가 빛나는 것을 보았다. 나의 눈은 그들의 형상을 따라 갔다. 너무 높아 내 눈길이 닿기 어려운 곳까지 그들을 지켜보았다. 나의 여인은 내가 위를 응시하기를 그만둔 것을 보고 말했다.

"눈을 내리고 아래를 보세요. 당신이 얼마나 멀리 왔는지 보세요. 모든 하늘들은 원동천을 중심으로 돕니다. 원동천은 하느님의 정신 안에 담겨 있을 뿐 어느 곳에도 존재하지 않습니다. 그 정신에서 원동천을 돌리는 사랑의 힘이 타오르기 때문이지요. 이 하늘은 주위를 도는 빛과 사랑에 담겨 있고 동시에 나머지를 담고 있는 것입니다. 그 빛과 사랑이 어떻게 고리를 이루는지는 그 고리를 이루는 하느님만이 알고 계십니다. 원동천을 휘감는 정화천의 운행은 다른 하늘에서 나오지 않

원동천을 에워싼 빛
단테는 아홉 번째 하늘인 원동천에 오른다. 베아트리체는 "원동천을 중심으로 다른 하늘들이 그 주위를 돕니다. 하느님의 정신에서 이 하늘을 돌리는 사랑의 힘이 타오르기 때문이지요"라고 말한다. 단테는 불의 원 가운데 나타난 얼굴에 대해서는 묘사하지 않고 있다. 조반니 파올로, 1445년경 작.

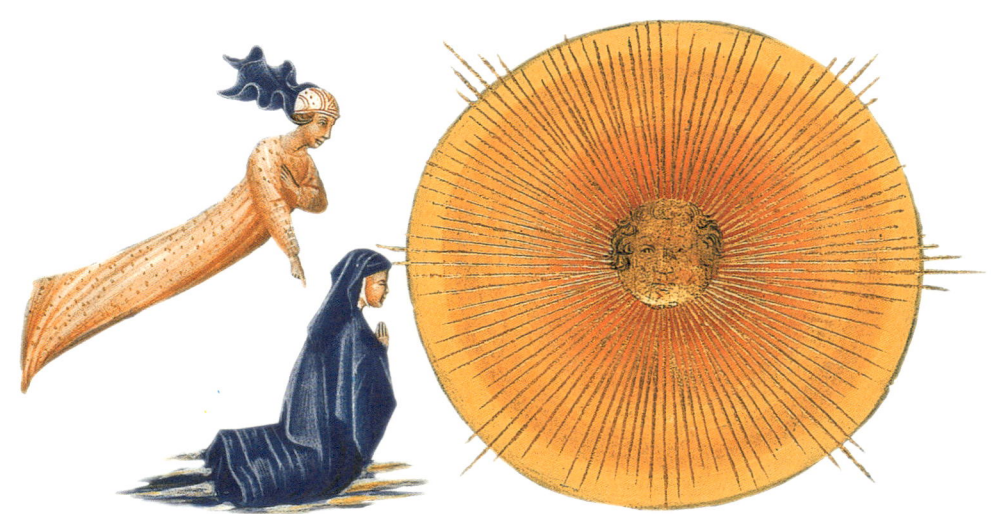

아요. 다른 하늘들은 마치 열이 둘과 다섯으로 나뉘듯 한 치의 오차도 없이 정화천의 운행에 따라 움직입니다. 시간은 정화천에 뿌리를 숨기고 나머지 하늘들을 통해 잎을 틔우는 것을 당신은 분명히 아실 것입니다. 탐욕은 재빠르게 인간을 깊숙이 끌어들여 아무도 그 넘실대는 파도 위로 머리를 내놓을 힘을 갖지 못하게 합니다."

28곡〉〉

별의 고리를 이루는 수증기가 짙을 때, 그것을 물들이는 안개와도 같은 후광은 그 별과 일정한 거리를 둔다. 불의 테두리는 그 예리한 빛을 발하는 점 주위를 돌고 있었다. 속도가 워낙 빨라서 세상 주위를 가장 빠르게 도는 원동천의 운행을 초월할 정도였다. 이 테두리는 두 번째 테두리로 둘러싸이고 두 번째는 세 번째에, 세 번째는 네 번째에 둘러싸이며, 다섯 번째는 네 번째를 둘러싸고 여섯 번째는 다섯 번째를 둘러싸고 있었다. 일곱 번째는 유노(헤라)의 전령인 무지개가 완전히 퍼져도 품을 수 없을 정도로 굉장히 넓게 퍼져나가 있었다. 그런 식으로 여덟 번째와 아홉 번째가 이어졌다. 그들은 중심 테두리에서 멀어질수록 더 느리게 돌았다. 중심 테두리는 모든 테두리들 중 가장 밝았다. 존재의 순수한 불꽃이신 하느님으로부터 가장 가까이 돌고 있으면서 그분의 진실을 완전하게 공유하기 때문인 것으로 생각되었다. 나의 여인은 나의 열망과 당혹스러움을 보더니 말했다.

"모든 자연과 모든 하늘들이 그 점에 의지합니다. 거기에 가장 가까운 테두리를 보세요. 그처럼 빠르게 도는 이유는 하느님의 불타는 사랑 때문이지요."

"모든 우주가 이 테두리들처럼 질서를 이루고 있다면 내가 지금 여기서 보는 것을 이해하기가 어렵지 않겠지요. 하지만 우리의 감각 세계에서 관찰하면 하늘의 회전은 그 중심에서 멀어질수록 더 성스럽고 장엄해보입니다. 오직 사랑과 빛을 경계로 삼고 있는 이 놀라운 천사들의 성전인 원동천에서 배우고자 하는 소망을 마지막으로 이루고자 합니다. 왜 원조와 복사물✢이 서로 맞지 않은지 나는 도대체 이해할 수 없습니다. 내 잘못이겠지요."

"당신의 손가락이 약해 그러한 매듭을 풀기 어렵다 해도 놀랄 일은 아니지요. 워낙 단단하니 말이에요."

나의 여인은 계속 말을 이었다.

"당신이 이해하고 싶으시다면 내 말을 잘 들으시고 당신의 지혜를 가다듬으세요. 물질적인 하늘들의 운행이 넓고 좁은 것은 그 각각에 고루 퍼져 있는 덕의 많고 적음에 따릅니다. 선이 많을수록 더 큰 축복을 이루지요. 또 더 큰 축복은 더 큰 몸체를 요구합니다. 단 그 몸체의 각 부분들이 완전하다면 말이에요."

29곡 〉〉

라토나의 두 아이들인 해와 달이 지평선을 띠로 두르고 각각 양자리와 천칭자리에 머무를 때, 자오선이 그들의 균형을 맞추는 그 순간부터 그들은 이동을 시작하여 각각 다른 반구로 옮겨간다. 그러는 동안 얼굴에 빛나는 미소를 띤 베아트리체는 침묵을 지켰다. 그녀의 눈은 내가 참아낼 수 없는 빛을 발하는 그 중심점에 고정되어 있었다. 그녀가 말했다.

어떤 천사들의 무리는 일 분도 채 되지 않는 시간 동안 반란을 일으켰다가 지옥으로 떨어졌는데, 이것이 당신의 세계에 지진을 일으켰지요. 하느님께 충성한 다른 천사들은 남았고, 당신이 지금 보시듯 그들은 하느님의 빛나는 점 주위를 돌며 자신들의 소임을 기쁘게 수행하고

✢ 원조는 단테가 지금 목격하는 하늘들의 상징적 모습이다. 그 중심부에는 하느님의 빛이 있다. 복사물은 물질적 우주를 가리키며, 그 중심에는 아홉 개의 하늘로 둘러싸인 지구가 놓여 있다.

있어요. 그들은 쉼도 없이 영원히 돌고 있지요. 타락의 원인은 당신이 저 아래 지옥의 심연에서 보았듯, 우주 전체의 무게에 눌린 자(루키페르)의 저주받은 교만이었어요. 사람들은 하느님의 말씀이 세상에 뿌리내리는 데 얼마나 피를 흘렸는지, 그리고 성경을 마음으로 겸손하게 받아들이는 자가 얼마나 큰 기쁨을 누리는지 생각하지 않아요. 대신 사람들은 저들이 꾸민 근거 없는 진리를 들이대며 으스대고, 설교자들은 이를 더 꾸며 떠들어대지요. 복음서 얘기는 한 마디도 하지 않아요. 그리스도께서는 당신의 첫 수도원인 열두 제자들에게 '너희는 가서 세상에 너절한 얘기를 전하라' 라고 말씀하지 않으셨습니다. 반대로 진실의 바탕을 주셨지요. 열두 제자들의 입술에는 오직 그리스도의 말씀만 담겨 있었기에 그들은 믿음의 전쟁터에 가서, 복음을 유일한 칼과 방패로 삼아 싸웠어요."

30곡〉〉

약 육천 마일 떨어진 정오의 태양이 밝게 빛나고 있었고 우리 세계의 그림자는 벌써 지평선으로 수그러지고 있었다. 하늘 한복판 깊숙한 곳에서는 변화가 일어났다. 여기저기서 별빛이 꺼지기 시작하면서 우리의 시야에서 완전히 사라지고 있었다. 태양의 가장 맑은 시녀인 새벽이 가까워오면서 하늘은 연이어 빛을 잃기 시작하고 가장 큰 빛도 사라져간다. 눈부시게 빛나는 하느님의 점 주위를 영원히 돌고 있던 천사들도 조금씩 내 시야에서 사라져갔다.

그녀는 길잡이로서의 임무를 다 했다는 표정과 몸짓으로 말했다.

"우리는 가장 위대한 하늘로부터 순수한 빛의 하늘로 나왔어요. 당신은 여기서 천국의 두 군대를 볼 거예요. 그 하나는 마지막 심판의 날 당신이 보게 될 모습을 하고 있어요."

마치 봄의 기적과도 같은 현란한 색을 칠한 두 언덕 사이로 불꽃들이 눈부시게 타오르며 강물처럼 흐르고 있었다. 이 강물로부터 살아 있는 불꽃들이 나와서 꽃들을 쏘아올리고 그 위에 올라앉고 있었다. 그들은 황금 고리에 둘러싸인 루비들처럼 보였다. 그러고 나서 불꽃들은 향기에 취한 듯 그 불가사의한 강물로 뛰어들었다. 어떤 것은 잠기는가 하면 어떤 것은 다시 날아오르기도 했다.

단테, 천국의 물을 마시다
베아트리체의 권고에 따라 단테는 무릎을 꿇고, 흘러내리는 물을 마신다. 윌리엄 블레이크 작.

원동천의 천사들의 원
도레가 그린 아홉 개의 원은 천사들의 빛으로 연결된 원이다. 구스타브 도레 작.

"당신이 보는 것에 대답을 찾고자 하는 소망이 불타오를수록 나는 더 기쁩니다. 그러나 당신의 갈증이 풀리기 전에 먼저 이 물을 마셔야 합니다."

내 눈꺼풀이 강물에 적셔지자마자 강은 곧 흐르던 흐름을 둥그렇게 틀었다. 마치 사람들이 자신을 감추었던 가면을 벗어버릴 때 이전과 생판 다르게 보이듯이, 그때 거기서 내 눈앞에 비친 불과 꽃들의 거대한 축제를 보았다. 나는 하늘의 두 궁정을 생생하게 보았다.

하느님의 찬란한 빛이시여! 빛을 통해 진실한 왕국의 승리를 보았으니, 이제 힘을 주시어 본 대로 기록하게 하소서! 피조물이 창조주를 볼 수 있게 하는 빛이 저 위에 있었다. 피조물의 평화는 오직 창조주를 바라보는 것이다. 이 빛은 둥그런 형태로 퍼져 있다. 너무나 광활해서 그 주변은 태양을 묶는 끈 치고는 너무 느슨한 듯했다. 그 둥그렇게 퍼진 빛은 한 줄기 빛으로부터 온다. 그 빛은 원동천의 꼭대기에서 반사되고 있는데, 그로부터 생명의 힘이 나온다. 마치 풀과 꽃으로 무성한 언덕이 그 풍요로움을 비쳐보려고 호수를 내려다보는 것처럼, 그 빛 속에는 수천도 넘는 영혼들이 층을 이루어서 제 모습들을 비춰보고 있었다. 그들은 우리 가운데 하늘로의 복귀를 성취한 자들이었다.

가장 낮은 층도 그렇게 거대한 빛을 모으고 있으니, 이 장미의 맨 가장자리 꽃잎이 뻗치는 공간은 어떠할 것인가! 그렇게 거대한 넓이와 높이를 보아도 내 눈은 흐려지지 않았다. 오히려 축복의 양과 질을 온전히 담아냈다. 거기에는 가깝고 멀기가 더하지도 없어지지도 않으니, 하느님께서 대리인 없이 직접 다스리시는 곳에서는 자연의 법칙이 적용되지 않기 때문이다. 장미의 중심, 꽃잎이 겹겹이 향기롭게 퍼져 영원히 지속되는 봄의 태양을 찬미하는 그곳에서 나는 말하고 싶은 마음이 컸지만 침묵을 지키고 있었다. 베아트리체가 입을 열었다.

"보세요! 하얀 옷을 입은 저 무리가 얼마나 광활하게 펴져 있는지! 우리의 도시가 얼마나 드넓은지 보세요. 자리가 이렇게 찼으니, 하늘이 원하시는 영혼들에게는 이제 몇 자리만 남아 있어요. 당신의 눈을 끄는, 일찍이 면류관이 놓여진 그 위대한 옥좌에는 당신이 이 혼례잔치에 불려오기 전에, 황제가 될 운명의 위대한 아리고 7세의 영혼이 앉을 겁니다. 그는 언젠가 이탈리아를 바로잡으러 올 거예요."

31곡 〉〉

그리스도께서 피로써 신부로 삼으신 하늘의 거룩한 군대가 흰 장미의 형태로 내게 나타나고 있었다. 저들의 사랑을 이끄시는 그분의 영광과 저들을 위대하게 만드신 선을 노래하며 날고 있는 다른 천사들의 무리는, 잎들을 보석처럼 펼친 장미꽃 위로 단숨에 내려갔다가 사랑의 샘이 영원히 깃드는 곳으로 다시 날아왔다. 마치 꽃 속으로 들어갔다가 꿀을 빚는 일자리로 돌아오는 꿀벌들 같았다. 그들의 얼굴은 살아 있는 불꽃으로 환하게 빛났고, 그들의 황금 날개와 다른 부분들은 순백의 눈보다도 더 하얬다.

층층으로 싸인 꽃으로 들어가면서 그들은 하느님께 날아오르려는 날갯짓으로 사랑의 평화와 따스함을 퍼뜨렸다. 꽃과 저 위를 다스리는 분 사이에서 날고 있는 이 많은 무리도 하느님의 찬란한 빛을 막지 못했다. 하느님의 빛은 모든 부분들의 공덕에 따라서 우주에 스며들고, 그 무엇도 그를 막을 수 없기 때문이다.

나는 사랑에 몰두한 얼굴들을 보았다. 하느님의 빛과 그들 자신의 미소로 치장한 얼굴들, 그리고 고결하고 존귀한 거동을 보았다. 나는 내 정신이 아직 충분히 이해하지 못하는 것들을 물어보려는 열망으로 나의 여인에게 몸을 돌렸다. 나는 베아트리체를 보리라 생각했는데 내 눈에 들어온 사람은 하늘의 성인의 옷을 입은 한 노인이었다. 그의 눈과 볼은 온화한 기쁨으로 그득했고 그의 태도는 자애로운 아버지의 사랑으로 차 있었다.✥ 나는 그에게 "그녀는 어디에 있습니까?" 하고 물었다. 그러자 그가 대답했다.

"너의 소원을 풀어주라고 베아트리체가 나를 보냈다. 눈을 들어 맨 위층에서부터 세 번째 고리를 보면 거기에 자신의 공덕으로 마련된 옥좌에 앉은 그녀가 보일 것이다."

나는 아무 말 없이 눈을 들어 그녀가 앉은 모습을 보았다. 그녀는 영

✥ 이 노인은 성베르나르를 가리킨다. 베르나르라는 이름은 나중에 나오는데, 단테와 베아트리체가 헤어지는 장면을 더 강조하기 위해서인 듯 보인다. 베아트리체의 역할이 베르나르로 옮겨가는 것은 하늘의 궁극적 모습을 보기 위해서 단테의 순례가 신비적 관조에 담긴 존재의 인도를 받아야 하기 때문이다. 베르나르는 세상에서 하느님의 신비적 직관을 행했다고 알려져 있다. 단테는 베르나르의 저작을 즐겨 읽었다고 한다.

장미꽃 속의 여왕
여왕의 보좌는 흰 장미꽃의 꽃술에 해당되는 곳에 있다. 이탈리아 필사본, 1365년경.

원한 빛을 반사하면서 면류관을 이루고 있었다.

"언제나 나에게 희망을 불어넣고 나의 구원을 위해 지옥의 문턱에 발자국을 남기는 수고를 아끼지 않으신 나의 여인이여! 당신의 힘을 통해, 당신의 미덕을 통해, 나는 내 눈으로 본 모든 것들을 받아들일 수 있습니다. 가능한 모든 길들로, 모든 수단들을 사용하여, 당신은 나를 속박에서 자유로 이끌었습니다. 내 안에 당신의 큰 사랑을 간직하여 당신이 치료해준 나의 영혼이 육신에서 놓여나는 순간, 당신에게 기쁨이 되게 하소서."

이렇게 기도하자 멀리 있던, 혹은 멀리 있는 듯 보였던 그녀가 나를 바라보고 미소를 지었다. 그리고 영원한 빛으로 다시 돌아갔다. 거룩한 노인이 말했다.

"거룩한 사랑과 기도가 네가 여행을 완벽하게 성취하도록 나를 보내셨다. 눈으로 이 하늘의 정원을 날아보아라. 하늘의 정원을 응시하는 것은 하느님의 빛을 직관할 준비를 하는 것이다. 나는 언제나 하늘의 여왕 성모 마리아를 향한 사랑의 불로 타오르고 있다. 나는 그분께 충실한 베르나르이기 때문에, 그분은 우리에게 온갖 은총을 베푸실 것이다. 은총의 아들아! 저 아래 세상만 바라보는 한, 이 축복된 존재의 상태는 도저히 알 수 없을 것이다. 가장 높은 테두리들을 올려다보아라. 그리고 이 왕국을 주관하시는 여왕께서 좌정하신 모습을 바라보라."

나는 눈을 들었다. 동이 틀 무렵 지평선의 동쪽 끝이 해가 기우는 지점보다 더 밝게 빛나듯이, 나의 눈은 골짜기에서 정상으로 오르다가 마침내 가장 높은 지점에서 다른 가장자리보다 강렬하게 빛나는 하나의 빛을 보았다. 중심 주변에는 수천의 즐거운 천사들이 각기 다른 밝기와 재주를 지닌 채 날개를 펴고 있었다. 그들의 놀이와 노래에 미소를 짓는 아름다운 성모 마리아를 보았는데, 그분은 다른 성인들의 눈에서 축복으로 빛나고 있었다.

32곡 〉〉

성모 마리아께 감화를 받아 너그럽게 길잡이 역할을 맡은, 관조하는 영혼 베르나르가 거룩한 말을 하기 시작했다.

"마리아께서 치료하고 아물게 해주신 상처. 그 상처를 크게 벌리고 아담까지 죄를 짓게 만들었던 이브가 마리아의 발치에 아름답게 자리하고 있다. 그분 바로 아래 셋째 층의 옥좌에 라헬과 베아트리체가 있다. 자신의 죄 때문에 '나를 불쌍히 여기소서'라고 노래하던 다윗의 증조모(母)와 사라, 리브가, 그리고 유딧을 보라. 내가 층층을 내려가면서 그들의 이름을 순서대로 부르면 너는 그들이 장미의 꽃잎 하나하나를 타고 내려오는 것을 보리라. 일곱 번째 줄로부터 장미의 꽃잎들을 나눈

헤브라이 여자들이 줄지어 내려오고 있는데, 이들은 그리스도를 향한 믿음의 방식에 따라 거룩한 사다리를 층층이 나눈다. 마지막 잎사귀에 꽃이 활짝 피어나는 이편에는 앞으로 오실 그리스도를 믿었던 자들의 영혼이 자리한다. 자리가 띄엄띄엄 빈 반원의 저편에는 이미 오신 그리스도를 바라본 자들이 자리하지. 이쪽에 영광스러운 성모 마리아의 옥좌가 있듯이 저 아래쪽에는 그 위대한 경계 벽을 이루고 있다. 그런 식으로 그분을 마주하고 요한의 옥좌가 있다. 언제나 거룩하신 요한은 사막에서 고통을 받으시고 순교를 하셨으며, 그 후 2년 넘게 지옥의 고통을 겪으셨다. 그분 아래로는 프란체스코와 베네딕투스, 아우구스티누스와 다른 복자들이 층층이 나뉘어져 있다. 거대한 고리를 둘로 갈라놓는 층이 있는데, 그 아래에 있는 어린 영혼들은 자기 공이 아니라 부모의 기도로 인하여 그곳에 있다. 아담부터 아브라함에 이르는 시대에는 순수한 어린이들이 구원을 받는 것은 부모들의 믿음만으로 충분했지. 그러나 그러한 인간의 처음 시대가 끝났을 때 모든 남자들은 하늘로 날아오를 힘을 순수한 날개에 주기 위해 할례를 받아야 했다. 그리고 은총의 시대가 시작된 후로는, 그런 순수한 어린이들일지라도 그리스도 안에서 세례를 받지 않으면 림보에 머물러야 했다. 이제 그리스도와 가장 닮은 얼굴을 바라보아라. 오직 그분의 빛을 받아야 그리스도를 볼 준비를 할 수 있을 것이다."

나는 베르나르에게 이렇게 말했다.

"거룩한 아버지! 당신을 위해 예정된 영원한 옥좌를 두고 나를 위하여 이 먼 세상까지 내려오신 분이시여! 하늘의 여왕의 눈을 기쁨에 찬 눈으로 끝없이 바라보는 저 천사는 누구입니까? 불처럼 타오르는 사랑에 빠진 듯이 보입니다."

신선한 햇빛을 받은 새벽별처럼 마리아의 아름다움 안에서 빛을 발하던 그분에게 나는 다시 한 번 가르침을 얻고자 하였다.

"그 천사는 가브리엘이다. 가브리엘 천사는 하느님의 아들 그리스도께서 인간의 육신의 무게를 견디기 원하셨을 때 종려나무를 들고 마리아께 내려왔던 분이기 때문이다. 이제 내가 설명하는 대로 내 말에 시선을 맞추어라. 그리고 이 지극히 의롭고 거룩한 왕국의 위대한 장로들을 잘 보아라. 성모 마리아에 가장 가까이 있기 때문에 가장 많은 축복을 누리며 앉아 있는 저 두 분은 우리의 장미의 뿌리와 마찬가지다. 그녀의 왼편에 앉아 있는 분은 그 주제넘은 입맛 때문에 인간에게 고통의 쓴 맛을 준 우리의 아버지 아담이다. 오른편에는 이 아름다운 장미의 열쇠를 그리스도에게서 받으신 거룩한 교회의 숭엄한 아버지 성 베드로가 앉아 있다. 그 곁에는 그리스도께서 창과 못으로 얻고자 했던 아름다운 신부가 맞게 될 슬픈 나날들을 죽기 전에 예언했던 요한이 앉아 있고, 변덕스럽고 완고하며 배은망덕한 족속을 하느님의 만나로 보살폈던 지도자 모세가 앉아 있다. 베드로의 맞은편에 성모 마리아의 어머니 안나가 앉아 있는데, 눈을 꿈쩍도 하지 않은 채 호산나를 부르며 딸을 바라보며 행복에 젖어 있다. 성녀 루치아가 인간의 아버지와 마주보고 앉아 있구나. 네가 파멸의 길에서 고개를 숙이고 있었을 때 너의 여인을 보내신 분이지. 천에 맞추어 재단을 하는 능숙한 재봉사처럼, 여행에서 남은 시간을 잘 활용하여 제일의 사랑이신 하느님께 눈을 돌려 그분의 빛을 가능한 한 깊이 꿰뚫도록 해라. 그러나 날개를 퍼덕여 자신의 힘으로 오른다고 믿으면 이내 떨어질 것이야. 그러지 않으려면 은총을 기원하는 힘을 얻어야 한다. 너를 도울 힘을 가진 성모 마리아의 은총 말이야. 이제 경건한 마음으로 나를 따르라. 너의 마음이 내 말에서 멀어지지 않도록 주의해라."

그리고 그는 거룩한 기도를 시작했다.

33곡〉〉

"당신의 아들의 딸, 동정녀 마리아시여! 하느님의 영원한 계획으로 선택된, 모든 피조물들 중 가장 겸손하고 가장 높으신 분이여! 당신은 인간의 본성을 고귀하게 하신 분이기에 하느님께서는 인간을 만드셨으면서도 스스로 인간이 되기를 꺼리지 않으셨습니다. 당신 안에는 부드러움과 연민, 그리고 박애가 있습니다. 하느님의 창조된 것들 안에 있는 모든 선은 당신 안으로 모여듭니다. 이 사람은 우주의 가장 깊은 구멍에서부터 여기까지 오르면서 영혼들의 삶을 하나하나 목격했습니다. 그가 당신의 은총을 갈구하니 그가 마지막 축복을 향해 눈을 더 높이 올릴 수 있도록 힘을 내려주소서. 그가 하느님을 뵙고 돌아가거든 사랑을 굳건히 지키도록 해주소서. 그를 육신의 충동에서 지켜주소서. 모든 복자들과 함께 베아트리체가 제 기도를 위해 두 손을 꼭 맞잡고

단테의 사랑
중앙에 사랑을 상징하는 천사가 들고 있는 해시계는 베아트리체가 죽은 시간을 가리킨다. 대각선을 이루며 서로 바라보는 태양 속에 그려진 그리스도와 초승달 속의 베아트리체는 베아트리체가 죽음으로써 그리스도와 하나가 되었음을 말해준다. 단테 가브리엘 로세티, 1860년 작.

기도하고 있음을 보소서."

하느님의 사랑과 존경을 받으신 성모 마리아의 두 눈은 이렇게 기도하는 베르나르에게 지긋이 향하고 있었다. 얼마나 값지고 진실한 기도가 그분께 돌려졌는지 분명히 알 수 있었다.

나의 눈은 점점 더 맑아졌고, 스스로 진실한 저 드높은 빛줄기를 점점 더 깊이 파고들고 있었다.

아! 인간의 지성이 다다르지 못할 지고의 빛이시여!

나는 그 빛 깊숙한 곳에서 보았다. 흩어진 잎들 같은 우주의 모든 것들이 그 우주의 사랑으로 단 한 권의 책 안에서 결합되어 있었다. 그 안에서 실체와 사건, 그리고 그들의 관계가 아우러져 있었다. 내가 지금 묘사하는 것은 단지 그 빛의 깜빡거림일 뿐이다. 나는 우주적 형식, 모든 것들의 아우름을 보았다고 생각한다. 지금 이런 말을 하는 순간 내 가슴은 기쁨으로 뛰고 있음을 느끼기 때문이다.

살아 있는 빛 속에는 언제나 존재하시는 하느님의 모습만 존재했다. 그분의 맑고 깊은 실체 속에서 나는 맑은 색을 지닌 세 개의 원이 하나의 공간에서 아우러지는 위대한 빛을 보았다.

완벽하게 균형을 이루며 돌아가는 바퀴처럼, 태양과 다른 별들을 움직이시는 하느님의 사랑으로 나의 의지와 소망이 앞으로 나아가는 것을 느꼈다.

하느님의 빛
이 그림은 천국의 광활함과 웅대함을 보여주고 있다. 구스타브 도레 작.

•• 역자 후기 ••

《신곡》은 작가 단테가 스스로를 주인공으로 등장시켜 지옥과 연옥과 천국을 돌아본 일종의 기행문이다. 하느님의 초월적 세계를 필멸의 육체를 지닌 인간이 여행을 한다는 점이 특이하다. 지옥에서 단테의 발에 돌이 차이는 것을 본 마귀들이 의아해 하고 연옥에서 단테의 그림자를 본 영혼들이 놀란다. 그런 놀라운 여행은 단테의 상상력과 언어로 가능했다. 이 작품은 작가 단테가 실제로 여행을 하고 나서가 아니라 그의 상상에서 나온 글이다.

《신곡》은 인간을 초월한 세계를 상대적으로 초월적이지 않은 단테라는 한 인간이 상상으로 체험하고 자신의 언어에 담은, 그리고 우리처럼 평범한 인간의 손에 들려 읽히면서 재생되는 하나의 문학작품이다. 우리는 이 책을 읽으면서 단테의 여행에 동참하여 하느님의 세계를 여행한다. 문학의 상상력으로 우리는 하느님의 초월적 세계를 지상에서 재현하는 것이다.

　베르길리우스나 베아트리체와 같은 길잡이들이 단테를 인도하지만, 이들은 사실 작가 단테가 상상해낸 허구적 인물들이다. 문학의 힘은 여기서도 증명된다. 작가는 자신을 인도하는 존재인 셈이다. 길잡이뿐만 아니라 지옥의 수많은 마귀들, 형벌의 장치들, 연옥의 영혼들, 정죄산의 구조, 그리고 천국의 가르침과 하느님의 정수리인 빛까지도 단테의 상상의 소산이다. 주인공 단테는 그러한 상상을 이끈 것은 자기 자신이 아니라 베아트리체요, 하느님의 섭리라고 말하지만, 단테는 작품 내에서 그 모든 것들을 꾸미고 조절하며 작동시키는 하느님의 위치에 있다. 그래서 하느님이 자기를 구원한다고 말하지만 실제로 단테를 구원하는 것은 단테 자신이며, 천국의 정수리에 이르러 하느님의 사랑을 향해 나아감을 느낀다고 말하지만 정작 그가 나아가는 곳은 그의 가슴 속의 별이었다. 하느님은 단테의 가슴 속에 별로 빛나고 있는 것이다.

　단테의 여행은 지옥에서 연옥을 거쳐 천국에 이른다. 지옥에서 단테는 지하로 내려가면서 어둠에 위축되고 징벌의 현장을 두려워한다. 연옥에 이르면 전체적으로 어둠과 빛이 혼재한 산을 기어오른다. 천국에서는 빛을 향해 가볍게 날아오른다. 지옥과 연옥에서 순례자로서의 모습을 보이며 시련을 겪고 난 뒤 천국에 이르러 깨달음을 얻고 구원을 받는 형세다. 전체의 방향은 구원이라는 한 가지 목표를 향한다. 여기서 구원은 기독교적 개념이지만 단지 내세를 향한 것만 아니라 인간의 현세적인 삶의 향상을 뜻하기도 한다. 실제로 《신곡》은 단테의 자기반성의 흔적이며 또한 당대에서 대중의 교화의 목적으로 널리 사용되었다. 단테는 당대의 인문학자들의 비난과 아쉬움을 무릅쓰면서 《신곡》을 이탈리아 어로 썼다. 당대의 일반 대중 독자들과의 소통을 염두에 둔 탓이었다.

　이 책은 단테 알리기에리 Dante Alighieri의 《신곡 Divina Commedia》을 요약

하고 풀어서 옮긴 것이다. 《신곡》은 원래 14,233행의 삼연체 형식의 운문으로 이루어진 방대한 작품이다. 중세의 심오한 신학과 오묘한 우주관, 그리고 광대한 인간의 삶의 지식의 온갖 면면이 끝없이 발굴되는 글이다. 그러나 《신곡》 사전이라도 참조하면서 꼼꼼하게 읽어야 《신곡》의 그러한 진가를 맛볼 수 있을 뿐이다. 원문이 운문으로 되어 있는 데다가, 신화와 역사, 그리고 당대 현실에서 가져온 수많은 인물과 사건들이 작가의 입장과 더불어 압축되어 묘사되어 있어 쉬 읽어내기 힘들다.

    옮긴다는 것은 여러 방식이 있을 수 있다. 원문 일부를 줄이면서 쉽게 읽을 수 있도록 옮긴 이 책은 나름의 의미를 가질 수 있을 것이다. 그것은 하느님의 세계를 당대의 독자들과 더불어 여행하고 삶과 구원의 뜻을 함께 생각하려 했을 작가 단테의 목표에 부합하는 일이기 때문이다. 이는 또한 단테와 《신곡》을 우리 시대의 삶에서 여는 것을 뜻하기도 할 터이다. 다만 그 원대하고 섬세한 원작의 세계를 제대로 담아내고 전달하기에는 무리가 있었음을 고백하지 않을 수 없다. 그러나 줄이기만 했지 원문을 훼손하지 않았으며 오히려 정확한 번역을 통해 단테의 놀라운 문학적 감수성과 표현을 살리고자 했다는 면에서 단테를 '옮기는' 작업은 어느 정도 이룬 것 같다. 그 여부와 정도는 이 책을 읽는 독자들이 단테의 체험과 기억, 그리고 문학적 재현을 어떻게 받아들이느냐에 달려 있다. 원문의 적절한 이해를 위하여 단 역주와 그림 자료들이 도움이 되길 바란다.

    번역에 참고한 책들은 다음과 같다. 이탈리아 어 판으로는 주세페 반델리Giuseppe Vandelli가 주해를 단 판본(*La divina commedia*, Milano : Ulrico Hoepli, 1928. 참고한 책은 1979년 21판)을 참고했고, 영어 번역판으로는 마크 무사Mark Musa 교수의 번역주해본(*The Divine Comedy, vols. 3*, New York : Penguin Books, 1986)을, 국내 번역판으로는 한형곤 교수《신곡》, 삼성출판사,

1985, 4판)와 최민순 신부(《신곡》, 을유문화사, 1972, 초판)의 번역주해본들을 참고했다. 그밖에 《단테 사전》(*The Dante Encyclopedia*, ed. by Richard Lansing, New York : Garland Publishing, 2000)을 참고하였다.

박상진

•• 단테 연보 ••

1265년 5월 30일	피렌체에서 아버지 알리기에로 디 벨린치오네 달리기에리와 어머니 벨라 달리기에리 사이에서 태어남.
1266년 3월 26일	산 조반니 성당에서 세례를 받음.
1270년에서 1275년 사이	어머니 사망.
1274년 5월	베아트리체를 처음 만남.
1277년	젬마 도나티와 약혼
1278년	아버지 재혼. 라파 디 키아리시모 치라토피와 볼로냐 대학과 파도파 대학에서 공부.
1281년(혹은 1282년)	아버지 사망.
1283년	베아트리체와의 두 번째 만남. 시작詩作 활동. 귀도 카발칸티와 교제. 산타크로체 수도원에서 인문학 공부.
1285년(혹은 1290년)	젬마 도나티와 결혼.
1287년(혹은 1292년? 1297년?)	아들 피에트로 출생.
1289년 6월 11일	캄팔디노 전투에 기병으로 참전.
1289년 8월 16일	카프로나 토벌에 참여.
1290년 6월 9일	베아트리체 사망. 1290년경에 보에티우스 《철학의 위안》, 키케로 《우정론》, 호라티우스 《시론》 등을 읽음.
1290년(혹은 1292년? 1297년?)	아들 야코포 출생.
1294년	교황 보니파키우스 8세 즉위.
1294년(1292년?)	《새로운 삶(신생)》 집필
1295년(?)	의사와 약사 길드에 가입하여 정치 활동 시작.
1295년 11월	1296년 4월, 36인 위원회 위원.
1296년	100인 위원회 위원
1299년	딸 안토니아(나중에 베아트리체로 고침) 출생.
1300년	궬피 당이 백당과 흑당으로 나뉨. 귀도 카발칸티 사망.

1300년 4월 22일	보니파키우스 8세가 성년을 선포함. 이 성년의 부활절 주간은 《신곡》에 지옥과 연옥, 천국을 여행하는 시간으로 설정됨.
1300년 5월 7일	궬피 당을 대표하여 산 지미냐노에 대사로 파견됨.
1301년 4월 1일에서 9월 15일	다시 100인 위원회 위원.
1301년 6월 19일	산타포라와 싸우려고 마렘마에 군대를 보내려는 보니파키우스 8세에 반대.
1301년 11월	백당이 흑당에 패배함.
1302년 1월 27일	벌금 5000플로린과 함께 피렌체에서 2년간 추방 선고 받음.
1302년 가을	스카르페타 델리 오르델라피 손님으로 포를리에 머무름.
1303년	아레초에 모인 추방자들 모임에서 12인 위원회의 위원으로 선출됨. 동료들과 불화.
1303년 5월에서 1304년 3월 사이	바르톨로메오 델라 스칼라의 손님으로 베로나에 머무름.
1303년 10월 11일	보니파키우스 8세 사망.
1303년에서 1304년 사이	《속어론》 집필
1304년	피렌체로 귀환하려는 희망으로 백당에 참가하여 피렌체를 공격하지만 실패.
1304년 7월 20일	기벨리니와 연합한 백당이 피렌체 근교 라스트라에서 참패(단테는 참가하지 않음).
1304년에서 1306년 사이	트레비소(게라르다 다 카미노의 손님), 베네치아, 파도바 체류.
1304년에서 1305년 사이	파도바에서 지오토 만남
1304년에서 1307년 사이	《향연》 집필
1304년에서 1308년 사이	〈지옥〉 구상
1305년 6월 5일	클레멘트 5세 교황 즉위
1306년에서 1309년 사이	〈지옥〉 집필.
1308년	하인리히 7세 신성로마제국 황제 즉위.
1308년 초부터 1309년 3월	〈지옥〉 집필에 집중, 완성.
1308년에서 1312년 사이	〈연옥〉 구상과 집필

1309년	교황 클레멘트 5세 교황청을 로마에서 아비뇽으로 옮김.
1309년에서 1310년 사이	파리 체류. 옥스퍼드에도 간 것으로 추정됨.
1310년 10월에서 1311년 1월	토리노, 아스티, 밀라노에서 황제 하인리히 7세 보좌.
1311년 1월에서 12월 사이	카센티노에 머물며 〈연옥〉 집필
1311년	하인리히 7세를 받아들이지 않는 피렌체를 비난.
1312년에서 1313년 4월 사이	피사에서 어린 소년 페트라르카를 만남.
1313년	귀도 노벨로 다 폴렌타의 후원을 받으며 라벤나 체류. 《제정론》 집필.
1313년 8월	하인리히 7세 사망.
1314년 4월 20일	클레멘트 5세 사망.
1314년	교황청을 로마로 다시 옮길 것을 주장.
1314년 말	〈지옥〉 출판.
1315년 10월	죄를 공개적으로 인정하고 벌금을 내는 조건으로 귀향을 제의 받으나 거절. 이에 흑당은 궐석 재판을 열어 피렌체로부터 추방과 종신형을 다시 언도함. 이 판결이 가족에게까지 확대.
1315년 가을	〈연옥〉 출판.
1315년에서 1318년 사이	〈천국〉 1곡에서 17곡 집필.
1317년	《제정론》 집필.
1318년 초부터 1321년 9월	라벤나에 체류. 자식들과 합류.
1321년	〈천국〉 완성. 라벤나 외교 사절로 베네치아에 파견.
1321년 9월 13일	귀도 다 폴렌타의 사신으로 베네치아를 방문하고 돌아오는 길에 얻은 병으로 라벤나에서 사망. 산 피에트로 마조레(현재는 산 프란체스코) 교회에 묻힘.

※ 상세한 역사적 기록이 없기 때문에 연대가 다소 불확실한 것이 있다.